알튀세르의 철학적 유산

공감이론신서 33

알튀세르의 철학적 유산

윤종희·박상현 외 지음
과천연구실 세미나 35

공감

공감이론신서 33
알튀세르의 철학적 유산
윤종희·박상현 외 지음
과천연구실 세미나 35

인쇄일 2008년 10월 24일
발행일 2008년 10월 31일

도서출판 공감
발행인 이범수
출판등록 22-1006 (1996. 5. 14.)
서울시 마포구 망원2동 436-40 플러스타운 101-1호
전화 323-8124 / 팩스 323-8126
전자우편 alba21@naver.com

ISBN 978-89-86939-38-5 03320
값 15,000원

서문

이 책은 루이 알튀세르(1918-90)의 철학을 주요 저작들에 대한 해설 형식으로 개관하는 것이다.

프랑스공산당의 평당원이었던 알튀세르는 1965년에 『마르크스를 위하여』, 『'자본'을 읽자』를 발표하면서 교조주의의 의해 경색되었던 마르크스주의에 생명력을 불어넣었다. 1970년대까지 그는 스탈린주의에 대한 좌익적 비판을 주도하면서 서구 마르크스주의의 구심점이 되었다.

그러나 1980년의 '개인사적 비극'으로 인해 '광인' 알튀세르는 지적 관심으로부터 점차 멀어져갔다. 게다가 신자유주의적 금융세계화가 진행되면서 노동자운동이 침체된 데다가 현실사회주의가 붕괴되는 와중에서 '마르크스로 돌아가자'는 알튀세르의 선언은 거의 망각되었다.

남한에서도 1990년대 초반에 잠시 동안 알튀세르가 지적 관심의 대상이 된 적이 있었다. 그러나 곧 푸코-들뢰즈-네그리의 포스트구조주의가 시적 유행이 되면서 알튀세르의 철학과 함께 마르크스주의의 위기에서 쇄신의 기회를 발견하라는 그의 유언도 망각되고 말았다.

그렇지만 최근에 알튀세르의 유고집이 완간됨에 따라 서구에서는 그의 철학적 유산을 둘러싸고 논쟁이 재개되고 있는 중이다. 이는 1999년 시애틀투쟁 이후 대안세계화운동이 확산되는 정세와 무관하지 않다. 1980-90년대의 '암흑기'가 끝나가면서 마르크스주의가 부활할 수 있는 계기가 비로소 마련된 것이다.

이제 마르크스주의를 위한 '투쟁과 봉사'를 지향했던 알튀세르 철학의 현재성에 주목할 수 있다. 그는 '체계적' 철학을 구성하지 않았다. 오히려 그는 일련의 논쟁 속에서 마르크스주의를 위한 철학적 테제들을 제출하고, 또 자기비판을 통해 이 테제들을 정정하는 방식으로 철학을 '실천'했던 것이다.

이 책은 인식과정, 구조인과성과 과잉결정성, 이데올로기라는 세 가지 주제를 중심으로 알튀세르 철학의 진화과정을 검토한다. 먼저 발리바르를 따라 알튀세르의 철학적 궤도를 개관한다. 이어서 여섯 편의 주요 저작들, 즉 『마르크스를 위하여』, 『'자본'을 읽자』, 『철학과 과학자들의 자생적 철학』, 『레닌과 철학』, 『자기비판을 위한 에세이』, '위기의 저작들'을 해설하면서 알튀세르의 철학적 주제가 어떤 형태로 진화하는가를 검토한다.

2008년 10월
저자 일동

차례

서문 · 5

알튀세르의 철학적 궤도 / 박상현 · 11

서론 ·· 11
이론적 실천의 이론을 위하여 ·· 13
자기비판의 계기들 ·· 20
마르크스주의의 위기와 철학의 변형 ·· 27
우연의 유물론을 둘러싼 논쟁 ·· 32
결론 ·· 35

『마르크스를 위하여』 / 윤종희 · 39

해제 ·· 39
청년 마르크스 논쟁 ·· 42
   이론적 인간주의 논쟁 · 42
   마르크스의 이론적 궤도 · 43
모순과 과잉결정 ·· 47
   헤겔의 변증법 · 48
   최종심과 지배심 · 50
   과잉결정 · 52
인식론적 절단 ·· 55
   역사과학과 새로운 철학의 출현 · 55
   이론적 실천의 이론 · 56
이데올로기 비판 ·· 60
   이데올로기 비판으로서 인간주의 비판 · 60
   이데올로기 일반 · 61
평가 ·· 64

『'자본'을 읽자』 / 윤종희 · 67

해제 ·· 67
알튀세르의 인식론적 기획 ··· 68
  관념론적 인식론 비판 · 69
  인식효과와 사회효과 · 73
마르크스의 경제학 비판 ·· 75
  『자본』의 대상의 모호성 · 76
  고전경제학의 대상과 마르크스의 비판 · 78
  마르크스의 새로운 대상 · 80
구조인과성 ··· 81
  사회구성체 개념의 재구성 · 81
  이데올로기적 역사 개념 비판 · 84
발리바르의 역사유물론 재구성 ·································· 86
  생산양식 일반 · 86
  재생산과 이행 · 88
평가 ·· 91

『철학과 과학자들의 자생적 철학』 / 송인주 · 95

해제 ·· 95
마르크스주의 철학의 대상 ··· 97
  철학의 대상으로서 토픽 · 97
  철학과 과학 · 101
  철학의 투쟁과 봉사 · 105
과학자들의 자생적 철학 ·· 108
  과학의 위기와 과학자들의 자생적 철학 · 108
  과학자들의 자생적 철학의 두 요소 · 111
과학을 위한 철학 ·· 115
  관념론적 인식론 비판 · 115
  새로운 동맹을 위하여 · 119
평가 ·· 124

『레닌과 철학』/ 정인경 · 129

해제 ··· 129
마르크스주의 철학과 변증법 ······································ 132
   레닌의 새로운 철학적 실천 · 133
   마르크스의 변증법과 헤겔의 변증법 · 138
   『자본』 1권을 어떻게 읽을 것인가? · 141
이데올로기와 재생산 ··· 146
   이데올로기적 국가장치 · 147
   이데올로기 일반 · 151
   재생산과 계급투쟁 · 155
평가 ··· 158

『자기비판을 위한 에세이』/ 공민석 · 163

해제 ··· 163
자기비판의 심화 ·· 166
   인식과정론 · 167
   구조인과성과 과잉결정성 · 171
   이론적 인간주의 비판 · 174
스탈린주의 비판과 레닌주의의 복원 ···························· 177
   스탈린주의 비판 · 178
   레닌주의의 복원 · 182
발리바르의 역사유물론 연구 ····································· 185
   경제학 비판 · 185
   프롤레타리아 독재 · 189
평가 ··· 193

'위기의 저작들' / 박상현 · 197

해제 ·· 197
마르크스주의의 위기의 성격과 전망 ································ 200
마르크스주의의 이론적 위기 ·· 204
   경제학 비판의 곤란 · 204
   철학의 변형과 토픽의 유물론 · 208
   이데올로기 비판의 공백 · 211
마르크스주의의 정치적 위기 ·· 215
   자본주의적 국가와 프롤레타리아 독재의 필연성 · 215
   정당형태의 위기 · 219
평가 ·· 223

참고문헌 · 227

알튀세르의 저작 ·· 227
발리바르의 저작 ·· 231
기타 저작 ··· 233

'과천연구실 세미나' 개관 · 237

알튀세르의 철학적 궤도

박상현

서론

알튀세르는 마르크스주의를 혁신하려는 20세기 후반의 가장 독창적인 이론적 시도를 대표한다. 그는 스탈린주의와 그에 대한 우익적 비판을 동시에 비판하면서 과학으로서 마르크스주의를 재건하려고 시도한다. 이를 위해 그는 철학을 부단히 개조하면서 마침내 유물론이 마르크스주의를 위해 투쟁하고 봉사하는 과정에서 스스로 소멸할 것을 요청한다. 또 그는 '마르크스주의의 위기'를 '성장의 위기'로 인식하면서 마르크스주의의 쇄신의 기회로 삼을 것을 제안한다.

알튀세르의 철학적 실천은 서구 마르크스주의의 역사에서 하나의 전환점을 이룬다. 오늘의 마르크스주의는 알튀세르가 시도한 변형과 그가 남긴 흔적 속에서만 사고될 수 있다. 이 때문에 알튀세르의 철학적 궤도에 대한 다양한 해석들이 끊이지 않는다. 그 해석들은 각자의 방식으로 알튀세르에게서 이론적 자원을 추출하려고 시도한다. 따라서 해석의 다양성은 알튀세르의 현재성을 반영한다.

그러나 다양한 해석들이 완전히 무관한 것은 아니다. 그것들은 모두 알튀세르의 '자기비판'을 어떻게 이해할 것인가라는 문제에서 공통의 쟁점을 형성한다. 만약 자기비판이 문자 그대로 기존의 주장들에 대한 '철회' 또는 '후퇴'로 해석된다면(Elliott, 2006), 그 이후의 철학적 궤도는 부정적인 것으로 묘사될 것이다. 반대로 자기비판이 완전히 새로운 철학적 대상을 향한 '방향전환'(*Kehre*)의 신호로 해석된다면(Negri, 1996), 그 이전의 철학적 궤도는 부정적인 것으로 묘사될 것이다.

여기서는 그러한 해석들과 쟁점을 형성하면서 오히려 알튀세르의 자기비판의 유효성을 옹호할 것이다. 자기비판은 부단히 지속되기 때문에 알튀세르의 작업은 동질적인 두 개의 시기로 구분될 수 없다. 그리고 자기비판은 후퇴가 아니라 전진을 위한 것이며 또 방향전환을 의미하지도 않는다. 알튀세르는 동일한 개념과 유사한 관념을 반복적으로 사용하지만, 그 실질적 의미와 기능을 지속적으로 변화시킨다. 그 결과 핵심적 명제와 그 이론적 효과도 부단히 치환된다. 따라서 자기비판의 의미와 그것이 알튀세르의 철학적 주제에 끼친 복잡한 효과를 분명하게 인식할 필요가 있다(Balibar, 1993a).

이러한 입장은 알튀세르의 가장 충실한 제자인 동시에 공동연구자였던 발리바르의 해석(Balibar, 1988; 1990b; 1991; 1993a; 1993b; 1995b; 1996a; 1996b)에 기초한 것이다. 그는 특히 1996년에 재발간된 『마르크스를 위하여』의 「서문」(Balibar, 1996a)에서 알튀세르의 철학적 주제를 인식론적 절단, 구조인과성, 이데올로기라는 세 가지 개념으로 요약한다.[1] 그리고 그는 각각의 주제와 그 사이의 관계에

---

[1] 이는 알튀세르가 「철학에서 마르크스주의자가 된다는 것은 쉬운 일인가?: 아미앵의 주장」(Althusser, 1975)에서 자신의 작업을 인식과정, 최종심, 이론적 인간주의 비판으로 요약한 것에 상응하는 것이다. 발리바르는 각각의 주제를 중심으로 알튀세르의 철학적 궤도를 정리하는데, 그 중 일부는 1991년에 『알튀세르를 위한 논문집』으로 출판된다. 「인식론적 절단 개념: 바슐라르에게서 알튀세르에게로」(Balibar, 1978), 「알튀세르여, 계속 침묵하십시오!」(Balibar, 1988), 「알튀세르의 비동시대성」(Balibar, 1991), 「알튀세르를 위한 조사(弔詞)」(Balibar, 1990a)가 여기에 수록된다.

내포된 이론적 긴장으로 인해 알튀세르의 자기비판이 불가피하게 된다고 해석한다.

알튀세르의 철학적 궤도는 이러한 주제들에서의 변이를 중심으로 세 시기로 구분될 수 있다. '이론적 실천의 이론'으로서 마르크스주의 철학을 탐색하는 초기(1960-65), 자기비판을 통해 '이론에서의 계급투쟁'으로 철학을 재정의하는 중기(1966-75), 그리고 마르크스주의의 위기를 선언하고 '철학의 변형'을 시도하는 후기(1976-78)가 그것이다.[2] 여기서는 시기별로 알튀세르의 철학적 주제들이 전개되는 양상을 요약한다. 그리고 이후의 '추가적 시기'(Tosel, 2000)에 대해서는 '우연의 유물론'(aleatory materialism)을 둘러싼 최근의 논쟁의 쟁점들을 소개한다.

이론적 실천의 이론을 위하여

1965년에 『마르크스를 위하여』, 『'자본'을 읽자』가 1주일의 시차를 두고 연속적으로 출판된다. 알튀세르는 이 저작들을 통해 스탈린주의와 그것에 대한 우익적 비판으로서 인간주의적 마르크스주의를 동시에 비판한다. 여기서 알튀세르의 기본적인 기획은 마르크스로 돌아가서 역사과학으로서 마르크스주의를 복원하는 것, 그리

---

[2] 알튀세르에 대한 최초의 체계적 평전인 『이론의 우회』(Elliott, 1987)의 저자 엘리어트는 2006년에 출판된 재판의 「후기」(Elliott, 2006)에서 알튀세르 저작들의 '개념적 불연속성'을 중심으로 다섯 개의 시기를 구분한다. 초기 저작들(1945-50), 절단기 저작들(1950-59), 성숙기 저작들(1960-75), 이행기 저작들(1976-78), 후기 저작들(1979-86)이 바로 그것이다. 그리고 그는 다시 자기비판을 전후로 성숙기 저작들을 '이론주의적' 계기와 '정치주의적 계기'로 세분한다. 이러한 구분은 초판에서 그가 제시한 구분, 즉 혁신적 철학자로서의 활동기(1960-65), 침체된 역사의 일화(1966-75), '무당파적 활동가'로서의 활동기(1976-78)라는 구분에 초기·절단기와 후기를 추가한 것이다. 반면 이 글에서는 성숙기 저작들을 자기비판을 전후로 하는 초기와 중기로 구분하고 이행기 저작들을 후기로 규정할 것이다.

고 이를 위해 마르크스주의 철학을 개조하는 것이다. 이는 마르크스주의의 일정한 재구성을 동반하는 마르크스주의의 완성을 의미한다(Balibar, 1996b).

알튀세르는 마르크스가 역사과학을 정초하는 과정에서 이미 발견했지만 결코 명시적인 형태로 제시하지 않은 것, 즉 마르크스의 저작들—그리고 그 이후의 마르크스주의적인 정치적 실천, 특히 러시아혁명에서 레닌의 실천—에 '실천적 상태'로만 존재하는 고유한 철학을 이론화하고자 한다. 알튀세르는 철학의 과제를 역사과학의 과학성을 보증하는 것으로 인식하고, 이러한 마르크스주의 철학을 '이론적 실천의 이론'으로 정의한다. 여기서 이론은 과학적 성격의 모든 이론적 실천을 지칭하는데, 따라서 이론적 실천에 관한 이론으로서 철학도 과학과 동일한 지위를 갖는다. 이러한 철학적 기획의 핵심은 변증법의 개조, 즉 변증법을 과학적 인식에 관한 이론인 동시에 역사의 운동의 인과론적 모형으로 개조하는 것이다.

알튀세르는 스피노자의 인식론과 마르크스의 '생산 일반'을 모델로 해서 이론적 실천의 변증법을 이론화한다. 알튀세르에 따르면, 관념론적 인식론은 사고의 구체(concrete-in-thought)와 현실의 구체(real concrete)를 구별하지 못한 채 인식주체와 인식대상의 일치를 부당하게 전제한다. 반면 스피노자와 마르크스는 인식의 과정이 현실의 구체에서 진리적 경험이나 감각을 추출하는 것이 아니라 사고 속에서 추상을 변형하여 구체를 생산하는 과정임을 밝힌다. 따라서 인식은 추상에서 구체로 상승함으로써 과학적 지식을 생산하는 이론적 실천의 생산물이다. 여기서 인식의 주체와 대상이라는 전통적 개념은 지식생산의 '주체 없는 과정'으로 대체된다(Balibar, 1993a).

마르크스의 역사과학을 포함하는 모든 이론적 실천은 '일반성 II'라는 노동수단을 가지고 '일반성 I'이라는 노동대상을 변형시켜 '일반성 III'이라는 생산물을 획득하는 활동이다. 이 때 세 종류의 일반성은 결코 동일한 지위를 갖지 않는다. 첫 번째 일반성이 이론적 노동의 원료인 반면, 두 번째 일반성은 이전의 노동을 통해 확보된 노동의 수단인데, 이 수단이 원료에 작용하여 세 번째 일반성을 생산한다. 이론적 노동의 과정에서 발생하는 변형은 비가역적이며 이러한 비가역성과 질적 차이를 지시하는 개념이 바로 '인식론적 절단'(*coupure épistémologique*)이다(Althusser, 1963b).3)

'인식론적 절단'은 이론적 실천의 고유한 특징을 표현한다. 모든 과학은 자신의 이데올로기적 전사(前史)로부터의 절단을 통해 그 이데올로기의 자명성을 비판함으로써 과학적 대상을 사고하고 이론을 확립할 수 있다. 이 때 어떤 이론이 이데올로기적인가 아니면 과학적인가는 그 이론의 개별 요소들이 아니라 그 이론의 통일성을 이루는 '문제설정'(*problematique*)의 성격에 의해 결정된다. 문제설정은 일종의 이론적 형식인데, 그 형식에 입각해서 특정한 질문이 특정한 방식으로 제기된다. 따라서 이론적 실천에서 핵심적인 문제는 절단을 통해 이데올로기적 문제설정을 폐기하고 과학적 문제설정을 확립하는 것이다(Althusser, 1965b; Balibar, 1993a).4)

알튀세르는 『'자본'을 읽자』에서 '징후적 독해'를 통해 잠재적인 형태로 존재하는 마르크스의 과학적 문제설정을 재발견하여 체계화한다. 그는 마르크스가 『자본』에서 고전경제학과 절단하면서 화

---

3) 알튀세르는 '절단'이라는 용어를 바슐라르(G. Bachelard)로부터 차용하여 역사과학이라는 새로운 과학으로 확장하면서 동시에 그것이 야기한 '합리주의적 편향'을 지속적으로 정정한다(Balibar, 1978). 발리바르(Balibar, 1993a)는 지속적인 정정의 대상이 되는 '인식론적 절단' 개념을 알튀세르의 철학적 대상으로 규정하면서 그 기원을 『몽테스키외: 정치와 역사』(1959)로 소급한다. 또 그는 『마르크스를 위하여』, 『'자본'을 읽자』를 각각 '명명되고 식별된 절단'과 '일반화된 절단'의 계기로 규정한다. 그러나 여기서는 자기비판을 중심으로 그 이전과 이후의 철학적 궤도를 비교하기 위해 『마르크스를 위하여』, 『'자본'을 읽자』를 하나의 시기로 통합하고 그 이전 시기는 논외로 한다.
4) 발리바르(Balibar, 1993a)는 문제설정에 대한 이러한 개념화가 모든 형태의 '구성주의' 또는 '상대주의'와 거리를 취한다는 논점을 강조한다. 왜냐하면 절단은 단순히 두 문제설정 사이의 불연속성만을 의미하는 것이 아니기 때문이다. 과학적 인식은 절단을 통해 최초의 자명성을 파괴하는 과학적 과정인 것이다.

폐와 노동력이라는 특수한 상품을 발견했지만, 그러한 발견의 혁명적 성격을 분명하게 정식화하지는 못했다고 지적한다. 이를 체계화할 때에만 잉여가치를 둘러싼 계급투쟁으로서 생산양식이라는 마르크스의 과학적 대상이 확립된다는 것이다.

알튀세르는 철학을 이론적 실천의 이론으로 규정하고 그 핵심에 인식론적 절단을 위치시킴으로써 마르크스의 이론의 과학성을 보증할 수 있는 장소를 확보한다. 『자본』으로 대표되는 성숙기 마르크스의 저작은 청년기 마르크스의 인간주의적 철학과 절단함으로써 역사과학이라는 새로운 대륙을 개방한다. 또한 고전경제학에 대한 비판으로서 마르크스의 역사과학은 경제학의 대상과 절단하고 계급투쟁으로서 생산양식을 과학적 대상으로 확립한다. 이러한 인식에 따라 마르크스와 마르크스주의를 과학의 지반 위에서 새롭게 사고할 가능성이 열린다.

그러나 알튀세르의 논의는 이론적 긴장을 내포하는데, 절단에 대한 이해가 두 가지 상이한 방향으로 발전될 수 있기 때문이다. 그 중 하나는 절단을 과학 일반이 아니라 역사과학이라는 특수한 과학에만 국한하는 것이다. 이 경우 절단은 역사과학의 전사를 형성하는 특정한 이데올로기, 즉 고전경제학에 대해서만 작용하는 것으로 사고된다. 다른 하나는 절단을 모든 과학이 구성되는 보편적 과정으로 사고하는 것이다. 이 경우 알튀세르의 철학은 모든 과학의 역사에 적용가능하며 고전적 인식론과 구별되는 '개념들의 생산의 이론'으로 일반화된다(Balibar, 1993a).

이 시기에 알튀세르는 역사과학이 다른 모든 과학과 동일한 이론적 실천의 과정을 거쳐 생산된다고 주장한다. 그러나 훨씬 더 중요한 것은 마르크스가 인식론적 절단을 통해 확립한 과학의 내용을 설명하는 것이다. 알튀세르는 『마르크스를 위하여』에서 마르크스가 수행한 절단의 실제적 내용이 역사의 운동을 포착한 새로운 과학적 인과성이라고 주장한다. 이러한 인과성에 걸맞게 변증법을 개조하는 것이 철학의 또 다른 과제다. 결국 이론적 실천의 이론이 인식으로서의 변증법을 개조한다면, 그것의 목적은 존재로서의 변증법을 역사의 운동에 적합한 형태로 개조하는 것이다(Balibar, 1993a; Balibar, 1996b).

알튀세르가 재구성한 존재로서의 변증법, 곧 마르크스의 '역사적' 변증법은 역사철학이 아니라 역사과학에 적합한 '구조적' 인과성의 모형을 지시한다. 『'자본'을 읽자』에서 구조인과성은 경제적·정치적·이데올로기적 심급들의 토픽(topique)의 형태로 제시된다.5) 여기서 역사적 변혁의 원인으로서 구조는 상대적 자율성을 갖는 경제적·정치적·이데올로기적 심급들 사이의 관계로 정의된다. 그리고 각각의 심급은 고유한 모순을 가지며 그 심급을 구성하는 요소들의 관계도 구조적인 성격을 띠는 것으로 간주된다(Althusser, 1962a; Balibar, 1993a).

사회구성체라는 복잡한 전체(complex whole)는 경제를 최종심(last instance)으로 가지며, 최종심은 각각의 사회구성체에서 경제·정치·이데올로기 중에 어떤 것이 지배심(dominant instance)이 되는가를 결정한다.6) 그 결과 사회적 전체는 최종심에 의해 결정되는 동시에 '지배심을 갖는 구조'(structure à dominante, structure in dominance)로 이해되고, 계급투쟁은 최종심과 지배심, 그리고 다른 심급들의 복잡한 상호작용에 의한 과잉결정(overdetermination)으로 인식된다(Althusser, 1962a).

---

5) 토픽(topique)은 장소를 의미하는 그리스어 토포스(topos)에서 유래한 것으로 특정한 공간에서 몇 가지 현실들이 점유하고 있는 각각의 장소를 표상한다. 알튀세르는 이 개념을 심급들의 공간학적 은유로 사용하지만, 자기비판을 거치면서 여기에 새로운 의미를 부과한다. 자기비판 이후 토픽은 사회적 전체를 대상으로 하는 동시에 그 전체의 특정한 장소에 위치하는 이론의 이중성을 지시한다.
6) 예를 들어 착취에 경제외적 강제가 필요한 봉건제 사회에서는 종교라는 이데올로기가 지배심이 된다. 그러나 이 경우에도 종교를 지배심으로 결정하는 것은 봉건제적 경제라는 최종심이다. 마찬가지로 경제적 강제에 기초하는 자본주의적 경제의 특수성으로 인해 자본주의 사회에서는 경제가 지배심이 된다.

구조인과성 개념은 역사의 인과성에 대한 기존의 모든 모형들과 발본적으로 구별된다. 한편으로 그것은 갈릴레오의 운동학(kinematics)에 대한 데카르트의 철학적 영유로 소급되는 '기계적 인과성'과 대비된다. 정치와 이데올로기를 경제로 환원하는 기계적 인과성과 달리 구조인과성은 경제·정치·이데올로기를 모두 전체의 부분들로 규정하고 복잡한 전체를 원인으로 파악한다. 다른 한편으로 구조인과성은 전체를 유기적 '총체성'(totality)으로 가정하고 그 부분들이 전체의 본질을 표현하는 것으로 파악하는 헤겔식의 '유기체적 인과성'과도 대비된다. 스피노자적 실체와 유비되는 원인으로서 사회구성체는 경제·정치·이데올로기 같은 부분들로 환원되지 않으며 그 부분들의 본질로서의 총체성도 아닌 것이다.

그러나 여기서 구조인과성 개념은 과잉결정 개념과 긴장을 형성한다. 이 시기에 과잉결정 개념은 한편으로는 심급들 또는 모순들의 관계라는 복잡한 전체의 성격으로 제시되고, 다른 한편으로는 구체적인 역사적 정세 속에서 사건의 필연성과 우연성을 동시에 사고하는 수단으로 제시된다.[7] 이는 역사의 복잡성과 그 변화의 과정을 구조의 우위에서 설명할 것인가 아니면 정세의 우위에서 설명할 것인가라는 쟁점을 내포한다. 대체로 이 시기에는 구조인과성의 우위에서 과잉결정이 사고되기 때문에, 과잉결정은 주로 구조인과성의 양상으로서 그 복잡성을 의미할 뿐이다. 즉, 과잉결정은 최종심과 지배심이 다른 심급들을 매개로 정세 또는 사건을 결정하는 과정에 대한 묘사적 의미를 갖는다.

인식론적 절단과 구조인과성을 설명하는 과정은 또 하나의 철학적 주제, 즉 이데올로기 개념을 체계화할 필요성을 제기한다. 이데올로기는 인식의 한계인 동시에 조건으로서 인식과정의 한 요소이자 사회구성체의 심급으로서 역사과정의 한 요소다. 따라서 이데올

---

[7] 알튀세르(Althusser, 1962a)는 과잉결정의 두 가지 양상, 즉 모순들의 치환(displacement)과 응축(condensation)을 구분한다. 전자는 하나의 모순이 다른 모순으로 대체되는 현상을 의미하고, 후자는 하나의 모순이 다른 모순과 융합되는 현상을 의미한다.

로기 개념은 인식으로서 변증법의 개조와 역사로서의 변증법의 개조라는 알튀세르의 기획의 두 측면을 통일시키는 기초라고 할 수 있다. 즉, 인식론적 개념으로서 이데올로기는 현실적 토대를 가지며 그 토대는 역사과학에 의해 설명된다는 것이다(Balibar, 1978).

알튀세르는 『마르크스를 위하여』에서 '인간주의'로서 철학적 인간학을 이데올로기로 규정하고 이를 비판하기 위해 이데올로기 일반에 대한 이론을 제시한다. 표상들의 체계로서 이데올로기는 모든 사회적 실천의 조건이자 사회적 전체의 구성적 요소가 된다. 모든 사회는 고유한 이데올로기를 분비하므로 이데올로기가 없는 사회는 존재하지 않는다. 또한 통상적인 견해와 달리 이데올로기는 의식 또는 허위의식이 아니라 무의식의 영역에서 작동한다. 이데올로기의 무의식적 기능작용의 핵심은 표상작용으로서 가상작용이다. 이데올로기는 가상적 관계 속에서 인간의 현실적 관계를 '체험하게'(lived) 만든다. 이 때문에 이데올로기는 현실적 관계에 대한 객관적 인식이 아니라 주체의 의식의 가상적 투사라는 형태를 띤다(Althusser, 1963c).[8]

그러나 이 시기의 알튀세르는 이론적 실천의 이론을 통해서 이데올로기와 과학을 구별하는 데 주력하기 때문에 이데올로기의 사회적 기능작용에 대한 분석을 더 이상 진척시키지 않는다. 그 결과 사회구성체의 특정한 심급으로서 이데올로기라는 역사과학적 개념은 '비과학'으로서 이데올로기라는 인식론적 개념으로 사실상 환원된다. 이데올로기의 역사적 조건은 더 이상 탐구되지 않고, 과학 일반과 이데올로기 일반의 대립쌍이 특권적인 지위를 차지하게 된다.

---

[8] 주체를 구성하는 무의식적 구조에 관한 연구가 정신분석학이 아니라 역사유물론의 과제라고 판단하는 알튀세르는 정신분석학의 무의식 개념이 아니라 역사유물론의 이데올로기 개념을 일반화한다(Balibar, 1993a). 동시에 그는 정신분석학의 성과를 영유함으로써 이데올로기가 의식이 아니라 무의식의 형태를 통해 작용한다고 주장한다. 그러나 그는 자아의 형성에서 상징체계 이전의 이른바 '거울 단계'에 관한 논의에 주로 근거함으로써 이데올로기를 가상작용으로만 이론화할 뿐이며 그러한 가상작용의 기초로서 상징체계의 존재는 아직 고려하지 못한다.

이론적 인간주의를 비롯한 모든 이데올로기는 오류의 원천인 반면, 이론적 실천의 이론이 보증하는 과학은 그 자체로 진리다. 이데올로기와 과학은 근원적으로 서로 외재적인 것이다(Althusser, 1972c; Balibar, 1993a).

그런데 여기서 의문이 제기된다. 이데올로기가 사회적 실천의 조건이라면 과학을 생산하는 이론적 실천이 이데올로기로부터 자유로울 수 있는 이유는 무엇인가? 나아가 과학, 특히 마르크스의 역사과학은 사회적 실천에 어떻게 작용할 수 있는가? 이러한 의문에 따라 과학적 개념의 이데올로기적 효과, 그리고 과학적 인식이 사회적 실천에 작용할 수 있는 가능성과 조건을 탐구할 필요성이 제기된다. 이는 결국 이데올로기와 과학의 구별에서 미묘한 동요를 야기한다(Balibar, 1993a).

이 시기 알튀세르의 철학적 주제들은 인식과정론의 우위하에서 조직된다. 이론적 실천의 이론으로서 철학은 인식과정과 역사과정, 그리고 이데올로기를 단일한 틀로 설명하려는 일반이론의 기획을 보증한다. 이론적 실천에 의해 확보된 인식론적 개념들의 변증법적 기능이 '지식효과'를 산출하는 것에 상응하여 사회구성체 일반의 역사변증법은 '사회효과'를 산출한다. 또 이데올로기 일반의 효과에 대한 설명은 인식과정과 역사과정의 통일성을 보장한다. 그러나 인식론적 절단 및 구조인과성 개념의 내재적 긴장과 이데올로기 이론의 의문은 이러한 통일성을 침식한다. 이는 과학을 보증하는 과학으로서 철학이라는 철학의 정의에 대한 자기비판을 요구한다.

자기비판의 계기들

『마르크스를 위하여』, 『'자본'을 읽자』가 발표된 1965년 직후부터 프랑스공산당 지도부와 단절하는 1976년 직전까지 알튀세르의 담론 전체는 자기비판의 영향 아래 놓여 있다. 『철학과 과학자들의 자생적 철학』(1967)과 『레닌과 철학』(1968)에서 『존 루이스에 대한 답변』(1972)과 『자기비판의 요소들』(1972)을 거쳐 「아미앵의 주장」(1975)에 이르는 저작들에서 명시적이든 묵시적이든 다수의 자기비판들이 존재한다. 이 과정에서 알튀세르는 인식과정을 중심으로 철학 일반의 고유한 대상을 확립하려는 초기의 인식론적 기획을 상대화한다. 대신 그는 철학의 외부에 위치한 과학 및 정치와의 관계 속에서 철학의 기능을 적극적으로 사고하면서 철학에 대한 이전의 정의를 정정한다(Balibar, 1993a).

알튀세르는 『철학과 과학자들의 자생적 철학』에서 과학과의 관계를 중심으로 철학을 새롭게 정의한다. 이제 철학의 임무는 과학의 과학성을 보증하는 것이 아니라 과학에 대한 관념론의 착취에 반대하는 투쟁을 통해 과학에게 봉사하는 것이다. 과학에 '대한' 철학은 과학을 '위한' 철학으로 대체된다. 이는 관념론적 경향들에 대한 투쟁을 통해 과학으로서 마르크스주의에 봉사하는 철학, 즉 '마르크스주의를 위한 철학'을 예고하는 것이다. 『레닌과 철학』에서는 철학과 정치(la politique), 즉 계급투쟁의 관계가 추가되면서 철학에 대한 새로운 정의가 더욱 구체화된다. 철학은 과학의 곁에서 정치를 대표하고 정치의 곁에서 과학을 대표한다. 이제 철학의 임무는 과학뿐만 아니라 정치를 위해 투쟁하고 봉사하는 것이다.

이 같은 일련의 정정을 거친 후에 알튀세르는 『자기비판의 요소들』에서 철학을 '최종심에서 이론에서의 계급투쟁'으로 정의한다. 이 정의는 특정한 철학의 내부에서 그 철학의 실천적 기능이 이론적 기능보다 우위를 갖는다는 사실을 표현한다. 이제 투쟁과 봉사라는 철학의 임무 속에서 과학의 과학성을 보증하는 철학이라는 플라톤적인 '철인왕'—사실상 스탈린주의적인 변유(Diatmat)—의 이미지는 완전히 사라진다(Balibar, 1993a).

자기비판은 1968년 5월을 전후로 한 프랑스의 특수한 정치정세에 의해 추동되는 것이다. 그는 '인간주의적 마르크스주의'의 외피를 쓴 프랑스공산당의 스탈린주의자들에 의해 공격을 받지만, 공산당에 대해 파괴적인 비판을 수행한 젊은 마오주의자들과 합류하지는 않는다.9) 그는 스탈린주의에 대한 대안으로서 프롤레타리아 독재 개념을 중심으로 레닌주의라는 정통을 확립하고 이를 통해 당의 개조와 재통일을 시도한다. 그가 이전의 작업을 스스로 '이론주의'라고 규정하면서 자신의 철학적 입장을 정정한 것도 부분적으로는 이러한 노력의 산물이다(Elliott, 1987; Balibar, 1996b).

그러나 알튀세르의 자기비판이 순전히 이론 외부적인 정세적 조건에 의해 강제된 것만은 아니다. 또한 자기비판이 기존의 '이론주의'에서 '정치주의'로의 후퇴로서 알튀세르 저작의 심각한 비일관성을 초래한다고 해석될 수도 없다(Elliott, 1987). 왜냐하면 알튀세르의 철학 내부에 고유한 이론적 긴장이 존재하고, 정세가 그러한 긴장을 전진적으로 해결하기 위한 촉매제로 작용하기 때문이다. 이러한 관점에서 볼 때, 자기비판을 강제했던 정치적 요인이 반드시 부정적이었던 것만은 아니다(Balibar, 1996b).10)

자기비판은 그의 철학적 주제에서의 변이, 특히 인식론적 절단 개념의 정정과 직접적으로 연결된다. 알튀세르는 『자기비판의 요소들』에서 인식론적 절단을 중심으로 하는 초기의 명제가 마르크스의 혁명적 과학이 출현할 수 있었던 역사적 조건으로서 계급투쟁을 분석하지 않은 채 그러한 과학의 출현을 인식론적 개념으로 환원했

---

9) 알튀세르의 작업은 공산당의 주류적 입장과 충돌한다. 결국 1966년 3월 프랑스공산당 중앙위원회가 개입하여 알튀세르의 영향 아래 있던 파리고등사범학교 지부를 해체하고 그 다수의 성원들을 제명한다. 젊은 마오주의자들은 이에 대응하여 같은 해 12월에 마르크스-레닌주의공산주의청년동맹(UJCML)이라는 독자 조직을 창설한다. 특히 알튀세르의 제자였던 랑시에르(J. Rancière)는 이를 주도하면서 알튀세르가 충분히 마오주의적이지 않다고 비판한다(Elliott, 1987).
10) 자기비판을 주로 정치적 요인으로 설명하면서 후퇴라고 해석하는 엘리어트(Eliott, 1987)와 달리 발리바르(Balibar, 1988)는 알튀세르의 주요한 개념들이 이미 '자기비판적'인 성격을 갖기 때문에 지속적인 정정이 필수적이었다고 평가한다. '이론적 반인간주의', '이론적 실천', '재생산', '실천적 개념' 같은 알튀세르의 개념들은 외견상 대립되는 개념들을 결합함으로써 항상 이미 부정의 요소를 내포한다는 것이다.

다고 자기비판한다. 또 알튀세르는 철학에는 절단이 존재하지 않으며, 따라서 철학은 과학과 동일한 어떤 지식도 산출하지 않는다고 주장한다(Balibar, 1993a).

이에 따라 철학에 적용되었던 생산의 모델은 포기된다. 철학은 과학의 곁에서 정치를 대표하면서 기존의 철학에 작용하여 과학을 위한 공간을 열어줄 뿐이다. 철학이 과학적 실천에 개입하여 생산하는 '철학효과'(philosophy-effect)는 '철학적 경향들의 영원한 투쟁' 속에서 경계선(line of demarcation)을 확정함으로써 전선을 전위시키고 세력관계를 역전시키는 것이다. 이제 철학에서는 절단 대신 혁명이라는 용어가 주로 사용되고, 절단이라는 용어가 사용되더라도 그것은 이론적 개념이 아니라 철학 내부에서의 입장들의 구획을 지시하는 은유적 개념에 불과하게 된다(Balibar, 1993a).

그렇지만 당시 알튀세르가 정치주의를 위해 모든 인식론적 관심을 버린 것은 아니다. 『철학과 과학자들의 자생적 철학』을 필두로 하는 '과학자들을 위한 철학 강의'는 과학을 위해 투쟁하고 봉사하는 철학적 실천의 사례다. 또 그 이후 시기의 텍스트들은 과학적 인식의 생산에 대한 설명에서 절단 개념의 정정이 갖는 효과를 보여준다. 절단은 발본적이고 비가역적이지만, 그 결과는 이데올로기에 의해 지속적으로 위협을 받는다. 인식과정의 모순은 무한하며 따라서 절단도 계속되어야 한다. 유물론적 철학이 매순간 관념론적 경향들을 패배시킬 때만 과학적 지식의 지속적 생산이 가능해진다 (Balibar, 1993a).[11]

발리바르(Balibar, 1993a)는 이러한 주제의 변이를 '절단에 대한 토픽의 우위'로 표현한다. 실제로 『철학과 과학자들의 자생적 철학』을 전후로 해서 토픽이라는 용어는 그 사용법이 변화한다. 이제 토픽은 이론의 대상으로서 '사회적 전체의 복잡성'을 지칭할 뿐만 아

---

11) 발리바르(Balibar, 1993a)는 이 시점에서 이데올로기와 과학의 경계선에 대한 실증주의적 이해, 즉 일회적인 절단을 통한 투명한 과학으로의 단선적 발전이라는 이해가 비로소 추방된다고 지적한다.

니라 '이론 자체의 이중적 지위'를 지칭한다. 마르크스주의는 사회적 전체의 복잡성을 이론적 대상으로 할 뿐만 아니라 그 복잡성에 개입하여 그 일부가 된다. 따라서 이데올로기와 절단하는 과학은 동시에 이데올로기에 작용해야 하고, 그렇게 하기 위해서는 그 자신이 이데올로기로 변형되어야 한다. 이론의 이중적 지위에 상응하여 철학도 이중적 기능을 갖는다. 유물론은 '이론적 이데올로기'로서 관념론과 투쟁하고 '실천적 이데올로기'로서 지배이데올로기와 투쟁함으로써 과학과 정치에 봉사한다.

인식론적 기획이 상대화되면서 역사적 심급으로서 이데올로기 개념이 전면에 부각된다. 이데올로기는 단순히 오류와 환상에 불과한 것이 아니라 사회적 실천에 편재하면서 계급투쟁에 작용하는 물질성을 갖는다. 이데올로기는 학교와 가족 같은 '이데올로기적 국가장치'라는 물질적 제도 속에서 재생산되는 동시에 물질적인 사회적 실천을 산출한다. 그런데 만약 그러한 역사적 심급이 의식, 예컨대 허위의식이나 계급의식이라는 형태를 띤다면, 결국 역사를 움직이는 것은 인간의 의식이라는 역설적인 결론에 도달하게 된다. 이 때문에 알튀세르는 마르크스에 의해 묘사된 이데올로기의 메커니즘, 즉 의식 또는 전도된 의식이라는 관념을 기각한다. 프롤레타리아 이데올로기를 포함하는 모든 이데올로기는 의식이 아니라 무의식이고, 따라서 개인적·집단적 자기의식은 그 실천과 결코 완전하게 일치할 수 없다는 것이다(Balibar, 1993b).[12]

무의식으로서의 이데올로기는 개인과 그 개인의 현실적 존재조건 사이의 가상적 관계를 표현한다. 또한 이데올로기적 가상은 초

---

[12] 이러한 관념은 프롤레타리아 정치에 관한 루카치의 관념과 대칭을 이룬다. 루카치는 자본주의적 발전의 객관적 과정을 소외에서 탈출하는 혁명적 계급의 '주체적' 이행과정과 동일시함으로써 '역사의 주체'라는 개념을 만들어낸다. 그러나 관념론적 역사철학의 극한에 다름 아닌 이러한 개념은 이데올로기가 어떤 형태로든 의식이 아니며 필연적으로 의식과 괴리된다는 사실, 그리고 이데올로기가 역사 속에서 고유한 물질성을 갖는다는 사실에 의해 최종적으로 논박된다(Balibar, 1993b).

월적 지위를 갖는 큰 주체(Subject)에 의한 작은 주체들(subjects)의 호명(interpellation) 메커니즘, 즉 보편적 상징에 대한 개인적 동일화(identification)를 통해 형성된다. 모든 개인은 이데올로기적 호명을 통해 주체로 구성된다(Althusser, 1969a).13)

이데올로기의 기능작용에 의해 생산되는 가상은 허위나 오류가 아니라 관념들의 필연적 조건이다. 인간적 실존은 언제나 가상 속에서 전개되고, 따라서 인간은 가상으로부터 결코 벗어나지 못한다. 대중은 역사적으로 특수한 이데올로기적 형태들 속에서 자신들의 실천을 가상함으로써 역사에 작용한다. 이제 역사인식에서 물질과 의식의 악무한적 대립은 극복되고 '주체와 의식의 변증법'은 추방된다(Balibar, 1993b).

그러나 알튀세르는 이데올로기 내부에서 발생하는 반역의 메커니즘을 완전하게 해명하지 못한다. 그는 이데올로기 일반에 관한 논의에서 이데올로기적 모순을 상징에 대한 개인적 동일화와 탈동일화(disidentification)의 차원에 위치시킨다. 그 결과 이데올로기적 반역은 개인적 차원을 벗어나지 못한다.14) 또한 그는 이데올로기적 반역에 대한 분석을 위해서는 역사적으로 특수한 이데올로기에 관한 연구가 필수적이라는 것을 인식하지만, 더 이상 구체적인 분석으로 나아가지는 못한다. 예컨대, 그는 현대의 정치이데올로기, 즉 보수주의, 자유주의, 사회주의 등이 어떤 상징을 통해 어떤 가상화

---

13) 알튀세르는 1969년에 '자본주의적 생산관계의 재생산'에 대한 연구프로그램을 제안하고자 11개의 장으로 구성된 원고를 집필한다. 1995년에 유고집 『재생산에 관하여』로 출판된 이 원고의 일부가 「이데올로기와 이데올로기적 국가장치」(Althusser, 1969a)로 요약·발표된다. 여기서는 가상화로서의 이데올로기라는 기존의 이론에 상징이라는 요소가 추가된다(Balibar, 1993a).
14) 알튀세르의 제자인 페쇠(M. Pêcheux)는 이 시기에 이데올로기적 반역을 동일화 및 탈동일화와 대조되는 대항동일화(counter-identification)라는 형태로 체계화하려고 시도한다(Pêcheux, 1982). 이러한 연구 프로그램은 레닌의 정치적 실천에서 몇 가지 인상적인 사례를 추출하지만, 그러나 이론적 차원에서는 사실상 실패로 귀결된다.

를 생산하는지, 그 내재적 모순은 무엇인지를 분석하지 않는다.

그럼에도 불구하고 이데올로기론은 알튀세르의 철학적 궤도에서 중요한 이론적 효과를 남긴다. 이 시기에 알튀세르는 역사변증법에서 초기의 반헤겔주의적 입장을 부분적으로 정정하면서 '주체도 목적도 없는 과정'으로서 역사 개념을 강조한다. 구조에서 과정으로 강조점이 이동하고 역사과정에서 착취의 모순뿐만 아니라 이데올로기적 모순이 사고되면서 심급들의 구조라는 토픽은 재생산이라는 토픽으로 대체된다. 역사유물론의 개념으로서 이데올로기가 부각되면서 역사과정에 대한 이해가 심화되는 것이다.

알튀세르는 생산조건들의 재생산이 이데올로기적 조건들에 본래적으로 의존한다고 주장한다. 여기서 재생산은 불변성이라는 관념과 단절하게 된다. 이데올로기와 그 물질적·제도적 기초로서 이데올로기적 국가장치는 계급투쟁의 장소이고, 여기서 지배계급의 헤게모니는 선험적으로 보증되지 않는다. 재생산은 언제나 일정한 세력관계를 전제로 하고, 그것의 불변성은 투쟁의 결과일 뿐이다. 마찬가지로 이데올로기 및 이데올로기적 국가장치와 경제적 착취양식의 안정적인 결합도 선험적으로 보증되지 않는다. 재생산은 이데올로기적 모순과 착취의 모순의 과잉결정을 통해서만 인식될 수 있다. 이제 구조적 연속성이 환원불가능한 우연성의 필연적 효과로 이해되면서 구조와 정세의 대립이 지양된다. 구조의 현실성은 정세의 예측불가능한 연속에 불과하고, 역으로 정세는 단지 구조의 특정한 배치에 불과하기 때문이다(Althusser, 1976c; Balibar, 1988; Balibar, 1996b).

나아가 알튀세르는 「아미앵의 주장」(Althusser, 1975)에서 과잉결정 개념을 과잉결정과 과소결정으로 세분하고, 모든 모순이 과잉결정 또는 과소결정의 형태로 불균등하게 전개된다고 주장한다. 이는 역사에서 양자가 교대로 작용한다는 의미가 아니라, 양자 모두 인과적 결정에서 작용하는 동일한 구조에 구성적이라는 것을 의미한다. 따라서 주어진 정세에서 역사적 현상에 대한 설명은 그 최종적인 분석에서 단일하거나 균등한 인과성으로 결코 환원될 수 없다 (Balibar, 1996b).

마르크스주의의 위기와 철학의 변형

'마르크스주의의 위기'라는 선언과 함께 알튀세르의 철학적 궤도에서 새로운 시기가 시작된다. 「마침내 마르크스주의의 위기가 폭발했다!」(Althusser, 1977b), 「오늘의 마르크스주의」(Althusser, 1978c), 「마르크스의 한계」(Althusser, 1978d)는 마르크스주의의 이론적 위기를 진단하면서 경제학 비판의 곤란과 국가와 정당의 이론, 즉 이데올로기 비판이라는 공백을 검출한다. 또한 마르크스주의의 정치적 위기에 대한 대응으로서 「22차 당대회」(Althusser, 1977a)와 「공산당 내에서 더 이상 지속될 수 없는 것」(Althusser, 1978b)은 공산당이 지도하는 마르크스주의 정치의 역사적 한계를 분석한다. 나아가 「철학의 변형」(Althusser, 1976b)은 유물론을 독자적인 철학적 체계가 아니라 새로운 철학적 실천으로 정의함으로써 철학과 관련되는 마르크스주의의 이론적 곤란을 해결할 수 있는 방향을 제시한다. 이 텍스트들은 모두 마르크스주의의 위기라는 문제의식에 의해 지배되는 '위기의 저작들'이다.

자기비판의 저작들과 마찬가지로 위기의 저작들도 역시 정세적이다. 1972년에 프랑스공산당은 정치적 영향력의 쇠퇴에 직면해서 사회당과의 공동강령에 입각한 좌파연합을 추진한다. 이는 이탈리아공산당이나 스페인공산당과 마찬가지로 유로공산주의라는 범유럽적 현상의 일부라고 할 수 있다. 이 과정에서 수십 년 동안 공식적 정통으로 유지되었던 스탈린주의('마르크스-레닌주의')가 사실상 폐기되는데, 가장 극적인 사건은 1976년 22차 당대회에서 프롤레타리아 독재를 당규약에서 삭제할 것을 결정한 것이다. 이 사건을 계기로 당 안팎에서 자본주의 사회에서의 국가와 민주주의, 그리고 사회주의 사회의 본성과 이행의 성격 등에 관한 논쟁이 촉발된다(Goshgarian, 2006; Elliott, 2006).

알튀세르는 공산당의 정치적 결정에 대해서는 직접 언급하지 않는다는 그 동안의 암묵적인 '협정'을 깨고 「22차 당대회」와 「공산당 내에서 더 이상 지속될 수 없는 것」을 발표함으로써 당에 대한 공개적인 정치적 개입을 수행한다. 1976-77년에 그는 프롤레타리아 독재를 옹호하는데, 이는 프랑스뿐만 아니라 다른 유럽국가들에서도 집중적인 조명을 받게 된다(Goshgarian, 2006). 그러나 그의 제안은 낡은 '정통적 입장'의 반복이 아니라 마르크스주의에 대한 발본적인 이론적 재검토를 요구하는 것이다.

이에 따라 알튀세르는 이탈리아 베네치아에서 개최된 토론회에서 "마침내 마르크스주의의 위기가 폭발했다!"고 선언한다. 위기의 폭발은 곧 마르크스주의 이론의 실패와 그 실패를 분석하지 못하는 무능력에 기인하는 것이다. 또한 위기의 원천은 마르크스 자신의 이론적 곤란과 공백으로까지 소급되는 것이다. 이제 스탈린주의에 대한 비판은 무의미해지고, 그 대안으로 제시되었던 레닌주의라는 '가상적 정통'도 포기된다. 대신 알튀세르는 마르크스주의의 위기를 세계사적 지평에서 객관적으로 인식함으로써 쇄신의 기회로 삼자고 제안한다.

이러한 제안은 알튀세르의 철학적 주제들에서 또 다른 변이를 야기한다. 알튀세르는 이제 더 이상 자기비판을 시도하지 않고 오히려 자신의 이론적 명제들을 무효화한다. 특히 그는 마르크스와 마르크스주의 저작들에서 '실천적 상태'로 존재하는 마르크스주의 철학의 요소들을 재발견하려고 시도하지 않는다. 또한 그는 과거에 자신이 옹호했던 것과는 정반대로 '노동자운동 외부로부터 마르크스주의 이론이 수입된다'는 관념이 당장치의 기능작용을 정당화할 뿐이라고 비판한다(Balibar, 1988).

나아가 알튀세르는 마르크스주의가 곤란과 공백을 갖는 '유한한 이론'이라고 주장한다. 마르크스주의는 경제학 비판에서 이론적 곤란을 갖는다. 『자본』에서 마르크스는 잉여가치를 가치의 수량적 차이라는 회계적 형태로 이론화하는데, 이는 노동과정과 노동력의 재생산과정을 포괄하는 착취의 역사적 형태와 조건에 관한 이론화를 가로막는 효과를 낳는다. 이는 마르크스가 변증법을 『자본』의 서술방법으로 채택한 것에서 기인하는데, 이것이 바로 마르크스주의 철학의 곤란이다. 그 뿐만이 아니라 마르크스주의는 국가에 관한, 정당에 관한, 결국 이데올로기에 관한 이론적 공백에 직면해 있으며, 이로 인해 마르크스주의에 고유한 정치로서 공산주의를 사고하지 못한다. 알튀세르는 특히 마르크스주의 이론에서 이데올로기 이론이 '절대적 한계'에 직면해 있고, 이데올로기에 관한 자신의 이론도 그 한계를 극복하는 데 기여하지는 못했다고 지적한다(Althusser, 1978d).

그러나 「철학의 변형」에서 드러나는 것처럼, '이론에서의 계급투쟁'이라는 철학의 정의는 지속되고, 유물론의 종별성에 대한 탐구는 심화된다. 모든 철학은 '세계의 관념화'를 시도하는 관념론적인 철학적 실천의 결과다. 철학은 진리 일반(Truth)의 이름으로 지배이데올로기에 통일성을 부여한다. 이제 유물론은 철학적 개념·대상·내용이 아니라 오히려 철학의 변형이라는 새로운 실천에 의해 관념론과 구별된다. 그 결과 유물론은 전통적인 의미의 철학이 아니라, 새로운 철학적 실천으로서 '비철학의 철학'으로 인식된다.

알튀세르는 이를 통해 마르크스주의의 이론적 위기에서 철학의 곤란을 해결하려고 시도한다. 알튀세르는 뒤메닐의 『'자본'의 경제법칙』에 대한 「서문」(Althusser, 1977c)에서 『자본』의 서술순서를 재해석하면서 마르크스에게서 '비철학의 철학'의 전거를 발견한다. 알튀세르에 따르면 마르크스에 의한 철학의 변형은 변증법적 서술순서의 확립이 아니라 오히려 그러한 서술순서 외부에서 착취의 역시적 조건과 형태를 분석했다는 사실에 있다. 마르크스의 새로운 철학적 실천은 계급투쟁이라는 현실적 모순에 대한 과학적 분석이라는 비철학의 형태를 취한다.[15]

결국 마르크스의 유물론의 지표는 그 내용이 아니라 형식, 즉 관념의 유효성과 한계를 고려하는 토픽적 형식에 있다. 알튀세르는 「오늘의 마르크스」에서 토픽이라는 개념을 중심으로 마르크스의 새로운 철학적 실천을 재구성한다. 마르크스는 '복잡한 전체'에 관한 자신의 분석을 이중적인 형태로, 즉 한편으로는 대상 전체에 관한 과학의 형태로, 다른 한편으로는 대상의 특정한 부분에 위치하면서 그 대상에 작용하는 이데올로기의 형태로 제시한다. 마르크스의 유물론은 그가 자신의 관념을 포함하여 관념들의 전능을 기각하고 오히려 관념들의 유효성의 한계와 조건을 인식한다는 사실을 통해 확인된다.

알튀세르는 여기서 개념으로도 은유로도 인식론적 절단에 대해서는 더 이상 언급하지 않지만, 그러나 그것이 절단의 무효화를 의미하는 것은 아니다. 오히려 그는 토픽의 우위에서 절단을 사고함으로써 과학적 인식이 언제나 일정한 물질적 조건과 한계 속에서만 유효성을 획득한다는 사실을 강조한다. 과학적 인식으로서 진리는 절단에 의해 비가역적으로 생산되지만, 그러한 비가역성 자체가 진리의 유효성을 보증하지는 않는다. 진리의 유효성은 이데올로기의 영역에서 계속되는 이론적 투쟁의 차별적 양태 속에 놓여 있다. 따라서 진리는 비가역적이더라도 소멸할 수 있는 것이다(Balibar, 1988; 1993a).

마르크스주의의 위기가 폭발했다는 사실이 바로 비가역적 진리의 소멸을 보여주는 단적인 사례다. 그러한 소멸을 낳은 이론적·이데올로기적·제도적 장치들은 마르크스주의와 노동자운동의 융합의 역사 속에서 작용한다. 마르크스주의는 노동자운동 내부의 고유한

---

15) 발리바르(Balibar, 1983)는 이러한 문제의식을 계승하여 '자본에 의한 노동의 포섭'이라는 관점에서 착취의 역사적 조건과 형태를 사고하고, '자본의 추상화와 노동의 구체성'을 동시에 사고할 것을 제안한다. 이는 이윤율 하락을 중심으로 하는 자본주의의 운동법칙과 자본주의의 역사적 형태에 대한 분석을 결합하는 방향으로 경제학 비판의 곤란을 해결할 실마리를 제공한다. 더 자세한 설명은 윤소영(2001, 2006)을 참조하시오.

이데올로기와 그 물질적 장치 속에서 생산되고 또 유효성을 획득한다. 따라서 마르크스주의의 '비판적이고 혁명적인' 이론이 생산되고 투자되는 물질적 조건으로서 마르크스주의적 조직형태에 관한 비판적 검토가 요청된다. 동시에 바로 이 지점에서 마르크스주의가 자신의 역사를 분석할 수 있는 이론적 수단을 갖고 있지 않다는 사실이 확인된다(Balibar, 1993a).

그러나 마르크스주의의 위기가 곧 계급투쟁의 소멸을 의미하는 것은 아니다. 오히려 그 반대, 즉 계급투쟁이 존재하기 때문에 마르크스주의의 위기가 폭발했다는 것이 진실일 것이다. 그렇기 때문에 알튀세르가 마르크스주의의 위기가 폭발했다는 사실에 대해 '부정'하지 말고, 또 운동의 힘을 평계로 '침묵'하지도 말고, 오히려 마르크스주의의 쇄신의 출발점으로 삼자고 제안하는 것이다. 이를 위해 가장 필요한 것은 마르크스주의자들의 도그마로 변질된 '이전의 철학적 의식을 청산할' 수 있는 새로운 형태의 절단이다(Althusser, 1977b).16)

요컨대 '위기의 저작들'에서 알튀세르는 과학 일반으로까지 확장했던 인식론적 절단이라는 주제를 역사과학이라는 특수한 과학으로 제한하고 토픽이라는 주제에 종속시킨다. 이에 따라 '투쟁'과 '봉사'라는 철학의 기능에 '소멸하는 철학' 또는 '비철학으로서 철학'이라는 유물론적 규정이 추가된다.

---

16) 이 때문에 알튀세르는 공산당을 '계급투쟁의 잠정적 형태'로 상대화하면서도 탈당하지 않는다. 대신 그는 이론적 중심과 정치적 중심이라는 엥겔스의 '두 개의 중심' 테제에 근거해서 마르크스주의의 쇄신을 위한 이론적 시도의 자율성을 옹호한다. 또한 그는 프롤레타리아 계급투쟁의 필연적 귀결로서 프롤레타리아 독재, 즉 경제적·정치적·이데올로기적 영역에서의 프롤레타리아 계급지배를 옹호하고, 그러한 계급지배의 대중적 토대를 확립하기 위한 인민민주주의를 주장한다(Althusser, 1978b).

우연의 유물론을 둘러싼 논쟁

알튀세르는 1982년 중반부터 1986년 중반까지 극심한 정신적 고통 속에서도 간헐적으로 철학적 원고들을 집필한다. 그 원고들 중 일부만이 생전에 『철학과 마르크스주의』(Althusser, 1988)로 출판되고 대다수는 사후에 유고집에 수록된다.17) 1998년에 9권의 유고집이 완간되고 『유물론의 은밀한 흐름』(Althusser, 1982)과 『유물론의 유일한 전통』(Althusser, 1985) 같은 미발표 원고들이 공개된다. 이에 따라 알튀세르의 최후의 원고들을 둘러싼 이론적 관심과 논쟁이 촉발된다.18)

알튀세르의 이론적 개입을 요구했던 마르크스주의의 역사적 순환이 사실상 종결되는 이 시기의 저작들에서 알튀세르는 더 이상 마르크스주의의 위기를 언급하지 않으며 공산당의 정치적 실천과 프롤레타리아 독재에 대한 전망도 제시하지 않는다. 또 절단과 토픽, 구조인과성과 과잉결정성, 이데올로기 같은 철학적 주제들도 사실상 소멸한다. 이 저작들의 유일한 주제는 유물론적 철학에 대한 발본적 반성일 뿐이다.

이제 알튀세르는 유물론적 철학을 발견하기 위해 마르크스주의의 텍스트들을 탐색하지 않는다. 오히려 그는 마르크스주의 외부에서, 특히 철학사에서 '거의 전적으로 무시되어 온' 유물론적 전통에

---

17) 코르페(O. Corpet), 부탕(Y. M. Boutang), 마트롱(F. Matheron)이 개별적으로 또는 공동으로 편집한 유고집은 자서전적 텍스트(2권), 정신분석학에 관한 텍스트(2권), 정치-철학 텍스트(4권), 서간집(1권) 등 모두 9권으로 구성된다(Elliott, 2006).
18) 『철학과 마르크스주의』는 1984-87년에 진행된 멕시코 철학자 페르난다 나바로와의 인터뷰를 편집한 것이다. 그러나 이 글은 온전한 의미에서의 인터뷰가 아니라 인터뷰와 기존의 텍스트들을 조합하고 요약한 것이다. 이 글은 유고집 『철학에 관하여』(1994)에 수록된다. 그리고 『유물론의 은밀한 흐름』은 유고집 『철학-정치논문집 1권』(1994)에 수록되고, 또 『유물론의 유일한 전통』은 자서전 『미래는 오래 지속된다』의 재판본(1994)에 수록된다.

호소한다. 알튀세르에 따르면, 데모크리토스, 에피쿠로스, 루크레티우스, 마키아벨리, 스피노자, 니체, 하이데거, 그리고 특히 데리다에게서 발견되는 유일한 유물론은 '해후의 유물론'인데, 이는 곧 '우연의 유물론'을 의미한다(Althusser, 1982).[19]

그러나 분절적인 양상을 보이는 이 텍스트들에서 일관성과 통일성을 찾기는 아주 어렵다. 한편으로 알튀세르는 '기원도, 주체도, 목적도 없는 과정'으로서 역사라는 개념의 연장선 위에서 도덕적·법적 주체에 기초하는 철학적 인간학과 그것의 형이상학적 표현인 신학적·목적론적 관념론에 대한 이중적 비판을 수행한다(Tosel, 2000). 그러나 다른 한편으로 그는 자신이 사용했던 동일한 용어를 사용하여 정반대의 결론을 내린다. 그는 마르크스주의가 법칙을 추구하는 자연과학 달리 '특이한'(singular) 사례만을 다루는 '임상적(clinical) 지식'이기 때문에 법칙이 아니라 상수를 가질 뿐이라고 주장하면서 법칙과 상수를 부당하게 대립시킨다(Althusser, 1988; Suchting, 2004).

이 때문에 알튀세르의 철학적 궤도에서 '우연의 유물론'의 지위를 둘러싸고 다양한 해석이 제기된다. 각각의 해석은 알튀세르의 최후의 저작들에 대한 해석을 통해 자신의 철학적 입장을 옹호하려고 시도한다. 여기서 핵심적인 쟁점은 역사에서 우연의 우위를 어떻게 이해할 것인가라는 문제다.

네그리는 이 저작들에 대한 포스트구조주의적 해석을 대표한다. 그는 최후의 저작들에서 알튀세르 철학의 근본적 방향전환(*Kehre*)을 발견한다. 그에 따르면, 알튀세르는 '생산관계'에 대한 비판에서

---

[19] 알튀세르의 최후의 철학은 '해후의 유물론' 또는 '우연의 유물론'으로 불린다. 그러나 해후(encounter)는 알튀세르가 이미 이전부터 사용해 온 개념으로서 역사의 원인이 되는 구조와 상부구조의 우연한 결합을 지칭한다. 반면 이 시기에 특히 강조되는 것은 필연을 우연의 우위에서 사고한다는 관념이고, 해후라는 관념도 구조와 상부구조 같은 원인의 결합이 아니라 여러 가지 역사적 요소들의 우연적 결합이라는 의미를 갖는다(Goshgarian, 2006). 따라서 '해후의 유물론'보다는 오히려 '우연의 유물론'이 이 시기 저작들의 종별성을 드러내는 데 더욱 적합할 것이다.

대중의 자율성에 기초한 새로운 '생산력'의 구성적 과정으로, 그리고 역사에 대한 주체의 구성적 개입의 가능성으로서 우연에 대한 강조로 이행한다. 이러한 방향전환은 결국 사회주의라는 변증법적 매개를 필요로 하지 않는 공산주의로의 우연적 이행을 묘사하기 위한 것이다(Negri, 1996).[20]

반면 다수의 논자들은 이러한 포스트구조주의적 해석에 반대한다. 이들은 이 시기의 저작들이 기존 궤도의 발본적 방향전환이 아니라 오히려 '강조점의 이동'과 '용어의 재배치'를 동반하는 '굴절'(inflection)을 보여준다고 주장한다(Elliott, 1998; Lahtinen, 2005; Morfino, 2000).[21] 또한 이들은 정세에서 우연의 우위(Lahtinen, 2005) 또는 형태와 구조의 발생에서 우연의 우위(Morfino, 2000)라는 관점에서 우연을 무목적성과 예측불가능성으로 해석한다. 이들은 결국 우연의 유물론을 확률론의 일종으로 이해하고 있는 것이다(Lahtinen, 2005; Suchting, 2004).[22]

---

[20] 네그리는 알튀세르의 미발표 원고들 중에서 "모든 결정은 존재하는 하나의 경향적 상수의 우연적 변이로 점차 출현한다"는 명제를 발견하고, 이를 역사의 인과성에 관한 명제가 아니라 '공산주의의 정치철학'으로 이해한다. 그는 우연적 변이가 개방적 자유 속에서의 역사적 행위로, 경향적 상수가 역사에서의 주체의 자유를 부양하는 공산주의적인 존재론적 내용으로 이해되어야 한다고 주장한다.

[21] 그러나 철학적 궤도의 굴절에 대한 평가는 상반될 수 있다. 엘리어트(Elliott, 2006)는 굴절의 핵심이 비마르크스주의적인 수단으로 마르크스주의의 해체와 재구성을 지속하려는 철회라고 주장한다. 반면 이탈리아 마르크스주의자 모피노(Morfino, 2005)와 핀란드 마르크스주의자 라티넨(Lahtinen, 2005)은 최후의 텍스트들이 기존의 논의를 계승하는 동시에 발전시키고 있다고 주장한다.

[22] 라티넨(Lahtinen, 2005)은 정세의 예측불가능성으로서 우연이 객관적 현실인 동시에 주체의 무지를 의미한다고 주장하면서 우연의 유물론을 객관적 확률론과 주관적 확률론의 결합으로 해석한다. 또한 오스트레일리아 마르크스주의자 서치팅(Suchting, 2004)은 우연이 '방법론적 반필연주의'를 의미할 수 있다고 주장하는데, 이는 곧 주관적 확률론을 의미한다. 그러나 이처럼 확률론에 입각해서 알튀세르 철학의 연속성을 옹호하려는 주장은 확률론이 그 동안 알튀세르가 옹호해온 (역사)과학에서의 인과론과 대립된다는 사실을 분명하게 인식하지 못한다.

그러나 이러한 해석은 우연의 유물론에서 발견할 수 있는 알튀세르의 '자기파괴'(Balibar, 1988)의 요소들을 간과한다. 알튀세르는 우연의 유물론에서 특히 인과론을 포기한다. 우연의 유물론은 아리스토텔레스의 목적인과 형태인을 비판했던 에피쿠로스가 작용인 개념을 결여했다는 사실을 망각한 채 모든 인과성에 대해 클리나멘(*clinamen*), 즉 무한히 작은 편의(swerve)의 우위를 옹호한다. 그 결과 원인과 그 효과들의 필연성은 공백과 그에 따른 우연성에 대립한다. 여기서 우연은 사실상 역사에서의 원인들의 작용의 부재를 의미하는 '우연의 우연성'(*le contingent de contingence*)으로 특권화될 위험이 있다(Balibar, 1996a).

이러한 위험들 속에서 해후라는 관념, 그리고 해후의 우연성이라는 관념이 옹호되기 위해서는 일정한 제한이 요구된다. 해후는 발생할 수도 있고 발생하지 않을 수도 있지만, 그 사실이 역사에서의 인과성을 부정하는 것은 아니다. 왜냐하면 역사에는 경제라는 필연적 원인이, 그리고 이데올로기라는 필연적 원인이 존재하기 때문이다. 이러한 원인들로부터 특정한 효과들이 산출되며, 해후는 오직 그 원인들의 우연적 결합을 지시할 뿐이다. 다시 말해서, 해후는 곧 '우연의 필연성'(*la nécessité de la contingence*)을 의미할 뿐이다(Balibar, 1996a).

결론

알튀세르는 '마르크스주의 내부에서 진정한 이론적 사고를 제공함으로써' 마르크스주의를 혁신하고 공산당의 개조를 추동하려고 시도한다(Derrida, 1993). 이 과정에서 그는 자신의 이론적 긴장을 전진의 계기로 삼아 자기비판을 수행한다. 이에 따라 알튀세르의 철학적 주제들은 새로운 쟁점들을 제기하면서 마르크스주의의 쇄신과 공산주의의 재건을 위한 토대를 제공한다(Sotiris, 2006).

엘리어트는 『이론의 우회』(Elliott, 1987)의 재판을 위한 「후기」(Elliott, 2006)에서도 여전히 '반(反)-반(反)-알튀세르주의'를 고수하면서 알튀세르주의가 지속불가능하다는 자신의 입장을 옹호한다. 엘리어트에 따르면, 알튀세르의 이론적 성과는 일차적으로 부정적인 것이다. 그는 알튀세르가 1960년대에 '반인간주의', '반역사주의', '반경제주의' 같은 부정적 형태로 역사적 마르크스주의를 해체한 이후, 자기비판을 통해 레닌주의라는 '가상적 정통'을 제시하기도 하지만, 결국에는 그것 역시 해체하기 때문에 사실상 어떤 긍정적인 대안도 제시하지 못한다고 평가한다. 또한 그는 트로츠키주의자 캘리니코스(Callinicos, 1993)의 논의를 수용하여 알튀세르가 포스트구조주의적 테제들을 제시함으로써 반마르크스주의적 포스트구조주의로의 전환을 초래했다고 주장한다(Elliott, 2006).

그러나 엘리어트의 평가와는 달리 알튀세르의 자기비판은 유효하고, 그가 남긴 미완의 과제들에 대한 탐구는 지속되고 있다. 알튀세르 이후 발리바르의 작업은 이러한 맥락에서 이해될 수 있다. 그는 알튀세르가 제기한 마르크스주의의 이론적 공백을 채우고 알튀세르의 세 가지 철학적 주제들에서의 불균등성을 해소하기 위한 일련의 작업들을 수행한다. 그는 국가박사학위논문 심사를 위해 제출한 「무한한 모순」(Balibar, 1995b)에서 자신의 연구를 철학적 실천, 주체의 구성, 구조인과성이라는 세 가지 주제로 요약한다.

발리바르는 유물론적 토픽과 철학의 변형이라는 알튀세르의 철학적 주제를 직접적으로 계승한다. 특히 그는 철학과 정치의 관계에 초점을 맞추면서 정세 속에서의 철학적 실천이 그 철학의 내부에서 발생시키는 고유한 불완전성(*inachèvement*)으로서 철학의 아포리아(*aporia*)에 주목한다. 또 그는 마르크스뿐만 아니라 스피노자의 저작들에서도 정세에 대한 이론인 동시에 정세에 개입하는 이론이라는 유물론적 토픽의 징후로서 아포리아를 발견한다. 이러한 아포리아는 비철학과 철학의 결합이라는 형태를 띠는 유물론적인 철학적 실천의 지표다(Balibar, 1993b, 1989c).

이러한 맥락에서 발리바르(Balibar, 1989a)는 시민혁명에서의 '인권의 정치'와 철학에서의 주체 개념의 변형을 혁명이라는 정세 속에서 동시에 사고하고, 시민이라는 비철학적 개념과 주체라는 철학적 개념을 교차시키는 '주체로서 시민'(Citizen-Subject) 개념을 제안한다. 주체의 구성에 관한 이러한 논의는 결국 이데올로기 이론의 공백을 채우려는 시도다. 발리바르(Balibar, 1979)는 마르크스주의에서 국가와 정당에 대한 이론의 부재는 곧 이데올로기에 대한 이론의 부재에서 기인한다고 주장한다. 그는 이데올로기의 구성에서 대중의 능동적 역할을 부각시키면서 이데올로기적 반역의 메커니즘이라는 문제를 해결하려고 시도한다. 그는 지배이데올로기의 원천이 지배계급이 아니라 피지배대중의 경험에 있다고 주장한다. 지배이데올로기의 평등과 자유 같은 상징은 피지배대중의 경험을 보편화한 것이다. 이 때문에 피지배자들이 상징의 보편성을 곧이곧대로 믿고 그것에 따라 집단적 행동을 조직한다면, 이데올로기적 반역이 발생하게 되는 것이다(Balibar, 1991).

또한 발리바르(Balibar, 1989b)는 이러한 관점에서 알튀세르가 수행하지 못한 역사적으로 특수한 이데올로기를 분석하는데, 그것이 바로 '인권의 정치'와 그에 후속하는 현대적 정치이데올로기들의 형성과정에 대한 분석이다. 발리바르에 따르면, 프랑스혁명에서 '평등=자유'라는 보편적 상징이 출현하고 그 상징을 가상화한 봉기적 주체가 형성된다. 그 후 소유와 공동체를 매개로 해서 자유주의와 민족주의 이데올로기가 형성되는 동시에 그에 대항하는 사회주의와 국제주의 이데올로기가 형성된다.

발리바르(Balibar, 1995b)는 이데올로기를 통한 주체의 구성방식을 '주체화양식'으로 개념화하고 이를 통해 역사에서의 인과성의 모형을 재확립한다. 여기서 알튀세르의 과잉결정 개념은 인과적 복잡성에 관한 새로운 사고, 즉 생산양식과 주체화양식의 해후 또는 우연한 결합으로 진전된다. 이제 역사는 환원불가능한 두 개의 원인 또는 구조를 통해 설명되는데, 이 때문에 원인에 따르는 필연성과 해후라는 우연성이 동시에 사고될 수 있다. 이는 "역사가 구조적이기 때문에 우연적이다"라는 명제로 압축된다.

나아가 '우연의 필연적 생성'이라는 관점에 따라 이행이 새롭게 사고된다. 주어진 역사적 정세에서 '착취의 모순과 이데올로기적 반역의 해후'가 곧 혁명인 것이다. 따라서 이행은 생산양식의 모순과 주체화양식의 모순 속에 객관적으로 존재하는 하나의 가능성으로 남아 있다. 그러나 이행은 어떤 목적을 향해 예정된 진화의 길을 따르지는 않으며, 그 성공 또한 필연적으로 보증되지는 않는다(Balibar, 1990b; 1995b).[23]

---

23) 더 자세한 설명은 윤소영(1996, 2006)을 참조하시오.

『마르크스를 위하여』

윤종희

해제

　『마르크스를 위하여』, 『'자본'을 읽자』는 프랑스공산당원이자 마르크스주의 철학자인 알튀세르가 동시대인들에게 제시한 이론적 슬로건이다. 스탈린주의 시대에는 인용이 이론을 대체하고 그 후에는 부르주아 철학적 개념이 마르크스주의적 개념을 대체하는 상황에서 그는 마르크스의 『자본』으로 되돌아가자고 선언한 것이다.
　알튀세르는 마르크스주의의 이론적 발전이 경색된 상황을 타개하기 위해서는 무엇보다도 마르크스를 올바르게 이해하는 것이 절대적으로 필요하다고 주장한다. 그리고 이를 위해서는 철학과 과학의 역사 속에서 마르크스의 이론이 갖는 혁명적 독창성을 인식해야 한다고 주장한다. 이 같은 맥락에서 1950년대까지 그는 마르크스의 사상을 이해하기 위한 이론적 우회로서 18세기 정치철학의 연구에 전념한다.
　그러나 1956년 흐루시초프의 스탈린 비판 이후 전개된 이론적 정세 속에서 알튀세르는 마르크스주의에 대해 직접 발언하도록 '강제'된다. 그는 조야한 탈스탈린주의화가 부르주아 철학의 테마들에 의존하는 '인간주의적 광란'을 확산시킨다고 비판한다. 동시에 그는 철학의 역사에서 마르크스가 차지하는 위치라는 문제를 제기하면서 포이어바흐 및 헤겔의 철학과 마르크스의 철학 사이에 비가역적인 변화가 발생한다고 주장한다. 이는 구체적으로 마르크스의 청년기 저작과 성숙기 저작 사이에 '인식론적 절단'(coupure epistémologique)이 발생한다는 테제와 마르크스의 변증법이 헤겔의 그것과 질적으로 구별된다는 테제로 표현된다.

이 같은 주장은 마르크스주의 이론에 관한 주류적 해석을 전면적으로 비판하는 것인데, 알튀세르는 곧 국제적 논쟁의 한가운데에 위치하게 된다. 그는 이 논쟁에서 자신에게 가해진 이론적 비판에 반비판하기 위해 마르크스주의 철학에 관한 일련의 테제들을 제시하는 논문들을 발표한다. 1965년에 출판된『마르크스를 위하여』는 1960년부터 1964년까지 발표된 7편의 논문과 1965년에 쓴 장문의 서문으로 구성되는데,『'자본'을 읽자』와 함께 이 시기 알튀세르의 철학을 대표한다.

『마르크스를 위하여』는 과잉결정(overdetermination), 인식과정, 이데올로기라는 세 가지 주제를 중심으로 조직된다. 이 글에서는 다음 네 편의 논문들을 중심으로 주요 내용을 살펴보고자 한다.

알튀세르의 이론적 개입이 시작되는 「청년 마르크스에 관하여」 (Althusser, 1960b)는 1960년에 집필되고 프랑스공산당 이론지『사상』(La Pensée) 1961년 3-4월호에 발표된 것이다. 이 논문에서 알튀세르는 청년 마르크스에 관한 기존의 해석이 갖고 있는 정치적·이론적·역사적 문제를 제기하고, 1845년의 「포이어바흐에 관한 테제」를 전후로 마르크스의 지적 여정에서 중요한 절단이 발생했다고 주장한다. 이를 통해 그는 마르크스의 사상을 청년기 저작에 기초하여 해석하려는 흐름에 제동을 건다.

청년 마르크스 논쟁을 통해 인간주의적 마르크스주의를 우회적으로 비판했던 알튀세르는 이제 논쟁의 지반을 옮겨 헤겔과 마르크스의 관계를 중심으로 자신의 비판을 본격화한다. 1962년에 집필되고 『사상』 1962년 12월호에 발표된 「모순과 과잉결정」(Althusser, 1962a)은 헤겔 변증법의 '전도'라는 관념의 모호성을 비판하고 마르크스 변증법의 고유한 특징을 분석한다. 그는 헤겔의 변증법이 단순성으로 특징지어지는 반면 마르크스의 변증법은 복잡성으로 특징지어진다고 주장하면서 이를 과잉결정으로 개념화한다. 이를 통해 그는 마르크스가 포이어바흐의 철학은 물론 헤겔의 철학도 완전히 청산했음을 입증한다.

「유물변증법에 관하여」(Althusser, 1963b)는 1963년에 집필되고 『사상』 1963년 8월호에 발표된 것이다. 논쟁적인 성격의 「청년 마르크스에 관하여」 및 「모순과 과잉결정」과 달리, 이 논문은 이 시기의 연구 성과를 체계적으로 제시한다. 알튀세르는 마르크스주의 철학을 이론화하는 것이 절대적으로 필요함을 강조하고, 인식과정과 역사과정의 두 측면에서 헤겔의 변증법과 구별되는 마르크스의 변증법을 설명한다. 그는 이를 각각 인식론적 절단과 과잉결정으로 개념화한다.

「마르크스주의와 인간주의」(Althusser, 1963c)는 1963년에 집필되고 『응용경제과학연구소잡지』(*Cahiers de l'Institut de Science Economique Appliquée*) 1964년 6월호에 발표된 것이다. 이 글에서 알튀세르는 인간주의적 사회주의가 과학적 사회주의에 미달하는 이데올로기일 뿐임을 입증하고, 역사적 현실로서 이데올로기에 대한 정의를 처음으로 제시한다. 보론으로 추가된 「'현실적' 인간주의에 관한 보충노트」는 1965년에 집필되고 프랑스공산당 이론지 『신비평』(*La Nouvelle Critique*) 1965년 3월호에 발표된 것인데, 인간주의의 실천적 가치를 규명함으로써 '현실적 인간주의' 개념의 함의를 밝힌다.

『마르크스를 위하여』에는 그밖에도 청년 마르크스의 사상적 토대로서 포이어바흐의 철학을 분석하는 「포이어바흐의 '철학적 선언'」(Althusser, 1960a), 유물론적 미학에 관한 「'피콜로 극단': 베르톨라치와 브레히트」(Althusser, 1962b), 1844년에 이루어진 마르크스와 고전경제학의 해후가 갖는 의미를 분석하는 「칼 마르크스의 '1844년 원고'」(Althusser, 1963a)가 수록되어 있다.

청년 마르크스 논쟁

이론적 인간주의 논쟁

1956년 소련공산당 20차 당대회의 스탈린 비판은 마르크스주의의 역사에서 새로운 전기를 마련한다. 교조주의의 종말은 마르크스주의가 새롭게 발전할 수 있는 계기가 된다. 그렇지만 일부 성급한 사람들은 교조주의로부터의 지적 해방과 자유를 이데올로기적으로 논평하면서 자유, 인간, 소외 같은 낡은 부르주아 철학의 테마들을 복원시킨다. 마르크스주의 이론은 외견상 부활하지만 그것은 인간주의적 마르크스주의의 부활일 뿐이다.

'이론적 인간주의'[1] 조류는 청년 마르크스와 헤겔의 철학으로 복귀함으로써 스탈린주의에 의해 왜곡된 마르크스주의의 원형을 복원해야 한다고 주장한다. 이는 『공산주의자 선언』 이후 마르크스의 과학적 저작들의 지위를 격하하고, 마르크스주의를 경제결정론과 실증주의로 환원시킨 엥겔스의 저작들을 비판하는 것이다.

이처럼 청년 마르크스를 이론적으로 정당화하려는 기획 속에서 1920년대 루카치와 코르쉬가 주도했던 헤겔주의적 마르크스주의가 주목받는다. 그것은 소외와 물신숭배 개념을 마르크스주의의 핵심으로 설정하고, 마르크스주의를 과학이 아니라 프롤레타리아의 세계관을 표현하는 혁명적 이데올로기로 간주한다. 아울러 세계의 변

---

[1] 알튀세르는 인간에 관한 철학적 이론, 즉 철학적 인간학에 기초하여 역사와 정치를 설명하려는 경향을 이론적 인간주의로 규정한다.

혁에서 인간의 창조적 역할을 강조한다. 그동안 스탈린주의에 의해 억압되었던 그런 입장은 1920년대에 발견된 마르크스의 '1844년 원고'에 기초하여 새로운 이론적 정당성을 확보한다.

마르크스주의를 실존주의로 포섭하는 사르트르의 『변증법적 이성 비판』이 1960년에 출판되면서 인간주의적 마르크스주의는 정점에 도달한다. 사르트르는 스탈린주의가 역사의 복잡성과 인간의 창조성을 무시하고 마르크스주의를 실증주의적으로 개념화함으로써 변증법을 추상화·단순화한다고 비판한다. 그리고 마르크스주의는 '인간이 역사를 만든다'는 '진리'에 기초하여 재구성되어야 한다고 주장한다(Elliott, 1987).

이 같은 이론적 정세 속에서 알튀세르는 동구권의 마르크스주의자들이 마르크스의 청년기 저작과 성숙기 저작의 관계를 다룬 『국제연구』(Recherches Internationales)의 논문들에 대해서 논평하면서 이론적 인간주의를 우회적으로 공격한다. 그는 이론적 인간주의가 스탈린주의를 공격하기 위해 동원하는 개념들이 마르크스주의가 아니라 부르주아 철학에서 기원하는 것이기 때문에 스탈린주의에 대한 기존의 부르주아 비판을 사실상 재현하는 '우익적 비판'에 불과하다고 비판한다. 그리고 이론적 인간주의는 성숙기 마르크스의 역사과학을 부정하기 때문에 노동자운동을 도덕적 사회주의, 개량주의, 아나키즘 등 마르크스 이전의 유토피아적 단계로 후퇴시킬 위험을 내포한다고 주장한다.

마르크스의 이론적 궤도

알튀세르는 「청년 마르크스에 관하여」(Althusser, 1960b)에서 청년 마르크스의 해석과 관련된 이론적 문제를 지적한다. 『국제연구』의 기고자들은 특정한 이론체계를 독립적인 구성요소들로 환원할 수 있고 이 요소들을 특정한 기준에 따라 평가할 수 있다고 가정한다. 이들은 마르크스의 텍스트를 관념론적 요소와 유물론적 요소로 분석하고, 이 요소들을 비교하여 텍스트의 의미를 결정한다.

이에 대해 알튀세르는 요소들의 분석이 사실상 어떤 텍스트의 의미를 평가하는 기준 자체를 박탈하는 문제가 있음을 지적한다. 관념론적 요소와 유물론적 요소가 한 텍스트에 결합되어 있을 때, 텍스트의 전체적인 의미는 오직 최종적인 도착점에 의해 회고적으로 해석될 수밖에 없다는 것이다.

알튀세르는 이 같은 분석적·목적론적 독해를 비판하면서 '문제설정'(*problematique*) 개념을 대안으로 제시한다. 그는 어떤 사상체계나 텍스트의 의미는 요소들로 환원되는 것이 아니라 이 요소들을 내재적으로 결합하는 전체적인 틀에 의해 규정된다고 주장한다. 이론의 요소들, 즉 특정한 용어나 개념은 바로 그 전체적인 틀에 의해서 구체적인 의미가 규정된다는 것이다. 그는 용어나 개념의 의미와 이들의 관계를 규정하면서 이론적 문제가 제기되는 틀을 문제설정으로 개념화하고, 특정한 사상체계나 이론적 텍스트의 의미는 문제설정에 따라 해석되어야 한다고 주장한다.

알튀세르는 마르크스의 사상적 진화를 문제설정의 변화에 기초하여 재해석한다. 『마르크스를 위하여』의 서문 「오늘」(Althusser, 1965a)에서 그는 마르크스의 전체 저작을 초기 저작(1840-44), 절단기 저작(1845), 이행기 저작(1845-57), 성숙기 저작(1857-83)으로 구분한다. 그리고 「마르크스주의와 인간주의」(Althusser, 1963c)에서 청년 마르크스가 포이어바흐의 철학적 인간학의 문제설정 속에 있었다고 주장한다. 초기 저작에서는 인간의 본질에 관한 철학이 마르크스의 정치적 투쟁과 이를 뒷받침하는 역사이론의 토대가 된다는 것이다. 알튀세르는 초기 저작을 다시 두 시기로 구분한다.

첫 번째 시기(1840-42년)는 칸트·피히테적 문제설정에 기초한 합리주의적·자유주의적 시기인데, 이 시기에 마르크스는 인간의 본질을 '자유'와 '이성'으로 규정한다. 마르크스는 자유가 이성의 내재적 법칙에 대한 복종을 의미하기 때문에 인간은 오직 이성적 존재일 때만 자유로울 수 있다고 가정한다. 그리고 '법적·도덕적·정치적 자유가 실현되는 거대한 유기체'로서 국가가 인간의 본성에 부합하는 방향으로 개혁되어야 한다고 주장한다. 따라서 『라인신문』 시절의 마르크스에게는 인류의 자유로운 이성을 의미하는 언론의 자유가 정치 그 자체가 된다(Althusser, 1963c; 1965a).

두 번째 시기(1842-44년)는 포이어바흐의 철학적 인간학의 문제설정이 지배하는 시기다. 당시 프로이센 국가는 개혁되기는커녕 오히려 전제적 성격이 강화된다. 이런 상황에서 포이어바흐는 국가의 본질로서 이성과 그것의 실존으로서 비이성 사이의 모순을 철학적으로 '해결'할 수 있는 수단을 제공한다. 그는 비이성적인 현실은 인간의 본질의 소외에서 비롯된 것이고, 인간의 본질은 이 같은 소외의 지양을 통해서만 실현될 수 있다는 사변적인 철학을 제시한다. 포이어바흐의 철학에서 인간의 본질은 단순히 자유와 이성만으로 정의되는 것이 아니라, '공동체적' 존재, 사랑, 형제애, '유적 존재' 등으로 규정된다. 이 같은 문제설정에서 정치는 더 이상 언론의 자유를 통한 이론적 비판이 아니라 인간적 본질의 실천적 재영유가 된다(Althusser, 1963c; 1965a).

알튀세르는 「인간주의 논쟁」(Althusser, 1967c)에서 인간주의적 해석이 마르크스 사상의 핵심으로 지목하는 '1844년 원고'를 비판적으로 해석한다. 그에 따르면 '1844년 원고'는 마르크스가 포이어바흐의 철학에 기초하여 경제를 철학적으로 비판하고자 시도한 일종의 '사고 실험'이다. 이를 위해 마르크스는 포이어바흐의 소외 개념에 기초하여 스미스 경제학과 헤겔 철학을 독특한 방식으로 결합한다. '1844년 원고'는 포이어바흐에게 없는 노동과 역사 개념을 스미스와 헤겔로부터 수입하고, 이를 비헤겔적인 '주체=대상' 개념에 종속시킨다. 그 결과 '노동을 본질로 하는 인간적 주체의 소외과정으로서 역사'라는 셰마가 형성된다.[2]

---

2) '주체의 소외과정으로서 역사'라는 셰마는 헤겔 철학에서 성립될 수 없다. 헤겔 철학에서 소외과정으로서 역사는 주체 없는 과정이다. 인간의 역사는 자연의 소외에 다름 아니고 자연의 소외는 논리의 소외 그 자체이기 때문에 인간에게 소외과정은 항상 이미 시작된 것이다(Althusser, 1967c).

알튀세르는 이론적인 장의 양극단에 위치하여 서로 모순되는 두 이론이 하나의 틀 속에서 '너무나도 아름답게 종합'되기 때문에 '1844년 원고'의 셰마는 진리일 수 없다고 평가한다. 포이어바흐적 문제설정 속에서 이루어진 마르크스의 지적 실험, 즉 철학적 인간학을 종교에서 정치로, 나아가 경제와 역사로 확장하려는 실험은 결국 '1844년 원고'에 이르러 이론적으로 불가능하다는 것이 입증된다는 것이다.

알튀세르는 마르크스가 '1844년 원고'를 출판하지 않았다는 사실에 주의를 환기시키면서 이 원고가 기존의 철학적 의식을 청산하는 계기에 불과하다고 주장한다. 1845년의 '절단의 시기'에 마르크스는 『포이어바흐에 관한 테제』를 통해 철학적 인간학을 폐기한다. 특히 '인간의 본질'을 '사회적 관계들의 전체(ensemble)'로 규정한 6번째 테제는—비록 '인간의 본질'이라는 포이어바흐의 용어를 여전히 차용하고 있지만—그가 포이어바흐적 문제설정과 결정적으로 절단했음을 시사한다. 또한 마르크스는 『독일 이데올로기』를 통해 역사와 사회에 관한 기존의 철학적 의식을 청산하고 사회구성체, 생산력, 생산관계, 상부구조, 이데올로기, 경제에 의한 최종심에서의 결정 등과 같이 근본적으로 새로운 개념에 기초하여 역사과학의 기초를 확립한다.

'1844년 원고'는 성숙기 마르크스의 저작의 의미를 결정하는 정수인 것이 아니고, 양자의 관계를 헤겔적 의미에서 '지양(Aufhebung)'으로 해석할 수 있는 것도 아니다. 알튀세르는 마르크스의 청년기와 성숙기의 관계에 내재적 일관성을 부여하려는 일련의 시도를 비판하면서 오히려 절단을 강조한다. 마르크스는 초기의 이론적 입장을 폐기함으로써 '진정한 마르크스'가 될 수 있었다는 것이다.

청년 마르크스가 포이어바흐적 문제설정의 내부에 갇혀 있었고 이후에 마르크스가 포이어바흐와 절단했다는 테제는 마르크스와 헤겔의 관계라는 새로운 문제를 제기한다. 알튀세르는 『포이어바흐의 '철학적 선언들'』(Althusser, 1960a)에서 청년 마르크스의 헤겔

비판은 나중에 그가 거부한 포이어바흐적 관점에서 이루어졌기 때문에 불충분할 뿐만 아니라 잘못된 비판으로 간주되어야 한다고 주장한다. 헤겔에 대한 포이어바흐의 비판은 헤겔 철학의 내부에서 이루어진 비판이며, 여전히 헤겔 철학의 구조와 이론적 전제를 간직하고 있다. 포이어바흐는 헤겔의 관념론을 단지 '전도'했을 뿐이다. 결국 청년 마르크스의 해석을 둘러싼 논쟁은 헤겔과 마르크스의 관계를 쟁점으로 하는 본격적인 논쟁으로 발전한다.

알튀세르는 「모순과 과잉결정」(Althusser, 1962a) 및 「유물변증법에 관하여」(Althusser, 1963b)에서 포이어바흐나 헤겔의 철학으로 환원되지 않는 마르크스주의 철학의 고유한 특성에 관한 일련의 테제들을 제출한다. 그는 역사과학의 형성과 함께 철학이 소멸된다는 마르크스의 선언과 반대로 마르크스 자신은 역사과학과 함께 새로운 철학을 정초한다고 주장한다.

알튀세르가 제시하는 마르크스의 새로운 철학은 헤겔의 변증법과 구별되는 마르크스의 변증법이다. 그러나 마르크스가 자신의 변증법에 관한 체계적인 저작을 남겨두지 않았기 때문에 알튀세르는 마르크스주의 철학이 단지 '실천적 상태'로만 존재한다고 주장한다. 따라서 그는 실천적 상태로 존재하는 마르크스의 변증법의 특수한 구조를 규명하고 이를 체계화하는 기획에 착수한다. 그것은 변증법의 이중적 측면, 역사의 변증법으로서 존재론적 측면과 지식의 변증법으로서 인식론적 측면을 이론적으로 체계화하는 것이다.

모순과 과잉결정

마르크스의 변증법을 체계화하려는 시도는 이와 관련된 이데올로기적 혼란 및 부정확성을 비판하는 동시에 적합한 개념과 지식을 생산하는 이중적 과정을 내포한다. 알튀세르는 마르크스주의 철학과 관련된 가장 심각한 혼란이 헤겔의 변증법과 마르크스의 변증법을 동일시하는 것이라고 주장한다. 이는 당시 탈스탈린화 과정에서 '헤겔적 유산의 과소평가'를 스탈린의 핵심적 원죄 중 하나로 규정하는 프랑스공산당의 주류적 입장과 정면으로 대립하는 것이다. 알튀세르는 「모순과 과잉결정」(Althusser, 1962a)에서 '헤겔의 유령이 가장 위험한 환영'이라고 지적하면서 변증법의 존재론적 측면, 즉 역사의 변증법에서 나타나는 헤겔과 마르크스의 차이를 분석한다.

헤겔의 변증법

헤겔의 변증법과 마르크스의 변증법의 차이는 '전도'라는 모호한 용어로 표현된다. 이는 마르크스 자신에게서 기원하는 것이다. 마르크스는 『자본』 1권 2판의 「후기」에서 헤겔이 변증법을 신비화했지만 그 '일반적 운동형태'를 최초로 서술했다고 평가한다. 그리고 '신비로운 외피' 속에 들어 있는 '합리적 핵심'을 찾아내기 위해서는 헤겔의 철학에서 거꾸로 서있는 변증법을 바로 세워야 한다고 주장한다. 그렇지만 마르크스의 주장을 있는 그대로 받아들이면 헤겔의 변증법은 관념론의 외피로부터 분리되자마자 그것의 직접적인 대립물인 마르크스의 변증법이 된다. 이 경우 헤겔의 변증법과 마르크스의 변증법은 단지 적용되는 대상에서만 차이가 있을 뿐 그 구조가 동일한 것이 된다(Althusser, 1962a).

지배적인 해석과 반대로 알튀세르는 헤겔의 변증법 자체가 문제라고 지적한다. 이론 전체의 구조가 그 이론의 요소들을 규정하기 때문에, 신비로운 외피와 합리적 핵심은 외재적 관계가 아니라 내재적 관계를 형성한다. 따라서 순수한 핵심을 추출하는 것은 불가능하다. 신비로운 외피가 변증법 그 자체의 신비화된 형태인 까닭에 변증법의 '전도'는 단순히 그것이 적용되는 대상을 전도하는 문제가 아니다. 진정한 전도는 변증법의 구조를 변형시키는 것이다.

알튀세르는 변증법의 존재론적 측면, 즉 역사변증법에서 헤겔과 마르크스의 근본적 차이를 규명한다. 그 차이는 변증법의 작동방식에서, 특정한 결정작용(determination)과 그 구조에서 나타난다는 것이다.3) 헤겔의 변증법이 기원의 통일성을 가정하는 단순성의 변증법인 반면, 마르크스의 변증법은 기원을 추구하지 않는 '항상 이미 주어진' 복잡성(complexity)의 변증법이다(Balibar, 1993a).

헤겔의 변증법의 구조는 이론체계 자체의 관념론적 속성 때문에 단순한 형태로 나타난다. 그의 『역사철학』에서 사회는 경제와 법에서 예술과 종교와 철학에 이르는 다양한 구체적 결정작용의 복합체로 묘사된다. 그렇지만 중요한 것은 이 결정작용 중 어느 하나도 다른 것에 영향을 미치지 않는다는 사실이다. 왜냐하면 그것들은 기원적·유기체적 총체성(totality)을 구성하는 것으로 설정되기 때문이다. 여기서 총체성이 그 사회의 유일한(unique) 내재적 원리를 반영하기 때문에 내재적 원리가 바로 모든 구체적 결정작용의 본질이 된다. 예컨대 고대 로마에서는 추상적인 법적 인격성이, 현대 사회에서는 주체성이 그 사회의 내재적 원리를 구성한다는 것이다. 내재적 원리는 사회에 내재하는 동시에 그것을 초월한다. 법에서 철학까지 사회를 구성하는 모든 결정작용은 단지 전체로서의 부분(*pars totalis*), 즉 사회의 총체성을 이루는 내재적 원리의 표현에 불과한 것이다.

헤겔의 변증법이 단순한 형태로 나타나는 또 다른 이유는 내재적 원리의 자기전개를 통해 역사가 발전하는 과정에서 그 이전 사회의 내재적 원리가 '지양'되기 때문이다. 한 사회의 내재적 원리는 그 이전 사회의 내재적 원리들을 포함하지만, 그것들은 아무런 결

---

3) 붕헤(Bunge, 1979)는 현실에 존재하는 원인과 효과의 다양한 관계를 개념화하면서 인과작용(causation)과 결정작용(determination), 그리고 이에 대한 인식론적 개념으로서 인과성(causality)과 결정성(determinacy)을 구분한다. 여기서 인과작용·인과성은 원인의 효과가 항상적(constant)이고 유일한(unique)한 경우를 지칭하고, 결정작용·결정성은 유일하지는 않지만 항상적인 경우를 지칭한다. 그러나 알튀세르의 철학에서 이 두 가지는 구별되지 않는다.

정력을 갖지 못한다.

 헤겔의 관념론은 역사적으로 존재하는 사회의 총체성과 무한한 다양성을 단순한 내재적 원리로 환원하고 그 단순성을 변증법에 반영한다. 이것은 그가 한 사회의 구체적인 생활을 형성하는 모든 요소를 물질적인 현실이 아니라 그것의 가장 추상적인 이데올로기로 환원하기 때문이다. 그는 인민의 생활 전체를 그 사회의 시대정신의 가장 추상적 형태인 예술적·종교적·철학적 의식의 외부화 또는 소외로 간주한다. 결국 헤겔의 변증법의 단순성은 추상적인 이데올로기의 단순성을 반영하는 것에서 비롯된 것이다.

최종심과 지배심

 마르크스는 사회와 역사에 관한 철학적 의식을 청산하면서 변증법의 구조를 복잡한 형태로 변형시킨다. 알튀세르는 「모순과 과잉결정」(Althusser, 1962a)에서 헤겔과 마르크스의 사회관과 역사관의 차이를 설명하면서 변증법의 구조가 달라짐을 논증한다.

 헤겔의 사회관은 18세기 정치철학과 경제학의 성과를 수용한 것이다. 이는 모든 사회가 물질적 생활 또는 '욕구의 체계'로서 시민사회와 정신적 생활로서 정치사회 또는 국가로 구성된다는 것이다. 헤겔의 철학에서 시민사회는 외견상 자율적이지만 물질적 생활을 가능케 하는 조건으로서 국가의 목적 또는 법에 종속된다.

 성숙기 마르크스의 혁신은 헤겔적 사회관의 단순한 전도, 즉 국가를 시민사회의 반영으로 전도하는 것이 아니다. 마르크스는 헤겔적 사회관을 구성하는 각각의 항목은 물론, 그들 사이의 관계의 본성과 의미를 모두 변형시킨다. 따라서 경제결정론이 상정하는 전도라는 허구는 마르크스의 이론과 정면으로 대립하는 것이다.

 먼저 마르크스에게서 시민사회와 국가의 의미는 헤겔과 동일하지 않다. 헤겔 철학에서 시민사회는 욕구에 의해 결정되는 개인들의 세계를 단지 철학적으로 묘사한 것에 불과하다. 그러나 마르크스는 시민사회에 관한 철학적 설명을 비판한다. 그는 경제적 현실을 생산양식의 효과로 이해함으로써 시민사회 개념을 생산양식 개념으로 대체한다. 또한 국가의 속성을 묘사함에 있어서도 마르크스는 계급 같은 새로운 개념을 발견함으로써 국가의 본질을 변형시킨다. 국가는 더 이상 이데아의 현실도 시민사회나 경제의 본질도 아니고, 계급지배를 위한 도구에 불과한 것이다.

또한 마르크스는 국가와 시민사회의 관계를 구조 또는 토대와 상부구조의 관계로 변형한다. 이 관계는 더 이상 본질과 현상의 관계가 아니라 상대적으로 자율적인 심급들 사이의 관계로 설정된다. 토대와 상부구조는 둘 다 역사를 결정하는 원인인 것이다. 그렇지만 이 원인들 사이에는 위계가 존재한다. 따라서 마르크스의 역사변증법은 복잡성으로 특징지어진다.

알튀세르는 역사를 결정하는 원인들로서 심급들 사이에 존재하는 위계적 관계를 최종심과 지배심으로 개념화한다. 최종심은 심급들 사이의 위계적 관계를 결정하고, 지배심은 한 사회구성체에 존재하는 다른 심급들을 지배한다. 즉 최종심으로서 경제는 사회의 다양한 심급들 중에서 어느 한 심급을 지배심으로 결정한다. 그렇지만 어떤 심급이 지배심으로 기능하는가는 선험적으로 결정되는 것이 아니라, 경제의 특성에 의해 역사적으로 결정된다. 마르크스가 지적한 바와 같이 자본주의 이전에는 정치나 종교가 지배심이 되는 반면, 자본주의에서는 경제가 지배심이 된다. 한 사회를 구성하는 구체적 심급들은 지배심을 중심으로 하나의 위계화된 구조, 즉 사회구성체를 형성한다.

이처럼 마르크스의 사회구성체는 헤겔의 총체성과 구별되는 '지배심을 갖는 구조'(*structure à dominante*, structure in dominance)다. 헤겔의 총체성에서는 각각의 결정작용이 동일한 내재적 원리를 표현하기 때문에 부분들의 차이가 긍정되는 동시에 부정되지만, 마르크스의 '전체'(whole)에서는 각각의 결정작용이 그 자체의 고유한 모순에 의해 작동하고 특정한 지배심을 중심으로 결합한다. 또한 헤겔의 변증법은 기원의 통일성이 자신의 부정에 의해 발전하면서 부정의 부정을 통해 더욱 구체적인 총체성 속에서 원래의 통일성을 복원한다고 가정한다. 그러나 마르크스의 변증법은 복잡한 전체의 구조가 항상 이미 존재한다고 가정한다.[4]

심급들 사이의 지배·종속 관계는 마르크스의 변증법의 복잡성에서 본질적인 특성이다. 전체의 통일성은 모순들의 복잡한 관계가 조직·결합되는 방식에 의해 구성된다. 문제는 이러한 다양한 모순들 및 심급들 사이의 관계를 규명하는 것이다. 마르크스와 엥겔스가 제시한 '최종심으로서 경제'라는 관념은 마르크스주의의 역사에서 항상 일원론적 해석을 불러일으키는 부정적 효과를 유발한다. 제2 인터내셔널의 경제주의적 편향과 이에 반발하는 의지주의적 편향 모두 최종심으로서 경제라는 관념을 둘러싸고 대립한다. 알튀세르는 두 편향을 정정하기 위해 과잉결정(overdetermination) 개념을 제시한다.

과잉결정

마르크스의 변증법이 헤겔의 변증법과 달리 복잡한 형태로 나타나는 또 다른 이유는 어떤 모순도 단독으로 작용하지 않기 때문이다. 마르크스의 복잡한 전체에서는 어떤 모순도 다른 모순들을 초월하여 존재하지 않고 지배심을 갖는 구조 속에서 다른 모순들과 결합된 형태로만 존재하기 때문에 모순의 작용도 복잡한 형태로

---

4) 알튀세르는 변증법의 구조적 차이가 정치를 사고하는 데 결정적으로 중요함을 강조한다. 즉 현실의 구조를 설명하는 변증법의 구조가 마르크스적 형태로 변형될 때만 정치가 비로소 가능해진다는 것이다. 헤겔의 변증법에서는 모든 결정작용이 내재적 원리의 표현에 불과하고 그 원리는 인간의 실천과 무관한 내재적 모순에 의해 변화하기 때문에 정치의 가능성이 사전에 차단된다. 오직 현실의 구체적인 결정작용들 속에서 지배심을 설정할 때만 구조의 변혁을 위한 정치가 가능하다. 헤겔적 총체성 모델을 단순히 '전도'하는 경제주의적 편향이 정치적 무능력을 나타낼 수밖에 없는 것도 이와 관련된다(Althusser, 1963b).

나타날 수밖에 없다. 또한 헤겔의 역사철학과 달리 현실의 역사에서는 그 이전 사회의 모순이 해소되지 않고 여전히 유효한 원인으로서 작용한다. '유제'(survival)로 존재하는 과거의 잔재는 '단순한 메아리'가 아니라 현실의 역사에서 유효한 원인으로 기능한다. 「모순과 과잉결정」(Althusser, 1962a)에서 알튀세르는 이처럼 하나의 모순이 다른 모순들을 통해 발현되고 이 과정에서 그 모순의 존재조건이 반영되는 현상을 과잉결정으로 개념화한다.5) 마르크스의 변증법에서 모순은 과잉결정되기 때문에 복잡한 형태로 나타난다.

과잉결정 개념은 마르크스주의의 역사에서 이론적으로 체계화된 적이 없다. 마르크스나 엥겔스는 토대와 상부구조의 관계에 관하여 체계적인 이론을 제시하지 않고, 단지 '경제에 의한 최종심에서의 결정'과 '상부구조의 상대적 자율성과 고유한 유효성'이라는 두 원리만 제시했을 뿐이다. 그러나 알튀세르는 레닌과 마오가 비록 과잉결정 개념을 '이론화'하지는 못했지만, 혁명적 정세를 분석하는 과정에서 이 개념을 직접 '실천'했다고 주장한다. 이들은 주요모순과 부차모순, 모순의 주요한 측면과 부차적 측면, 모순의 불균등발전 등을 통해 사실상 과잉결정 개념을 실천한 것이다.

알튀세르는 그 대표적인 사례로서 레닌의 '약한 고리' 개념을 제시한다. 1917년의 러시아에서와 같은 혁명적 정세는 자본주의의 기본모순, 즉 노동자계급과 자본가계급의 모순의 순수한 작용에 의해 결정되지 않는다. 어떤 사회에서도 자본주의는 항상 특수한 형태로 나타나기 때문에, 자본주의의 기본모순도 자본주의의 발전 형태에 따라 서로 다른 형태로 발현되는 것이다. 이것이 특정한 정세에서 주요모순을 구성한다. 추상적인 기본모순은 과잉결정되어 구체적인 주요모순으로 발현된다. 또한 1917년의 러시아는 자본주의적 착취와 억압의 모순 외에도 짜르체제에 의한 봉건제적 모순과 민족

---

5) 알튀세르는 프로이트의 정신분석으로부터 과잉결정 개념을 차용한다. 그렇지만 과잉결정은 프로이트나 알튀세르에게 고유한 개념이 아니다. 자연과학에서 과잉결정은 어떤 현상에 대해 두 가지 이상의 원인, 즉 힘이 작용하는 상황을 지칭하는 개념으로 사용된다.

적 모순, 나아가 제국주의적 전쟁의 모순 등과 같은 부차모순이 존재한다. 이 같은 부차모순들도 또한 주요모순과 결합하여 정세를 결정한다. 레닌의 약한 고리 개념은 1917년 러시아에서 다양한 모순들이 과잉결정되어 혁명적 정세가 창출되는 것을 집약적으로 표현한 개념이다.

이처럼 다양한 모순들이 과잉결정되는 것은 1917년 러시아만의 예외적 상황이 아니다. 현실 역사가 자본주의적 기본모순의 작동에 의해서만 결정되는 것을 역사의 법칙이라고 간주한다면, 1871년의 파리코뮌, 1920년대 독일혁명, 전후 중국혁명과 제3세계의 혁명은 모두 예외일 뿐이고, 실제로 법칙에 부합하는 역사적 사건은 단 한 번도 없다. 이처럼 수많은 예외들이 발생하는 것은 사회구성체의 외재적·우연적 요인 때문이 아니라, 바로 역사의 모순이 작용하는 방식의 내재적·필연적 속성 때문이다. 어떤 정세도 단순한 우연의 결과가 아니라 다양한 모순들이 구조적으로 결합된 결과인 것이다. 알튀세르의 과잉결정 개념은 이 같은 모순들의 다양한 결합으로서 '구조의 복잡성'을 지칭한다.

다른 한편 알튀세르는 과잉결정 개념을 통해 구조의 복잡성뿐만 아니라 '정세의 우연성'도 지시한다. 이를 위해 그는 「유물변증법에 관하여」(Althusser, 1963b)의 후반부에서 모순의 과잉결정이 나타나는 형태로서 '치환'(displacement)과 '응축'(condensation) 개념을 제시한다. 치환의 형태가 지배적일 때는 '비적대'의 순간으로서 기존 계급관계가 재생산된다. 반면 응축의 형태가 지배적일 때는 '적대'의 순간으로서 계급투쟁이 격화된다. 그러나 여기서 모순의 치환과 응축을 결정하는 구조는 존재하지 않는다. 이 두 가지 가능성이 공존하기 때문에 계급투쟁에 우연성의 요인이 도입된다. 알튀세르는 이를 통해 경제주의와 의지주의를 비판하는 동시에 계급투쟁의 능동성을 과학적으로 뒷받침한다.

인식론적 절단

역사과학과 새로운 철학의 출현

알튀세르는 「이론, 이론적 실천, 그리고 이론구성체: 이데올로기와 이데올로기적 투쟁」(Althusser, 1965d)에서 마르크스의 역사과학이 사회의 역사는 물론 지식의 역사도 과학적으로 파악할 수 있게 함으로써 지식생산의 역사에 관한 새로운 철학을 정초한다고 주장한다.6) 알튀세르에 따르면, 철학은 역사에 의해 그 조건이 규정될 뿐만 아니라 역사에서 중요한 역할을 수행하기 때문에 그 자체가 역사적 현실로 간주되어야 한다. 그렇지만 고전철학은 자신의 역사를 과학적으로 사고하지 못한다. 그것은 철학에서 나타난 일련의 변혁들을 철학 그 자체가 실현되는 역사로 간주한다. 반면 역사에 대한 과학적 인식이 가능해진 만큼, 지식생산의 역사도 '주체에 의한 대상의 영유'나 '관념의 자기실현' 같은 이데올로기적 관념에서 벗어나 과학적으로 인식되어야 한다. 따라서 역사과학의 출현은 철학의 역사를 사고할 수 있는 새로운 철학을 동반한다. 마르크스주의 철학은 바로 '지식의 역사'(엥겔스), '무지에서 지식으로의 이행의 역사'(레닌), 지식생산의 역사, 이데올로기와 과학의 역사적 차이 등을 대상으로 하는 새로운 철학이다(Althusser, 1965d).

알튀세르는 인식론적 절단 개념을 중심으로 지식생산의 역사에

---

6) 알튀세르는 그 자신이 '지식생산의 역사적 법칙'이라고 부르는 것에 의해 마르크스주의 철학의 필요성을 제기한다. 그에 따르면 지식생산의 역사에서는 새로운 과학이 먼저 출현하고 이를 뒷받침하는 철학이 뒤늦게 등장한다. 예를 들어 탈레스의 수학과 갈릴레이의 물리학이라는 새로운 과학이 창시된 후 플라톤과 데카르트의 철학이 뒤늦게 발전하여 새로운 과학을 뒷받침한다. 그렇지만 철학의 장소는 결코 공백으로 존재하지 않기 때문에 새로운 철학이 출현하기 전까지 과학은 여전히 낡은 철학에 의해 지배된다. 그 결과 새로운 과학은 발전이 지체될 뿐만 아니라 그 과학성조차 의심받는다. 이는 역사과학에서도 마찬가지이기 때문에 역사과학의 발전을 위해서는 새로운 철학이 필요한 것이다(Althusser, 1965a; 1965d).

『마르크스를 위하여』 55

관한 과학적 이론으로서 마르크스주의 철학을 정립하고자 한다. 그는 프랑스의 과학철학자 바슐라르(G. Bachelard)로부터 '인식론적 단절(*rupture*)' 개념을 차용하고 이를 '절단'(*coupure*)으로 개명한 후에 그 개념을 확장한다(Balibar, 1978). 비록 인식론적 절단 개념이 마르크스주의의 외부로부터 수입된 것이기는 하지만, 그 이론의 구성원리는 바로 마르크스로부터 비롯된 것이다. 이 시기에 알튀세르는 철학을 과학의 과학성을 보증하는 것으로서 이론적 실천에 관한 이론으로 규정한다. 이에 따라 철학은 일종의 '과학의 과학', '이론의 이론'으로 격상된다.

이론적 실천의 이론

알튀세르는 「유물변증법에 관하여」(Althusser, 1963b)에서 변증법의 두 번째 측면, 즉 인식과정의 변증법을 체계적으로 분석하고, 이를 통해 역사과학의 과학성을 논증한다. 그는 지식생산의 과정을 이론적 실천의 과정으로 규정한다. 여기서 실천은 노동수단을 사용하여 원료를 생산물로 변형시키는 노동과정을 의미한다. 한 사회에 존재하는 다양한 실천들은 복잡한 통일성으로서 '사회적 실천'을 구성하는데, 이론적 실천은 사회적 실천에 속하는 특수한 형태를 의미한다. 이론적 실천은 다른 사회적 실천들이 제공하는 원료, 즉 사실과 표상 등에 작용하여 변형시킴으로써 새로운 지식을 생산하는 노동과정이다.

이론적 실천은 다른 실천들처럼 자율성과 고유한 법칙을 갖고 있고 고유한 수단과 조건을 필요로 한다. 이는 진리의 기준이 외부의 실천이 아니라 바로 이론적 실천 내부에 있음을, 즉 '진리의 기준은 진리 그 자체'임을 의미한다. 그러나 이론적 실천은 다른 사회적 실천들에 의해 과잉결정된다. 다른 사회적 실천들은 이론적 실천에게 다양한 사실과 표상 등을 제공할 뿐만 아니라, 이론적 실천이 정교하고 엄밀한 형태로 체계화해야 하는 '진리 관념'을 제공한다. 예를 들어 레닌은 정치적 실천 속에서 획득한 진리 관념을 이론적 실천을 통해서 체계화한다. 그렇지만 정치적 실천이 제공하는 진리 관념은 단지 이론적 실천의 원료일 뿐, 그것이—실용주의가 가정하는 것처럼—곧바로 이론적 실천에서 진리를 검증하는 기준이 되는 것은 아니다.7)

이론적 실천의 대상은 순수한 형태로 주어지는 것이 아니다. 마르크스는 대상을 현실대상(*Gegenstand*)과 사고대상(*Objekt*)으로 구분한다. 과학의 대상은 현실에 존재하는 사물로서 현실대상이지만, 현실대상 그 자체가 이론적 실천의 원료가 되는 것이 아니다. 이론적 실천은 그것이 자연과학이든 역사과학이든 선행한 이론적 실천들의 생산물인 사고대상에 대해 작용한다. 과학은 항상 '일반적인 것'에 대해 작용한다. 알튀세르는 과학적인 이론적 실천의 원료가 되는 추상적 일반성을 일반성(Generality) I로, 그것을 변형하는 이론적 노동수단을 일반성 II로, 그것의 생산물인 구체적 일반성을 일반성 III으로 개념화한다.

일반성 I은 선험적 또는 경험적 주체에 의한 추상작용의 결과가 아니다. 그 자체는 이론적 실천을 포함한 다양한 사회적 실천들의 결과다. 마르크스가 포이어바흐는 실천 없는 직관의 형태로 감각적인 것을 사고한다고 비판할 때, 그는 주체에 의한 추상화라는 관념철학의 인식론적 전제를 비판하는 것이다. 일반성 I은 '다양한—경

---

7) 알튀세르는 이론적 실천을 강조함으로써 역사과학을 완성된 절대적 지식으로 간주하는 교조주의적 관념을 비판한다. 과학적 지식을 이론적 실천의 생산물로 간주할 때만, 그리고 지식생산의 조건과 본성에 관한 올바른 관념을 갖고 있을 때만 우리는 과학에 생명을 불어넣어 계속 발전시킬 수 있다. 동시에 그는 이론적 실천의 자율성을 주장하면서 '실천이 진리의 기준'이라는 실용주의를 비판한다(Althusser, 1965a). 그러나 이 같은 입장은 종종 정치적 실천을 '순수 이론'에 종속시키는 것이라고 비판받는다. 그러나 발리바르는 알튀세르가 이론적 실천이라는 테제를 통해 이론에 대한 실천의 우위를 단언했기 때문에 이 같은 비판이 명백한 역설이라고 주장한다. 알튀세르의 테제는 실천 개념이 유물변증법의 근본 개념이라는 것, 그리고 이 실천 개념 안에 인식과정을 포함시킴으로써 그 개념을 발전시켜야 한다는 것을 논증한다(Balibar, 1993a).

험적, 기술적, 이데올로기적—수준들에서 서로 다른 몇몇 구체적 실천들을 포함하는 복잡한 정교화 과정의 생산물'이다. 예를 들어 과일이라는 추상은 식생활, 농업, 종교 등 다양한 수준에서의 실천들의 결과다.

그렇지만 일반성 I은 현실대상에 대한 추상적 표상이다. 이론적 실천은 이 같은 추상성을 제거함으로써 과학적이고 구체적인 일반성을 생산한다. 이것이 일반성 III이다. 이론적 실천은 바로 추상적·이데올로기적인 일반성 I을 구체적·과학적인 일반성 III으로 변형하는 과정이다. 교조주의적 관념과 달리 지식의 생산과정은 한번의 실천으로 종결되지 않는다. 이 과정은 영원히 지속된다. 그래서 이제 일반성 III은 또 다른 이론적 실천에서 일반성 I로 전환된다. 과학이 발전할수록 이론적 실천의 원료는 처음의 추상적·이데올로기적 표상과 무관해지면서 더욱 정교하게 발전한다.

노동과정에서 원료가 생산물로 변형될 때 가장 중요한 요소가 노동수단인 것처럼, 일반성 I이 III으로 변형될 때 가장 중요한 것은 이론의 노동수단으로서 일반성 II다. 일반성 II는 새로운 과학이 탄생하는 그 시점에서 '이론'을 구성하는 개념들의 통일체다. 동시에 그것은 그 과학의 모든 문제들이 제기되는 장, 바로 문제설정을 규정한다. 일반성 I과 III 사이에서 현실적인 변형이 발생하는 것은 바로 일반성 II의 존재에서 비롯된다.[8]

알튀세르는 일반성 II에 의해 이데올로기적 일반성 I이 과학적 일반성 III으로 변형될 때 '인식론적 절단'이 발생한다고 주장한다. 과학은 기존의 이데올로기적 표상과 절단함으로써만 발생하기 때문에, 인식론적 절단은 과학의 과학성을 보증하는 핵심적 개념이 된다. 그리고 이데올로기에서 과학으로의 변형은 사변적인 관념철

---

[8] 그러나 알튀세르가 스스로 지적하듯이 『마르크스를 위하여』에서 일반성 II는 구체적 내용이 결여되어 있다. 그는 『'자본'을 읽자』에서 문제설정 개념을 정교화함으로써 일반성 II를 더 구체화한다. 즉 기존의 이데올로기적 표상을 비판할 수 있는 과학적 문제설정이 과학의 새로운 대상에 의해 규정되는데, 이 새로운 대상을 표현하는 개념이 바로 일반성 II가 된다.

학이 가정하는 것과 달리 주체의 활동의 결과가 아니라 일반성 II가 작용한 결과다. 이에 따라 '인식의 주체'는 소멸되고 '개념에 의한 인식'이 그 자리를 대신한다.

알튀세르는 이를 통해 헤겔 철학으로 대표되는 지식생산의 역사에 관한 이데올로기적 관념을 비판한다. 먼저 헤겔은 사고대상과 현실대상을 혼동하면서 인식과정을 현실 그 자체의 생성과정으로 간주한다. 그리고 인식과정의 출발점에서 나타나는 일반성 I을 인식과정의 본질이자 원동력으로 간주한다. 즉 헤겔은 일반성 I에서 일반성 III으로의 변형을 철학의 자기실현 또는 개념의 자기발전으로 간주한다. 이에 따라 일반성 I은 그 내부에 자신의 미래인 일반성 III을 내포하는 것으로 설정된다.

이에 반해 알튀세르는 일반성 I, II, III에 의한 인식과정은 전적으로 사고의 내부에서 발생하는 과정임을 강조한다. 따라서 일반성 III은 여전히 현실과 혼동되어서는 안 된다. 또한 알튀세르는 일반성 I과 II 사이의 불연속성과 절단을 강조한다. 그는 「피콜로 극단: 베르톨라치와 브레히트」(Althusser, 1962b)에서 어떤 형태의 이데올로기적 의식도 자신의 고유한 내재적 변증법에 의해 자기 자신으로부터 탈출할 수 없다는 원리, 자신의 모순에 의해 현실성 그 자체에 도달할 수 있는 의식의 변증법은 존재하지 않는다는 원리가 마르크스의 근본적인 원리라고 주장한다.[9]

알튀세르는 개념의 근본적인 불연속성이라는 관념을 스피노자로부터 차용한다. 스피노자는 가상 또는 미신으로서 1종의 인식과 공통의 개념 또는 과학적 지식으로서 2종의 인식 사이의 불연속성을 설정한다. 여기서 2종의 인식은 1종의 인식을 이해할 수 있게 해주는데, 그렇다고 해서 2종의 인식이 1종의 인식의 진리인 것은 아니다(Althusser, 1960b).

---

[9] 이 같은 이유로 알튀세르는 마르크스의 사상적 진화에서 1843년 이후의 '이중적 발견'의 역할을 강조한다. 즉 마르크스의 사상은 이론의 내재적 요인에 의해서가 아니라, 프랑스의 계급투쟁과 영국의 자본주의적 발전이라는 현실과 해후함으로써만 발전할 수 있었던 것이다(Althusser, 1960b).

『마르크스를 위하여』 59

그러나 알튀세르가 제시하는 인식과정은 스피노자의 인식과정으로 환원되지 않는다. 일반성 III은 스피노자적인 3종의 인식이 아니라, 또 다른 2종의 인식으로서 과학적 지식이기 때문이다. 발리바르에 따르면, 일반성 II 개념은 알튀세르가 마르크스적인 노동수단과 스피노자적인 공통의 개념을 결합시킨 것이다. 마르크스주의적 변증법에서 인식과정은 기원과 존재형태가 서로 다른 일반성 I과 일반성 II의 '과잉결정'에 의해, 개념들 사이의 복잡성의 변증법에 의해 규정된다. 이처럼 인식론적 절단 개념은 헤겔의 변증법과 구별되는 마르크스의 변증법을 재구성하려는 더 일반적인 기획 속에 포함된 것이다(Balibar, 1993a).

이데올로기 비판

이데올로기 비판으로서 인간주의 비판

알튀세르의 이론적 반(反)인간주의라는 입장은 국제적 논쟁이 전개되면서 인간의 존엄성과 고통을 무시하는 것으로 매도된다. 이에 따라 그는 「마르크스주의와 인간주의」(Althusser, 1963c)에서 철학적 인간학으로서 이론적 인간주의와 비인간적 현실에 대한 고발로서의 현실적 인간주의를 구별한다. 인간에 의한 인간의 착취와 억압이 소멸되지 않은 현실, 그리고 이를 극복했다고 선언한 소련에서 여전히 지속되고 있는 공포와 탄압의 현실은 그러한 현실에 대한 고발로서 '사회주의적 인간주의'에 대한 호소를 불러일으킨다. 그것은 비인간적 현실이 존재하는 이상 불가피한 것이다. 알튀세르는 사회주의적 인간주의 개념이 지시하는 현실을 부정하는 것이 아니라, 그 개념의 이론적 가치를 비판한다. 그것이 현실을 과학적으로 인식할 수 있는 수단을 박탈하기 때문이다.

착취의 소멸과 인간의 해방을 목표로 하는 혁명은 계급투쟁의 형태를 취해야만 하기 때문에 혁명적 인간주의는 계급적 인간주의일 수밖에 없다. 인간의 해방은 프롤레타리아 독재에 의한 노동자계급의 해방을 뜻하기 때문에 1917년 러시아혁명 이후 인간주의는 계급독재로 표현된다. 그러나 현재 소련과 각국의 공산당에서 전파하는 인간주의는 '개인적(personal) 인간주의'의 형태로 나타나고, 인간주의의 이름으로 계급독재를 부정한다.

알튀세르는 「오늘」(Althusser, 1965a)에서 이론적 인간주의의 고양을 '이중의 무능과 위험'의 역사적 징후로 해석한다. 그것은 한편으로 역사과학의 과학성을 인식할 수 없는 무능과 그것을 이데올로기와 혼동할 위험을, 다른 한편으로 20차 당대회 이후의 정세가 제기하는 현실적 문제들을 해결할 수 없는 무능과 그릇된 해법으로 이 문제들을 은폐할 위험을 징후적으로 보여준다.

이에 따라 알튀세르는 인간주의라는 특수한 이데올로기를 비판하기 위해 이데올로기 일반을 이론화해야 함을 강조한다. 그는 이데올로기 일반에 관한 이론을 구성함으로써 특수한 이데올로기로서 인간주의의 본질을 인식하고자 한다.

이데올로기 일반

알튀세르는 「마르크스주의와 인간주의」(Althusser, 1963c)에서 마르크스의 인식론적 절단이 역사과학의 형성, 철학적 인간학 비판, 인간주의적 이데올로기 비판이라는 세 가지 측면을 내포한다고 주장한다. 마르크스주의 이론에서 이데올로기는 인식과정에서 과학과 대립되는 개념인 동시에 역사과정에서 사회적 심급을 구성하는 개념이다. 마르크스는 기존의 철학적 의식을 청산하고 역사과정의 현실적 원인이라는 문제설정을 정식화함으로써 이데올로기적 지반으로부터 벗어난다. 이론적 지반의 변경은 이데올로기에 대한 객관적·과학적 인식의 발전을 필요로 한다. 그렇지만 마르크스는 이데올로기를 허위의식으로 간주하기 때문에 사회적 심급으로서 이데올로기를 이론화하는 데 곤란을 경험한다. 그 결과 이데올로기라는 용어는 『독일 이데올로기』 이후 마르크스의 저작에서 종적을 감추고, 『자본』에서는 물신숭배가 이데올로기의 자리를 차지한다. 이에 따라 마르크스주의에서는 이데올로기에 관한 이론이 발전하지 못했다(Balibar, 1993b).

알튀세르는 인식과정에서의 이데올로기와 역사과정에서의 이데올로기를 모두 아우르는 이데올로기 일반에 관한 테제들을 제출함으로써 이데올로기에 관한 과학적 분석의 토대를 마련한다. 마르크스의 변증법에 관한 알튀세르의 논의가 단지 그동안 실천적 상태로만 존재했던 요소들을 재구성한 것이라면, 이데올로기 일반이론은 알튀세르가 개척한 가장 독창적인 영역이다.

먼저 알튀세르는 이데올로기를 특정한 사회에서 역사적 존재와 역할을 부여받은 표상들의 체계로 정의한다. 이때 이데올로기를 통해 표상되는 것은 인간들이 그들의 현실적 존재조건과 맺는 관계 그 자체가 아니라 그 관계를 체험하는 방식이다. 이는 현실적 관계와 '가상적' 관계를 동시에 전제한다. 그러므로 이데올로기는 인간들이 자신들의 존재조건과 맺는 현실적 관계와 가상적 관계가 과잉결정된 통일체다. 이데올로기 속에서 현실적 관계는 필연적으로 가상적 관계와 결합한다. 이때 가상적 관계는 현실을 묘사하기보다는 오히려 의지, 희망, 향수 등을 표현하는 것이다. 그러므로 인간들은 오직 이데올로기를 통해서만 그리고 이데올로기에 의해서만 자신들의 행위를 체험한다. 마르크스가 지적한 바와 같이 인간들은 세계와 역사 속에서 자신들의 위치를 이데올로기 속에서 의식하게 되는 것이다.

또한 알튀세르는 이데올로기가 결코 의식으로 환원되지 않고, 오히려 무의식적이라고 주장한다. 이데올로기는 '표상체계'이지만, 많은 경우에 표상은 의식과 관계가 없다. 심지어 이데올로기가 전(前)마르크스적 철학에서와 같이 반성된 형태로 나타날 때조차도 심층적으로는 무의식적이다. 이데올로기로서 표상들은 대부분 이미지들이다. 그러나 이 표상들과 이미지들은 인간들의 의식을 거치지 않고 일종의 구조로서 그들에게 부과된다. 이에 따라 인간들은 이데올로기를 결코 의식의 형태로서가 아니라 마치 그들의 세계 자체인 것처럼 체험한다.

이데올로기는 역사에서 우연히 발생한 것이 아니다. 그것은 사회적 전체의 구성적 일부인 동시에 사회의 역사적 생명에 필수불가결한 구조다. 그리고 대상에 관한 지식이 그 대상을 대체할 수 없기 때문에, 이데올로기의 본성에 관한 지식이 그것의 소멸을 가져오는 것은 아니다. 그러므로 과학이 이데올로기를 대체할 수는 없다. 이데올로기는 결코 소멸될 수 없는 것이므로 공산주의에서도 여전히 존재할 것이다.[10]

알튀세르는 이에 기초하여 지배이데올로기를 분석한다. 지배이데올로기는 단순히 지배계급이 피지배계급을 지배하기 위한 도구에 불과한 것이 아니다. 이데올로기를 도구로 사용하는 지배계급은 자신을 이데올로기의 주인이라고 믿는 그 순간에도 이데올로기에 의해 포획된다. 다시 말하자면, 지배이데올로기는 지배계급이 세계에 대한 자신의 가상적 관계를 현실적인 것으로 수용함으로써 자신을 지배계급으로 구성하는 데 필수적이다. 지배계급도 이데올로기로부터 자유롭지 못하다는 것이다.

예를 들어, 부르주아지는 자유의 이데올로기를 통해 피지배계급을 설득하기 전에 자신이 그 신화를 믿어야 한다. 자유의 이데올로기 속에서 부르주아지는 '모든 인간은 자유롭다'는 가상적 관계 속에 침투된 현실적 관계, 즉 자본주의적 생산관계로서 임노동관계

---

10) 알튀세르는 공산주의에서 이데올로기가 소멸될 것이라는 주장은 유토피아적 발상이라고 비판한다. 그렇지만 그는 계급사회와 무계급사회에서 이데올로기가 서로 다른 기능을 할 것이라고 주장한다. 계급사회에서는 이데올로기가 그것에 의해 그리고 그 내부에서 인간들과 그들의 존재조건의 관계가 지배계급의 이해에 맞춰 조절되게 하는 것인 반면, 무계급사회에서는 그 관계가 모든 인간에게 이익이 되도록 체험된다는 것이다 (Althusser, 1963c).

『마르크스를 위하여』 63

같은 현실적 관계를 정확하게 체험한다. 부르주아 이데올로기는 자유에 대한 말장난을 통해서 피착취계급을 속박시키려는 의지와 동시에 자신의 계급지배를 피착취자계급의 자유인 것처럼 체험하려는 필요를 드러낸다.

평가

이 시기 알튀세르의 기획은 마르크스가 그 초석만 놓았을 뿐인 마르크스주의 철학을 완성하는 것이다. 그것은 지식의 생산과정을 대상으로 하는 과학적 이론으로서 철학을 재구성하고, 이를 통해 역사과학의 과학성을 확증하는 것이다. 그는 『마르크스를 위하여』에서 마르크스주의 철학의 세 가지 핵심적 요소를 제시한다.

첫 번째 요소는 변증법의 변형이다. 헤겔의 변증법이 기원적 통일성을 가정하는 단순성으로 특징지어지는 반면, 알튀세르가 제시하는 마르크스의 변증법은 기원을 추구하지 않는 항상 이미 주어진 복잡성의 변증법과 과잉결정으로 특징지어진다. 두 번째 요소는 이론적 실천에 관한 이론이다. 여기서 알튀세르는 현실대상과 사고대상을 구별하고, 관념의 자기운동이라는 헤겔적 모델과 구별되는 일반성 I, II, III의 셰마와 인식론적 절단 개념을 제시한다. 그는 나아가 인식론적 절단을 과학의 역사 전체로 일반화하고자 한다. 세 번째 요소는 역사적 현실로서 이데올로기에 관한 일반이론이다. 이데올로기는 인간이 자신의 존재조건과의 관계를 체험하는 방식과 관련되는 역사적 현실로 새롭게 정의된다. 이상의 세 요소는 알튀세르 철학 전체를 규정하는 핵심적인 주제가 된다.

알튀세르가 강조하듯이 『마르크스를 위하여』는 이론적 인간주의와의 논쟁의 결과물이다. 그렇기 때문에 이 책에서 알튀세르가 제시한 마르크스주의 철학에 관한 테제들은 어느 정도 추상적이고 모호할 뿐만 아니라 몇 가지 편향을 내포한다.

먼저 알튀세르는 철학의 역사에서 마르크스의 위치를 조명하면서 헤겔 및 포이어바흐와의 인식론적 절단을 강조한다. 그렇지만 그가 인식론적 절단을 설명하는 핵심 개념으로서 문제설정은 단지 추상적인 형태로만 규정된다. 즉 알튀세르는 문제설정이 개념과 용어의 의미를 결정하는 이론적 틀이라고 제시하지만, 그러한 문제설정이 어떻게 구성되는지, 특정한 텍스트의 문제설정을 어떻게 인식할 수 있는지 등에 관해서는 구체적으로 설명하지 않는다.

또한 인식과정의 변증법과 관련하여 알튀세르는 일반성 I, II, III의 관계를 집중적으로 분석하는 반면, 사고대상과 현실대상의 관계에 대해서는 모호하게 남겨둔다. 즉 그는 두 가지 대상이 서로 구별되어야 한다는 사실을 강조할 뿐, 이들이 서로 어떤 관계를 맺는지에 관해서는 논의하지 않는다. 그리고 알튀세르는 일반성 II에 커다란 이론적 중요성을 부여하는 반면, 그가 스스로 지적하듯이 그것의 구체적인 내용에 대해서는 설명하지 않는다.

이 같은 문제들은 『'자본'을 읽자』에서 어느 정도 해소된다. 알튀세르는 고전경제학에 대한 마르크스의 비판을 분석하면서, 문제설정이 변경이 새로운 대상의 발견을 통해 이루어짐을 논증한다. 그리고 사고대상과 현실대상의 관계와 관련하여 그는 고전철학의 인식론이 가정하는 두 대상의 상응성 테제를 비판하고, 대신 인식이 현실대상을 영유하는 방식을 뜻하는 인식 효과(knowledge-effect)의 생산 메커니즘이라는 새로운 문제를 제기한다.

알튀세르는 『마르크스를 위하여』의 주요 테제들을 『'자본'을 읽자』에서 더욱 구체화하지만, 이 과정에서 몇 가지 편향들을 더욱 심화시킨다. 먼저 알튀세르는 마르크스주의를 프롤레타리아의 세계관 또는 이데올로기로 환원하려는 시도를 비판하면서 '정치적 절단'을 상대화하는 대신 '인식론적 절단'을 특권화한다. 그는 인식론적 절단 개념을 통해 역사과학의 과학성을 입증하려고 시도하면서 이 개념을 과학 일반으로 확대하려고 시도한다. 이에 따라 이론적 실천의 이론으로서 철학이 과학의 과학, 이론의 이론으로 격상되면서 그가 훗날 자기비판하듯이 '이론주의'적 편향을 드러낸다.

　나아가 역사변증법과 관련하여 알튀세르는 헤겔의 변증법의 단순성을 비판하고 마르크스의 변증법의 복잡성을 지시하는 과잉결정 개념을 제시한다. 그런데 이 시기 과잉결정 개념은 정세를 규정하는 구조의 복잡성을 지시함과 동시에 정세의 우연성을 지시하기 때문에 이들 사이에 이론적 긴장이 발생한다. 그는 『'자본'을 읽자』에서 정세를 규정하는 구조의 복잡성을 일반화하기 위해 과잉결정 개념 대신 '구조인과성'(structural causality) 개념을 전면에 제시한다. 이에 따라 과잉결정 개념에서의 이론적 긴장은 과정에 대한 구조의 우위, 우연성에 대한 필연성의 우위 속에서 봉합된다.

　마지막으로 알튀세르는 인식과정에서의 이데올로기와 역사과정에서의 이데올로기라는 이데올로기의 이중적 측면을 인식하고 이에 관한 일반이론을 구성하려고 시도한다. 그렇지만 그는 이데올로기를 여전히 표상체계로 규정하기 때문에 이데올로기의 이중적 측면을 명확하게 구별하지 않는다. 이 같은 이데올로기의 일반이론을 고수할 경우, 인식과정에서의 이데올로기 비판과 역사과정에서의 이데올로기 비판 사이에 비대칭성이 발생한다. 인식과정에서 이데올로기는 과학에 의해 비판되고 대체되지만, 역사과정에서 이데올로기는 과학으로 대체되지 않으며 초역사적으로 존재하기 때문이다. 결국 역사과정에서의 이데올로기는 다른 이데올로기에 의해 비판될 수밖에 없는데, 일반이론의 틀 속에서 이것은 불가능한 기획, 하나의 역설로 남게 된다.

　이후 알튀세르는 『철학과 과학자들의 자생적 철학』(Althusser, 1967e)에서 이론적 이데올로기와 실천적 이데올로기를 구별함으로써 이데올로기의 이중성을 더욱 분명한 형태로 제시한다. 그리고 「이데올로기와 이데올로기적 국가장치」(Althusser, 1969a)에서는 표상체계와 구별되는 사회적 심급으로서 이데올로기적 국가장치를 분석한다. 아울러 이데올로기의 물질성과 상징성 개념을 추가함으로써 이데올로기 일반이론을 더욱 발전시킨다.

『'자본'을 읽자』

윤종희

해제

『'자본'을 읽자』는 1964-65년에 파리고등사범학교 철학과에서 알튀세르가 주도한 연례 세미나의 성과를 정리한 것으로 1965년 『마르크스를 위하여』가 출판된 후 일주일만에 출판된다. 『마르크스를 위하여』가 마르크스와 그의 '철학적 전사(前史)'의 관계를 논쟁적으로 조명하면서 마르크스주의 철학에 관한 일련의 테제들을 제출한다면, 『'자본'을 읽자』는 마르크스와 그의 '과학적 전사'의 관계를 분석하면서 이 테제들을 더욱 구체화한다. 여기서 알튀세르는 헤겔의 변증법에 대한 비판을 극단화하면서 고전경제학과 마르크스 사이의 절단을 증명한다. 이 과정에서 그는 지금까지 마르크스주의의 역사에서 주변화되었던 마르크스의 '경제학 비판'을 복권시킨다.

알튀세르는 그동안 『자본』이 고전경제학과 관념철학의 지반 위에서 해석되었기 때문에 역사과학이 이데올로기로 퇴행했다고 진단한다. 이에 따라 그는 마르크스주의 철학에 기초하여 『자본』을 독해하는 것이 필수적이라고 강조한다. 알튀세르와 그의 제자들은

『자본』에 실천적 상태로 존재하는 마르크스주의 철학의 요소들을 재구성하고 이에 기초하여 『자본』을 독해하는 기획에 착수한다.

『'자본'을 읽자』 초판은 두 권의 책으로 구성된다. 1권은 『자본』의 '방법'을 주제로 한다. 알튀세르의 서문인 「'자본'에서 마르크스의 철학으로」(Althusser, 1965b)는 『자본』에 대한 철학적 독해의 필요성과 방법, 그리고 『자본』의 인식론적 함의를 다룬다. 두 번째 논문인 랑시에르(J. Rancière)의 「비판의 개념과 경제학 비판: '1844년 원고'에서 '자본'으로」는 '1844년 원고'의 소외론과 『자본』의 경제학 비판을 방법의 차원에서 비교한다. 세 번째 논문인 마슈레(P. Macherey)의 「'자본'의 서술과정에 관하여」는 변증법과 논리학의 관계를 다룬다.

2권은 『자본』의 '대상'을 주제로 한다. 첫 번째 논문인 알튀세르의 「'자본'의 대상」(Althusser, 1965c)은 고전경제학의 대상과 구별되는 '경제학 비판'의 대상을 규명한다. 두 번째 논문인 발리바르의 「역사유물론의 기본 개념에 관하여」(Balibar, 1965)는 생산양식과 사회구성체, 재생산과 이행 같은 역사유물론의 기본 개념을 설명한다. 마지막 논문인 에스타블레(R. Establet)의 「'자본'의 구성에 관한 설명」은 『자본』의 개념적 구조를 전체적으로 설명한다. 그러나 1968년에 출판된 재판은 알튀세르와 발리바르의 논문들로 축약된다. 이 글에서는 재판의 영역본을 중심으로 『'자본'을 읽자』의 내용을 살펴본다.

알튀세르의 인식론적 기획

알튀세르는 『'자본'을 읽자』의 서문이자 사실상 결론에 해당하는 「'자본'에서 마르크스의 철학으로」(Althusser, 1965b)에서 성숙기 마르크스의 인식론을 체계적으로 규명한다. 아울러 인식과정의 변증법적 구조를 일반화함으로써 '방법'의 변증법과 '역사'의 변증법을 통합하려는 거대한 기획을 제시한다. 이 같은 기획은 『마르크스를 위하여』에서 시작된 헤겔의 변증법에 대한 비판을 극단화하는 데에서 출발한다.

관념론적 인식론 비판

「'자본'에서 마르크스의 철학으로」(Althusser, 1965b)에서 알튀세르는 인식과정에 관한 『마르크스를 위하여』의 분석을 더욱 구체화한다. 「유물변증법에 관하여」(Althusser, 1963b)에서는 주로 사고 내부에서 이루어지는 일반성 I, II, III의 변형과정을 설명한 반면, 여기서는 현실대상과 사고대상의 관계를 좀 더 체계적으로 설명하면서 인식과정에 관한 논의를 완성한다. 이를 통해 그는 관념론적 인식론을 비판적으로 분석한다.[1]

포이어바흐와 그의 문제설정 속에 있었던 청년 마르크스에게 사물의 본질을 인식하는 것은 곧 그것의 '구체적 실존'의 투명성 속에 존재하는 '추상적 본질'을 단순히 읽어내는 것이다. 절대지식(Absolute Knowledge)에 관한 헤겔의 모델 역시 사물의 실존 속에서 가시화되는 그 본질을 독해하는 것이다. 알튀세르는 마르크스가 기존의 철학적 의식을 청산하는 과정에서 주체의 감각적 경험으로부터 직접 사물의 본질을 도출할 수 있다고 가정하는 관념론적 인식론을 비판한다고 주장한다.

알튀세르에 따르면, 관념론적 인식론은 사고대상과 현실대상을 동일시하기 때문에 사고대상으로서 추상적 개념이 현실대상에 대한 직접적 경험을 통해서 '추출'될 수 있다고 가정한다. 현실대상이 본질과 비본질의 두 부분으로 구성되어 있기 때문에, 감각을 통한

---

1) 알튀세르는 현실대상과 사고대상을 구별하지 않은 채 현실대상의 직접적인 독해로부터 지식을 획득할 수 있다는 모든 인식론을 '경험주의'로 규정한다. 그렇지만 이 같은 규정은 경험주의라는 용어를 너무 폭넓게 사용하기 때문에, 이 글에서는 관념론이라는 용어로 이를 대신한다.

경험에서 비본질적인 부분을 사상(捨象)하면 현실대상의 본질에 관한 인식을 추상(抽象)할 수 있다는 것이다.[2] 또한 관념론적 인식론은 현실대상의 생성과정과 사고대상의 생산과정을 구별하지 않는다. 이에 따라 현실의 과정이 사고의 과정으로 대체되거나, 역으로 사고의 과정이 현실의 과정으로 대체된다.

이와 반대로 알튀세르는 현실대상과 사고대상, 현실과정과 사고과정을 명확하게 구별해야 한다고 주장한다. 이 둘을 혼동할 경우, 헤겔처럼 현실을 관념의 자기전개로 간주하거나, 아니면 현실에 대한 직접적인 경험으로 과학을 대체하게 된다. 특히 주체의 경험에서 현실대상의 '본질'을 추출할 수 있다고 가정하면, 표상 또는 가상으로서 추상과 과학적 개념으로서 추상을 구별할 수 없고 이론적 실천의 독자성은 부정된다.

여기서 알튀세르는 현실과정과 사고과정의 구별을 특별히 강조한다. 그는 사고대상의 생산과정이 전적으로 사고 내부에서 진행되기 때문에 현실대상의 생성과정과 완전히 다른 순서에 따라 이루어진다고 주장한다. 두 순서가 동일하지 않다는 것은 『자본』의 서술순서를 둘러싼 논쟁과도 관련된다. 이른바 역사주의와 논리주의 사이의 논쟁이 그것이다.

알튀세르는 두 입장 모두 현실과정과 사고과정을 구별하지 않기 때문에 그 논쟁이 사실상 허구적인 쟁점을 대상으로 한다고 평가한다. 그에 따르면, 역사주의는 현실의 순서로 개념의 순서를 설명하는 반면 논리주의는 개념의 순서로 현실의 순서를 설명한다. 그

---

[2] 알튀세르는 이와 구별되는 마르크스적 추상화에 대해서는 별도로 설명하지 않는다. 이와 관련하여 알튀세르의 인식과정론을 수용하여 현실주의적 과학철학을 한 차원 더 발전시킨 바스카(R. Bhaskar)는 추상작용을 객관적으로 존재하는 법칙이 가시화되도록 '현실의 교란요인을 소거하는 과정'으로 규정한다. 자연과학에서 이는 실험에 의해 가능해진다. 반면 역사과학에서는 실험이 불가능하기 때문에 사고 내부에서의 추상작용이 실험을 대신한다. 경험주의는 감각적으로 경험되는 현상만 대상으로 하기 때문에 법칙의 인식을 부정하지만, 바스카는 실험과 추상화를 통해 직접 경험되지 않는 심층의 구조와 법칙을 발견할 수 있다고 주장한다(Collier, 1994).

렇지만 둘 다 현실과정과 사고과정을 구별하지 않기 때문에, 이 두 입장의 대립은 사실상 허구적이라는 것이다.3)

알튀세르는 현실과정과 사고과정을 구별하면서 개념의 순서와 현실의 순서를 근본적으로 구별해야 한다고 주장한다. 『자본』에서 개념들이 전개되는 순서는 마르크스의 과학적 증명의 순서이기 때문에 역사에서 어떤 특정한 현실이 출현하는 순서와 직접적인 1대 1 관계를 갖지 않는다. 즉 『자본』 1권에서 3권으로 개념이 전개되는 과정은 현실과정과 무관하게 전적으로 사고과정 속에서 이루어지는 것이다. 이 과정은 사고의 추상에서 현실의 구체로 이행하는 과정이 아니라 사고의 추상에서 사고의 구체로 이행하는 과정이다(Althusser, 1965b).

관념론적 인식론은 마르크스주의 철학과 과학에 커다란 영향을 끼치는데, 알튀세르는 그것의 가장 위험한 형태 중 하나로서 그람시의 (절대적) 역사주의를 언급한다. 알튀세르는 「'자본'의 대상」(Althusser, 1965c)의 5장 '마르크스주의는 역사주의가 아니다'에서 그람시의 역사주의를 강하게 비판한다. 알튀세르에 따르면 그람시의 역사주의는 경제학처럼 역사성을 갖는 대상을 다루는 과학의 경우에 현재에 대한 의식 속에서 과학적 인식을 획득할 수 있다고 가정하는 관념론적 인식론의 변종이다. 즉 역사주의는 중상주의, 중농주의, 고전경제학, 마르크스주의 등 각각의 경제이론이 자본주의 경제의 동시대적 상태 또는 그 상태에 대한 경험을 묘사한다고

---

3) 『자본』에 대한 역사주의적 해석은 엥겔스에게서 유래하는 것으로 『자본』의 서술순서가 역사의 전개과정과 일치한다고 주장하는 것이다. 즉 자본주의의 역사가 가치법칙이 작동하는 소상품생산에서 잉여가치법칙이 작동하는 자본주의적 생산으로, 가치가 지배하는 시기에서 생산가격이 지배하는 시기로 이행한다고 보는 것이다. 이와 달리 자본논리학파의 논리주의적 해석은 헤겔의 변증법적 논리학에 기초하여 『자본』의 서술순서가 역사와 무관한 추상적 개념에서 구체적 개념으로 상승하는 과정이라고 주장한다. 이때 『자본』의 역사적 장들은 논리적 분석의 예증으로 이해된다. 알튀세르의 견해는 사고과정과 현실과정을 구별한다는 점에서 논리주의적 해석과 동일하지만, 그러나 헤겔의 변증법을 비판한다는 점에서는 자본논리학파와 구별된다.

주장한다. 현실 역사의 과정 자체가 기존 상태에 대한 비판과 부정을 통해 발전하여 현재에서 완성되는 것처럼, 그 과정에 대한 인식도 과거의 인식에 대한 비판을 통해 현재에서 완성된다는 것이다. 이에 따라 역사주의는 『자본』의 서술방법이 현실 역사의 과정과 일치한다고 가정한다.

이처럼 그람시의 역사주의에서는 현재에 대한 경험이 과학적 인식을 대체하기 때문에 역사과학의 독자성이 부정된다. 대신 그람시는 마르크스주의가 세계관 또는 이데올로기로서 실천적·역사적 역할을 수행해야 한다는 점을 강조한다. 그의 관점에서 마르크스주의는 지식인과 대중에게 역사의 진행과정에 관한 일반적 관점과 실천의 규칙을 제공함으로써 인간의 생활에 깊숙이 침투할 수 있는 이론구성체다. 또 그의 '실천철학'(philosophy of praxis)은 철학을 대중의 정치·경제적 실천의 직접적인 생산물로 간주한다. 철학은 대중의 실천에서 완성되며, 철학자는 단지 이미 완성된 철학에 담론의 형태를 부여하는 것이다. 이로써 철학과 정치는 동일시된다.

따라서 그람시의 역사주의에서 마르크스주의의 역사과학은 정치, 철학, 이데올로기 등과 구별되지 않는다. 그리고 마르크스주의의 철학과 과학 역시 구별되지 않는다. 이론적 실천의 종별성은 상실되고 모든 사회적 실천은 '역사적 실천' 일반으로 환원된다.

이에 반해 알튀세르는 그람시의 역사주의가 갖는 오류는 현실대상과 사고대상, 현실과정과 사고과정의 혼동에서 비롯된다고 주장한다. 그는 마르크스가 과학을 언어와 마찬가지로 상부구조의 개념 속에 포함시키지 않았다는 사실을 강조하면서 과학의 자율성을 강조한다. 그는 과학이 이데올로기와의 절단을 통해서 형성되기 때문에 이데올로기는 물론이고 심지어 철학으로도 환원되지 않는 독자적인 영역을 갖는다고 주장한다. 그리고 비록 그람시의 역사주의가 인간의 의식과 의지를 강조하면서 제2 인터내셔널의 경제주의에 저항했지만 이론적 구조의 측면에서는 사실상 그것과 동일하다고 주장한다. 즉, 경제주의가 모든 사회적 실천을 경제적 실천으로 환원하는 것처럼, 역사주의는 모호한 '역사적 실천' 일반으로 환원할 뿐이라는 것이다.

인식효과와 사회효과

칸트 이후 고전철학의 인식론은 현실대상과 사고대상의 상응성(correspondence)을 보증하는 선험적인 기준이 무엇인가라는 이른바 '인식의 문제'를 제기한다. 그리고 철학이 제시하는 기준에 따라 과학적 지식의 진리성이 결정된다고 가정한다. 이와 관련하여 포이어바흐는 '주체의 본질=대상'이라는 사변적 등식 속에서 이 문제의 해결을 시도하고, 헤겔의 관념론은 주체 개념을 폐기하는 대신 그때까지 이론적 장에 존재하지 않았던 역사 개념을 도입한다.

그러나 알튀세르는 사고대상과 현실대상이 구별되기 때문에 두 대상의 상응성을 전제할 수 없으며, 따라서 인식의 문제는 사실상 허구적이라고 지적한다. 관념론적 인식론은 현실대상이 무엇인지에 대한 해답을 미리 정해놓고 문제를 제기하기 때문에 이데올로기적인 것이다.

알튀세르는 문제와 해답의 이데올로기적 거울 관계가 형성하는 폐쇄적 순환으로부터 탈출할 수 있는 근본적으로 새로운 문제를 제기한다. 그는 지식이 현실대상과 구별되지만 현실대상에 대한 고유한 영유방식을 통해 현실세계와 관련을 맺기 때문에, 그 영유방식이 중요하다고 강조한다. 따라서 그는 「'자본'에서 마르크스의 철학으로」(Althusser, 1965b)에서 인식의 문제를 '인식이 세계를 영유하는 고유한 방식으로서 인식효과(knowledge-effect)를 생산하는 메커니즘이 무엇인가'라는 문제로 대체한다.

이 문제에 대해 전통적으로 제시된 해답은 '실천'이다. 오직 실천만이 지식과 현실대상의 조화를 '보증'한다는 것이다. 그러나 이 같은 실용주의적 견해는 진리성을 보증하는 외재적 기준이라는 문제를 제기하기 때문에 여전히 관념론의 이데올로기에 갇혀 있는 것이다. 또한 실용주의는 이론과 실천이라는 이데올로기적 이분법을 재생산한다. 그러나 사실 이 둘은 분리된 것이 아니다. 가장 원시적인 생계활동 같은 실천도 이론과 지식의 요소를 모두 포함하기 때문이다.

그러므로 구별되는 것은 이론과 실천이 아니라, 이론적 실천과 다른 사회적 실천들이다. 이론적 실천도 실천이기 때문에 다른 실천들과 마찬가지로 자신의 대상을 변형한다. 그러나 이론적 실천은 노동대상·노동수단·생산물의 특수한 형태에 의해 다른 실천들과 구별된다. 그리고 이론적 실천의 타당성의 기준은 철학에 의해 선험적으로 구성되는 것이 아니라, 다른 실천들과 마찬가지로 이론적 실천 내부에서 형성된다. 즉 어떤 경제 활동이 타당한지를 평가하는 기준은 다른 사회적 실천이 아니라 바로 경제적 실천 그 자체에 있는 것처럼, 어떤 이론을 평가하는 기준도 이론적 실천 그 자체에 있다는 것이다.[4]

지식이 어떤 메커니즘에 의해 현실대상을 영유하는가라는 문제는 지식생산의 조건이라는 문제와도 다르다. 지식생산의 조건은 이론적 실천의 역사에 관한 이론으로부터 도출되는 것이다. 이 이론은 과학적 지식이 어떻게 출현하고 발전하는가를 알려주지만, 인식효과의 메커니즘에 대해서는 알려주지 않는다.

인식은 단순히 세계에 관한 표상을 통해서가 아니라 표상에 대한 비판을 통해서 세계를 영유한다. 그러므로 인식효과는 『마르크스를 위하여』에서 제시한 일반성 I, II, III의 변증법을 통해 생산된다. 그리고 그것은 과학적 담론에서 개념들이 전개되는 순서, 즉 개념들의 출현과 변형의 규칙적인 순서를 규정하는 메커니즘 속에 존재한다.

과학적 지식에 의한 인식효과는 자본주의적 생산양식에 의한 사

---

[4] 물론 과학적 실천을 판단하는 기준의 근본적인 내재성이 다른 실천들과의 관계를 배제하는 것은 아니다. 경제적·정치적 실천 등 다른 실천들은 과학적 실천에 원료를 제공할 뿐만 아니라 새로운 과학의 출현에 결정적 역할을 할 수도 있다(Althusser, 1965b).

회효과(society-effect)와 짝을 이룬다. 마르크스는 현대 부르주아 사회를 연구할 때, 그것의 역사적 성격을 인식한다. 그러나 그는 헤겔의 역사성 관념과 절단하고 부르주아 사회의 기원이 아니라 그것의 동시대적 구조를 연구한다. 『자본』은 역사의 생산물을 하나의 사회로 존재하게 만드는 메커니즘, 즉 '사회효과'의 생산 메커니즘에 관한 분석이다. 이는 곧 사회구성체에 관한 분석이다.

자본주의적 사회구성체에서 토대와 상부구조는 서로 다른 기원과 역사성을 갖는 상대적으로 자율적인 심급들이다. 이 심급들은 특정한 방식으로 결합함으로써 사회를 구성한다. 그렇기 때문에 사회구성체는 헤겔의 역사철학에서처럼 단일한 기원으로 소급하여 분석될 수 없다. 서로 다른 기원들을 갖는 다양한 심급들을 결합하여 하나의 사회로서 존재할 수 있게 하는 사회효과는 바로 심급들의 현재적 결합관계를 통해 분석되어야 한다.

『마르크스를 위하여』에서 제시한 변증법의 두 측면, 즉 인식으로서의 변증법과 역사로서의 변증법은 『'자본'을 읽자』에서 인식효과와 사회효과의 생산 메커니즘으로 개념화된다. 알튀세르가 철저하게 반(反)헤겔적인 입장에서 마르크스의 변증법을 종별화할 수 있었던 것은 바로 이 개념들을 통해서다.

마르크스의 경제학 비판

인식효과는 감각적 경험이나 그것의 일반화만으로 생산되지 않는다. 과학의 역사는 인식효과가 기존의 추상적 표상으로서 일반성 I을 비판하는 과정에서 심화됨을 보여준다. 알튀세르는 『마르크스를 위하여』에서 비판은 문제설정의 변경을 통한 인식론적 절단을 통해서 이루어진다고 주장한다. 이 때 가장 핵심적인 것은 일반성 I을 변형하는 수단으로서 일반성 II다.

알튀세르는 「'자본'의 대상」(Althusser, 1965c)의 6장에서 문제설정의 변경이 새로운 과학적 대상의 발견과 관련된다고 주장한다. 과학의 역사를 볼 때, 이미 확립된 과학에서는 대상의 발견이 연속적으로 이루어짐으로써 대상이 확장된다. 이와 달리 새로운 과학에서는 기존의 이데올로기적인 장에 존재하지 않았던 새로운 대상이 구성된다. 하지만 어떤 경우에도 새로운 대상의 발견은 기존의 이론에서 해답으로 제시된 것을 새로운 문제로 전환시킨다. 그러므로 새로운 대상의 출현은 문제설정의 변화를 가져온다.

마르크스는 고전경제학과 상이한 대상을 발견함으로써 고전경제학 전체를 비판함은 물론, '역사의 대륙'을 과학적으로 탐구한다. 이를 통해 사회와 역사에 관한 인식효과가 심화된다. 그렇지만 문제는 역사과학의 출발점이 되는『자본』의 대상이 비가시적인 형태로 나타난다는 사실이다.

『자본』의 대상의 모호성

「'자본'의 대상」(Althusser, 1965c)에서 알튀세르는『자본』의 해석에서 핵심적인 난점 중 하나로서『자본』의 대상이 불분명하다는 점을 지적한다.『자본』의 대상은 역사인가 경제인가? 만일 경제라고 한다면, 고전경제학의 대상과의 차이는 정확히 무엇인가? 만일 역사라고 한다면 이 역사는 무엇이고, 경제는 역사 속에서 어떤 위치를 갖는가? 마르크스는 항상 고전경제학과 자신의 대상의 차이를 의식하고 있었지만, 이 문제에 대해 만족스러운 해답을 제시하지는 않는다(Althusser, 1965c).

이에 따라 알튀세르는『자본』의 철학적·인식론적 독해를 제안한다.『자본』의 경제학적 독해는 이미 정의된 경제학적 대상과『자본』의 분석의 관계에 관심을 갖고 논리학적 독해는『자본』의 논리전개와 증명의 방법에 관한 문제에 주목한다. 반면 알튀세르의 인식론적 독해는『자본』의 대상을 밝혀내고『자본』과 그 대상의 관계를 규명하는 데 관심을 갖는다(Althusser, 1965b).

마르크스의 새로운 대상은 그의 문제설정을 규정하는 핵심적인 요소다. 마르크스의 이론적 실천은 노동대상인 일반성 I로서 고전경제학의 표상에 대해 노동수단인 일반성 II를 작용시킴으로써 새로운 생산물인 일반성 III을 생산한다. 이때 핵심이 되는 일반성 II는 마르크스가 고전경제학과 완전히 다른 새로운 문제를 제기하는 이론적 지반, 즉 새로운 문제설정을 표현하는 개념이다. 그러나 『자본』의 대상이 비가시적인 형태로 존재하기 때문에 일반성 II도 명시적으로 드러나지는 않는다. 이 때문에 『자본』의 대상을 발견하기 위해서는 징후적 독해(symptomatic reading)가 필요하다. 정신분석가가 환자의 말을 드러나지 않은 어떤 것의 징후로 해석하고 그 말에 응축·치환되어 있는 무의식의 의미를 찾아내는 것처럼, 징후적 독해는 어떤 텍스트를 있는 그대로 수용하는 것이 아니라 그 속에 비가시적 형태로 존재하는 대상을 독해하는 것이다. 그러므로 징후적 독해는 개념의 현존보다는 부재에 주목하는 지식의 생산과정이다.

마르크스는 여러 곳에서 자신의 혁신적 발견에 대해 언급한다. 그것은 크게 두 가지로 요약된다. 하나는 가치와 사용가치의 배후에 있는 추상노동과 구체노동의 구별이고, 다른 하나는 잉여가치 개념이다. 그 밖의 다양한 발견들, 예를 들어 화폐의 본질로서 보편적 등가물과 화폐의 다양한 기능들, 자본의 유기적 구성과 자본주의적 축적의 일반적 법칙 등은 이러한 '기본적 발견들'에 의해 근거지어지는 것이다.

그러나 기본적인 발견들은 『자본』의 대상을 암시하기만 할 뿐, 그것을 명시적으로 제시하지 않는다. 노동의 이중성과 잉여가치 개념은 비가시적 형태로 존재하는 『자본』의 고유한 대상을 징후적으로 표현할 뿐이다. 그것들은 『자본』의 대상과 관련될 때만 과학적 개념으로서 그 의미를 획득할 수 있다. 『자본』의 대상을 고전경제학의 대상과 동일시할 경우, 그 개념들의 이론적 지위는 모호해진다. 그 결과 부르주아 경제학자들은 가치와 잉여가치 개념이 계산·

수량화될 수 없기 때문에 비경제적·형이상학적 개념이라고 비판한다. 그리고 엥겔스조차도 이 같은 비판에 대해 마르크스를 올바로 변호하지 못한다.

이 같은 오해의 근원은 마르크스 자신에게로 소급된다. 마르크스는 자신이 고전경제학의 오류를 단순히 정정한 것이 아니라 그 이론적 전제를 전면적으로 비판했다고 주장한다. 즉 그는 고전경제학이 상품, 화폐, 노동력 등의 개념들이 역사적으로 결정된 것임을 간과하고 자본주의적 생산의 조건들을 생산의 초역사적 조건으로 만들었다고 비판한다.

그러나 알튀세르는 마르크스의 이러한 평가가 그 자신의 비판의 절반도 채 표현하지 못할 뿐만 아니라 마르크스주의의 역사에서 가장 심각한 오류를 조장한다고 주장한다. 마르크스의 말을 문자 그대로 받아들이면 『자본』은 고전경제학과 방법에서만 구별된다. 마르크스는 고전경제학의 대상에 역사변증법을 적용하는 것이기 때문이다. 이 경우 『자본』은 '리카도 이론의 역사화'로 해석되는데, 이는 '경제학 비판'의 이론적 혁신을 사실상 부정하는 것이다.

고전경제학의 대상과 마르크스의 비판

알다시피 『자본』의 부제는 '경제학 비판'이다. 마르크스는 고전경제학을 계승하면서 그 학문의 어떤 부정확성이나 세부적인 오류들을 정정하는 것이 아니라, 그 학문 자체를 비판한다. 그것은 고전경제학과 완전히 다른 대상을 설정하고 문제설정을 새롭게 변형할 때만 성취된다. 『자본』이 진정한 의미에서 고전경제학에 대한 '비판'이라고 한다면, 그것은 고전경제학이 가상적 인식 속에서 추구했던 바로 그 대상에 대한 과학적 개념을 구성해야 한다.

알튀세르는 마르크스의 대상과 비교하기 위해 고전경제학의 대상의 이론적 구조를 분석한다. 고전경제학은 분배영역에서 경험·계산되는 '경제적 사실들'을 자신의 대상으로 설정하고, 그것들을 절대적으로 주어진 것, 설명할 필요가 없는 자명한 것으로 간주한다. 생산은 비경제적 요소를 포함한다고 간주되기 때문에 오직 분배와 관련될 때만 다루어진다. 특히 기술 같은 특수한 생산방식과 관련된 부분들은 경제학의 외부로 간주된다. 따라서 고전경제학은 수량적으로 계산될 수 있는 단순하고 동질적인 공간을 전제한다.

이에 반해 마르크스는 분배영역이 생산영역에 의해 결정된다는 것을 논증하면서 경제영역들 사이의 관계를 역전시킨다. 고전경제학의 동질적 공간은 자본주의적 생산관계가 규정하는 새로운 공간으로 변형된다. 그것은 생산이 분배를 결정하는 복잡하고 구조화된 공간이다.

마르크스는 또한 생산 개념 자체도 변형시킨다. 마르크스의 생산 개념은 그것의 물질적 조건으로서 노동과정과 사회적 조건으로서 생산관계라는 두 요소의 결합으로 특징지어진다.

먼저 노동과정에 대한 분석은 노동과정의 물질적 본성과 노동수단의 지배적 역할이라는 두 가지 본질적인 특징을 보여준다. 첫째, 노동과정은 '인간과 자연 사이의 신진대사과정'으로서 물질적 조건을 전제로 한다. 그것은 자연과 기술의 물리적 법칙에 종속된 물질적 메커니즘으로서 노동력도 이 메커니즘 속에 포함된다. 마르크스는 이를 통해 인간의 노동을 순수한 창조행위로 간주하고 노동의 물질적 조건을 배제하는 모든 인간주의적 노동 관념을 비판한다. 둘째, 노동과정에 대한 분석은 노동수단의 지배적인 역할을 보여준다. 노동수단은 서로 다른 경제적 시대의 '종적 차이'를 식별할 수 있도록 할 만큼 노동과정에서 핵심적이다.

생산의 사회적 조건으로서 생산관계는 생산의 담지자들의 장소와 기능을 결정한다. 그것은 흔히 오해되는 것과 달리 사물을 배제한 주체들 사이의 관계로 환원되지 않는다. 그것은 생산수단을 매개로 하여 형성되는 직접생산자와 소유자 사이의 착취관계로 구성된다. 그러므로 진정한 의미에서의 '주체'는 그 장소를 차지하는 인간들이 아니라 그들을 그 장소에 분배하는 '생산관계'다.

마르크스의 새로운 대상

『자본』에서 경제적 현실의 공간은 생산양식에 의해 구조화된다. 생산영역은 분배·유통·소비영역의 심층에 위치하면서 이들을 규정한다. 이와 함께 고전경제학이 배제한 생산기술이 이제는 경제구조의 중심에 위치한다.『자본』의 대상은 바로 생산의 사회적·물질적 조건들의 통일체로서 자본주의적 생산양식이다. 그리고 잉여가치는 경제적 현실 그 자체에서 자본주의적 생산관계, 즉 착취관계를 표현하는 핵심적인 개념이다.

뉴튼 이전의 사람들이 물체의 낙하를 보면서도 중력의 법칙을 인식할 수 없었던 것처럼, 마르크스 이전의 경제학자들은 착취의 존재를 보면서도 그것의 경제적 형태나 법칙을 사고하지 못했다. 스미스와 리카도는 이윤·지대·이자라는 경제적 사실 속에서 잉여가치를 발견하지만, 이를 어떤 대상을 지칭하는 개념으로 생각하지 못하고 그것의 이론적 효과를 도출하지도 못한다.

그렇지만 마르크스는 생산양식을 자신의 대상으로 설정하고 잉여가치를 생산양식을 표현하는 개념으로 사고함으로써 경제학의 이론적 지반을 완전히 변경한다. 경제적 사실은 더 이상 자명한 사실이 아니다. 그것은 이제 생산관계에 의해 설명되어야 한다. 잉여가치는 형이상학적 개념이 아니라『자본』의 대상인 생산양식에 적합한 개념이고, 경제적 사실 전체를 설명하는 핵심 개념이다. 마르크스는 생산양식이라는 새로운 대상을 발견함으로써 고전경제학의 이데올로기적 문제설정을 과학적 문제설정으로 대체한다.

여기서 마르크스의 잉여가치 개념이 계산불가능하기 때문에 형이상학적이라는 현대경제학의 비판에 대해 반비판할 수 있다. 잉여가치가 계산할 수 없는 것은 그것이 바로 계산할 수 있는 잉여가치의 다양한 형태들, 즉 이윤·지대·이자를 규정하는 개념이기 때문이다. 이러한 단순한 구별은 이론적 지반을 완전히 변경시킨다. 고전경제학의 동질적 공간은 더 이상 단순히 주어진 것, 설명이 필요

없는 것이 아니다. 왜냐하면 이 공간은 경제적 현상을 동질적인 계산가능한 것으로 다룰 수 있게 하는 조건과 한계에 대한 정의를 필요로 하기 때문이다. 마르크스는 동질적 공간을 전제하는 계산·수량화의 방법 자체를 배제하지 않는다. 대신 그는 계산가능성의 장소와 한계를 개념적으로 규정함으로써 수학적 형식화를 개념적 전개에 종속시키는 것이다.5)

구조인과성

사회구성체 개념의 재구성

알튀세르는 「'자본'의 대상」(Althusser, 1965c)에서 사회효과를 생산하는 심급들의 결합관계를 표현하기 위해 '구조인과성'(structural causality)이라는 새로운 개념을 제시한다. 『마르크스를 위하여』의 과잉결정 개념이 구조의 복잡성과 정세의 우연성을 동시에 지시하는 것과 달리, 구조인과성 개념은 구조의 복잡성을 특권화하고 정세의 우연성을 상대화한다. 알튀세르와 발리바르는 이 개념에 기초하여 사회구성체 및 생산양식 개념을 재구성한다.

---

5) 알튀세르는 계산가능한 경제적 사실 배후에 생산관계를 반영하는 계산불가능한 개념이 존재함을 지적하면서 잉여가치가 이에 해당한다고 주장한다. 그러나 이 설명은 다소 부정확하다. 왜냐하면 이윤·지대·이자로 분할되는 잉여가치는 그것들의 합으로 계산될 수 있기 때문이다. 자본주의적 착취를 직접 반영하면서도 계산될 수 없는 것은 잉여가치가 아니라 오히려 잉여노동이다. 『자본』이 분석하는 것은 잉여노동의 구체적 존재형태와 그것이 잉여가치로 추상화되는 메커니즘이다. 고전경제학은 자본주의적 착취의 결과로서 추상된 가치에만 주목한 반면, 마르크스는 구체적인 잉여노동을 분석함으로써 착취형태와 경제 전체를 결정하는 메커니즘을 설명한다. 그는 자본주의적 생산양식에서 잉여노동의 착취가 자본의 유기적 구성의 상승과 그에 따른 이윤율 하락의 법칙으로 나타난다는 것을 보여준다. 더 자세한 설명은 윤소영(2001)을 참조하시오.

알튀세르는 마르크스 이전에 인과관계를 개념화하는 인식론적 개념으로 기계적 인과성과 유기체적 인과성('표현적 인과성')이 있다고 지적한다. 그렇지만 이 두 개념은 마르크스의 역사과학에서 나타나는 인과작용을 올바로 표현하지 못한다고 평가한다.

먼저 데카르트의 기계적 인과성은 갈릴레이의 운동학에서 나타나는 대상들 또는 부분들 사이의 작용을 개념화한 것으로, 이를 역사에 적용할 경우 인과작용은 지극히 단순화된다. 기계적 인과성에 따를 경우, 경제라는 부분이 정치나 이데올로기와 같은 다른 부분들을 결정하는 것으로 간주되기 때문에, 현실의 역사에서 나타나는 다양한 심급들의 복잡한 작용을 설명하지 못한다.

이와 달리 헤겔의 유기체적 인과성은 전체와 부분의 관계를 개념화한다. 그렇지만 유기체적 인과성에서 전체는 원리상 내재적 본질, 즉 정신적 원리로 환원되고, 전체의 부분들은 그 본질의 현상 형태로 간주된다. 그리고 헤겔의 역사철학에서 나타나는 것처럼, 한 사회의 경제적·법적·예술적·종교적·철학적 요소들은 모두 전체의 내재적 원리를 표현하기 때문에, 이들 사이에 인과관계는 성립하지 않는다.

알튀세르는 마르크스의 역사과학을 지지할 수 있는 인과성 개념으로 스피노자에게서 기원하는 구조인과성 개념을 제시한다. 구조인과성은 부분들의 관계로서 구조가 부분들을 결정하는 원인임을 의미한다. 기계적 인과성과 달리 구조인과성에서는 '원인으로서 부분'이 존재하지 않는다. 그는 이를 '부재하는 원인'(absent cause)이라고 부르면서 구조인과성의 핵심적 특징 중 하나로 제시한다. 또한 유기체적 인과성과 달리 부재하는 원인은 정신적·초월적 본질이 아니라 부분들의 결합으로 형성되는 전체로서 구조다. 즉, 경제 현상은 경제 외부에 있는 비경제적 구조에 의해 결정되는 것도, 그 사회의 내재적 원리를 반영하는 것도 아니다. 그것은 사회구성체라는 전체의 효과들로서 나타나기 때문에 원인은 결과들에 내재적인 것이다. 결국 구조라는 원인은 오직 그 효과들 속에서만 실존한다.

알튀세르는 구조인과성 개념에 기초하여 사회구성체 개념을 재구성한다.[6] 그에 따르면 최종심으로서 경제는 그 자체로서 존재할 수도 역사의 원인으로 작용할 수도 없다. 경제가 존재하기 위해서는 현재의 결합형태를 부과하고 유지할 수 있는 법·정치에 의한 물질적 힘과 이데올로기에 의한 도덕적 힘이 필요하기 때문에, 법적·정치적, 이데올로기적 상부구조의 존재가 필수적이다. 상부구조를 이루는 다양한 심급들은 경제에 의해 결정되는 것이 아니라 그 자체가 상대적으로 자율적인 심급들이다. 그리고 이 심급들은 경제로부터 직접 도출되지 않는 독자적인 메커니즘과 역사성을 갖는다. 경제는 다양한 심급들과 결합할 때만 역사의 원인으로 작용할 수 있다. 그러므로 역사의 원인은 전체로서 사회구성체 그 자체다.

그렇지만 사회구성체를 구성하는 심급들의 결합은 시간과 장소에 따라 서로 다른 형태로 나타난다. 따라서 사회구성체의 일반적인 결합방식에 대한 분석은 불가능하며 오직 특수한 사회구성체에 대한 분석만 가능하다. 그리고 특수한 사회구성체의 분석은 곧 구체적인 정세에 대한 구체적 분석을 의미한다. 여기서 특정한 정세는 심급들의 구조적 결합관계에 의해 그 필연성이 분석될 수 있기 때문에, 구조와 정세, 필연성과 우연성의 대립은 정세와 우연성에 대한 구조와 필연성의 우위 속에서 해소된다.

이처럼 구조를 강조하는 것이 레비-스트로스의 구조주의적 입장과 동일한 것은 아니다. 발리바르는 「역사유물론의 기본개념에 관하여」(Balibar, 1965)에서 구조주의와 알튀세르의 입장을 구별한다. 구조주의적 조합(combinatory)에서는 요소들의 장소와 관계가 변화하지만 이 요소들의 본성은 고정된 것으로 간주한다. 반면, 마르크스주의적 결합(combination)에서는 관계의 유형에 따른 속성들의 변화와 결합관계의 필연성이 설명된다. 예를 들어 경제적 토대

---

6) 알튀세르는 여기서 사회구성체 대신 생산양식이란 개념을 사용한다. 그러나 이 글에서는 경제적 심급과 다른 사회적 심급들의 결합을 지칭할 때는 전통적인 용어법에 맞게 사회구성체로 표현한다. 따라서 생산양식은 경제와 동일한 것이다.

와 법적 상부구조의 결합은 자의적인 것이 아니다. 후자는 자본주의적 생산양식을 전제로 한 상품교환의 보편성을 소유관계와 계약관계를 통해 반영하기 때문에 이 결합은 필연적인 것이다.

구조인과성은 헤겔의 사회적 총체성(totality)과 구별되는 마르크스의 사회적 전체(whole)를 특징짓는 핵심개념이 된다. 알튀세르는 이에 기초하여 헤겔의 역사철학에 내포되어 있는 이데올로기적인 역사 개념을 비판한다.

이데올로기적 역사 개념 비판

생산양식 개념은 경제이론과 역사이론을 매개하면서 경제이론을 역사이론과 결합한다. 그렇지만 『자본』은 단지 고전경제학의 개념들을 역사화한 것이 아니다. 그것은 『자본』의 대상이 고전경제학의 대상과 다를 뿐만 아니라, 역사에 관한 관념 자체가 변형되기 때문이다. 여기서 알튀세르는 역사와 시간에 관한 이데올로기적 개념과 과학적 개념의 구별이 중요하다고 강조한다. 그는 구조인과성 개념이 헤겔과 레비-스트로스의 이데올로기적인 역사적 시간 개념을 비판하면서 역사를 새롭게 사고할 수 있는 토대를 마련한다고 주장한다.

알튀세르는 「'자본'의 대상」(Althusser, 1965c)의 4장 '고전경제학의 오류: 역사적 시간 개념의 개요'에서 헤겔의 역사적 시간 개념이 두 가지 본질적인 특성을 갖는다고 주장한다. 하나는 시간의 동질적 연속성이라는 특성이다. 이는 관념의 변증법적 발전의 연속성을 반영한다. 시간은 변증법적 발전의 연속성이 발현되는 연속체로 다루어진다. 다른 하나는 '시간의 동시성'(contemporaneity) 또는 '역사적 현재'라는 개념이다.

헤겔의 총체성에서는 모든 부분들이 자율적인 발전 메커니즘을 갖는 것이 아니라 초월적인 정신의 원리를 표현하기 때문에 정신적 원리의 발전과 항상 동시적이다. 경제, 정치, 법, 철학, 종교, 예술 등 사회의 모든 영역들은 동일한 시간과 발전리듬을 공유한다. 따라서 역사적 총체성은 현재 속에서 분석될 수 있는 것으로 간주된다.

알튀세르는 헤겔의 사회적 총체성의 역사적 실존의 구조를 '본질적 단면'(coupe d'essence)이라고 부른다. 이 같은 구조에서는 현재가 모든 인식의 절대적 지평을 구성한다. 현재의 본질은 바로 역사의 흐름을 수직적으로 절단한 단면 속에서 인식할 수 있다는 것이다. 이 단면을 통해 드러난 전체의 모든 요소들은 각자가 오직 내재적 본질만을 표현하기 때문에 이들 사이에는 아무런 관계도 없다. 그리고 헤겔의 철학에서 시간은 오직 현재에서 완성될 뿐이기 때문에, 역사적 시간의 예측과 미래에 대한 지식은 불가능하다. 이에 따라 그의 변증법적 운동은 항상 현재에서 종결된다. 이 같은 시간의 동시성과 요소들의 동시적 공존이 가능한 것은 사회적 총체성이 정신적 원리에 의해 구성되기 때문이며, 이는 유기체적 인과성을 전제로 하는 것이다.

다른 한편 레비-스트로스로 대표되는 구조주의는 헤겔 철학이 가정하는 변증법적 발전의 연속성을 비판한다. 구조주의는 역사의 불변적 구조로서 공시성(synchrony)과 여기에 영향을 끼치는 우연적 사건들의 연속으로서 통시성(diachrony)을 대립시킴으로써 역사의 불연속성을 강조한다. 구조주의는 역사의 구조로서 공시성의 변화를 오직 우연적 사건이나 기적으로 설명할 수밖에 없는 한계가 있다. 게다가 알튀세르에 따르면, 공시성은 개념들의 조직적 구조를 표상할 뿐인데, 구조주의는 이를 현실대상과 동일시하는 오류를 범한다.

결국 역사와 시간 개념은 사회적 전체의 구조에 의해 결정된다. 마르크스주의적 전체는 서로 구별되는 독자적인 심급들이 위계화된 형태로 구조화된 전체다. 그리고 각각의 심급과 수준은 상대적으로 자율적이고 독립적인 시간을 갖기 때문에 연속적·동질적 시간 모델은 유지될 수 없다.

그러나 브로델처럼 서로 다른 시간들의 존재를 말하는 것만으로는 불충분하다. 알튀세르는 헤겔의 단일한 시간이라는 이미지를 단순히 다양한 시간들의 중첩으로 대체한 것이 아니다. 심급들은 전체의 구조 속에서 과잉결정되기 때문에, 각각의 심급의 시간은 다른 심급들의 시간에 의해 규정된다. 그러므로 발리바르가 지적하는 것처럼, 본질적 단면은 전체의 수준뿐만 아니라 부분들의 수준에서도 불가능하다(Balibar, 1978).

『자본』에서 경제적 생산의 시간은 경험주의적 시간 관념으로는 독해할 수 없는 복잡하고 비선형적인 시간이다. 자본주의적 생산양식의 시간은 일상적 실천의 이데올로기적 시간의 자명함과 아무런 관련도 없다. 즉, 그것은 생산시간과 노동시간의 차이, 생산의 서로 다른 순환들(고정자본·유동자본·가변자본의 회전, 상업자본·금융자본의 회전 등) 사이의 차이 등 현실적으로 서로 다른 리듬을 지닌 시간들의 결합으로 구성된다. 정치적 시간과 이데올로기적 시간도 마찬가지고, 과학·철학·예술의 시간 역시 마찬가지다.

결국 역사적 시간 개념은 그 자체로서 존재하는 것이 아니다. 그것은 사회적 전체를 결정하는 구조에 의해 결정된다. 그러므로 사회적 전체를 사고하는 헤겔의 방식과 마르크스의 방식은 역사적 시간에 대한 관념에서도 화해할 수 없는 차이를 드러낸다.

발리바르의 역사유물론 재구성

생산양식 일반

알튀세르가 구조인과성 개념에 기초하여 주로 사회구성체를 설명한다면, 「역사유물론의 기본개념에 관하여」(Balibar, 1965)에서 발리바르는 생산양식에 관한 일반이론을 재구성한다.

발리바르에 따르면 생산양식 일반은 크게 세 가지 요소, 즉 직접생산자, 소유자, 그리고 이들의 관계를 매개하는 생산수단으로 구성된다. 생산수단은 다시 노동대상과 노동수단으로 구분된다. 그리고 이 요소들은 법적 소유(property)와 현실적 영유(appropriation)의 관계에 의해 결합된다. 이 요소들이 다양한 방식으로 결합됨으로써 역사적으로 특수한 생산양식이 출현한다.

먼저 생산관계는 생산수단을 매개로 직접생산자와 소유자 사이에 형성되는 소유관계를 의미한다. 그리고 생산력은 노동수단을 매개로 직접생산자가 자연을 현실적으로 영유하는 관계를 의미한다. 생산양식은 바로 생산관계와 생산력의 결합에 의해 구성된다.7)

발리바르의 설명에서 가장 특징적인 것은 생산관계뿐만 아니라 생산력도 하나의 관계 또는 구조로 이해한다는 점이다. 이는 기계제대공업 같은 생산기술의 발전을 경제외적 요인으로 간주하는 부르주아 경제학이나, 계급관계와 무관한 자연적 발전의 산물로 간주하는 스탈린주의와 정면으로 대립하는 것이다.

이에 따르면 봉건제적 생산력의 구조와 자본주의적 생산력의 구조를 구별해야 한다. 이 차이는 노동수단의 차이에서 드러난다. 봉건제적 생산력에서는 노동수단이 노동자와 통일되는 반면, 자본주의적 생산력에서는 노동자와 분리된 상태에서 노동수단이 자본의 직접적 통제를 받게 된다. 봉건제적 생산력에서 자본주의적 생산력으로의 이행은 매뉴팩처에서 기계제대공업으로의 이행, 자본에 의한 노동의 형식적 포섭에서 실질적 포섭으로의 이행으로 나타난다. 기계제대공업과 실질적 포섭의 단계에서는 노동자가 노동수단에 대한 실질적 통제력을 상실하기 때문에 '죽은 노동이 산 노동을 흡수'하게 된다. 이 같은 기계제대공업과 실질적 포섭이 임노동관계라는 자본주의적 생산관계에 적합한 생산력이다. 따라서 자본주의

---

7) 이처럼 발리바르는 소유를 생산관계와 관련짓고, 영유를 생산력과 관련짓는다. 그러나 마르크스에게서 영유는 소유의 (경제적) 재생산을 의미한다. 더 자세한 설명은 윤소영(2001)을 참조하시오.

적 생산양식은 노동자의 이중의 분리에 의해 특징지어진다. 노동자는 소유관계에서 생산수단으로부터 분리되는 동시에 영유관계에서 노동수단을 작동시킬 수 있는 능력으로부터도 분리된다는 것이다.

이처럼 구조로서 생산력은 그 자체가 계급관계의 한 계기를 구성한다. 따라서 스탈린주의가 설정하는 것처럼 생산력은 계급관계와 무관하게 자연적으로 발전하여 생산관계와 모순을 발생시키게 되고, 그리하여 생산양식의 이행을 추동하는 것이 아니다. 생산양식의 이행이라는 문제는 완전히 새로운 이론적 지반으로 이동한다.

재생산과 이행

마르크스는 역사에 관한 일반이론을 구성하면서 하나의 생산양식에서 다른 생산양식으로의 이행이라는 문제를 제기한다. 이는 스탈린에 의해 '역사발전의 5단계설'로 정식화된다. 이에 따르면, 오래된 생산양식은 생산력과 생산관계의 모순에 의해 새로운 생산양식으로 이행한다. 인간과 자연의 관계로 규정되는 생산력은 자율적인 메커니즘에 의해 발전하는데, 그것이 생산관계의 한계를 초과할 때 이행이 발생한다는 것이다.

발리바르는 이 같은 관념이 한 생산양식과 그에 후속하는 생산양식 사이에 역사적 연속성을 가정한 결과라고 주장한다. 그것은 헤겔의 변증법이 내포하는 사회적 총체성 개념과 '단선적이고 유일한 시간' 관념을 반영하는 것이다. 그러나 마르크스적인 사회적 전체의 구조와 역사적 시간 개념에 기초할 때, 생산양식 사이의 역사적 연속성은 폐기되고 이행의 문제는 새로운 지반 위에서 사고되어야 한다. 발리바르는 역사의 연속성을 사고하는 개념으로서 '재생산'과 불연속성을 사고하는 개념으로서 '이행'을 제시하고, 이행이론은 재생산 이론에 기초해야 한다고 주장한다.

마르크스는 단순재생산을 분석함으로써 상품적 소유가 착취를 통해 자본주의적 영유로 재생산된다는 테제와 자본주의적 재생산은 곧 계급관계의 재생산이라는 테제를 제시한다. 재생산을 구조의 재생산으로 이해하면 구조의 작용에 의한 구조의 변형은 사고할 수 없다. 그렇다면 재생산과 이행은 서로 양립할 수 없는 것인가? 발리바르는 이행에 관한 마르크스의 설명에서 발생하는 이론적 곤란을 지적한다. 마르크스는 자기 자신의 노동에 입각한 개인적·사적 소유의 첫 번째 부정으로서 자본주의적·사적 소유가 발생하고, 이것의 부정, 즉 '부정의 부정'으로서 생산수단의 사회적 소유에 입각한 개인적 소유가 재건된다고 주장한다. 그러나 발리바르는 '첫 번째 부정'으로서 본원적 축적을 설명하는 텍스트와 '두 번째 부정'으로서 자본주의적 생산양식의 역사적 경향을 설명하는 텍스트가 논리적으로 불일치한다는 사실에 주목한다. 즉 본원적 축적은 임노동관계와 화폐자본이라는 두 요소의 계보학(genealogy)을 통해 설명된다. 반면 자본주의적 생산양식의 역사적 경향은 이윤율 하락의 법칙에 관한 설명에서 나타나는데, 이는 구조의 동역학(dynamics)을 통해 설명된다.

여기서 발리바르는 이윤율의 하락을 가져오는 모순 그 자체가 반작용요인도 생산한다고 주장하면서 구조의 동역학으로는 이행을 설명할 수 없다는 결론을 도출한다. 그에 따르면 법칙과 반작용요인은 동일한 모순의 상반된 두 효과로서, 공황을 통해 균형을 회복한다. 그러므로 구조의 작용은 경기순환을 발생시킬 뿐, 자본주의를 붕괴시키지는 않는다. 구조의 동역학에서 생산의 규모는 변화하지만 구조는 여전히 동일한 형태를 유지된다.[8]

---

8) 발리바르는 이윤율 하락의 법칙과 관련하여 『자본』 3권에서 마르크스의 설명을 그대로 수용한다. 이에 따라 그는 '논리적' 반작용 요인만 인식한다. 이 경우 이윤율 하락의 법칙은 구조적 위기가 아닌 순환적 위기를 설명하는 법칙으로 인식된다. 그러나 그로스만(Grossman, 1929) 이후 뒤메닐과 레비(Duménil and Lévy, 1993)의 역사적 동역학과 아리기(Arrighi, 1994)의 역사적 자본주의 분석은 이윤율 하락의 법칙을 붕괴 경향으로 해석하고, 대신 '역사적' 반작용요인을 강조한다. 자본주의의 구조적 위기의 시기에 역사적 반작용 요인이 조직됨에 따라 축적체계의 순환이 발생한다는 것이다. 더 자세한 설명은 윤소영(2006)을 참조하시오.

발리바르는 재생산 이론이 이행의 문제를 올바로 설정할 수 있는 기초라고 간주한다. 그리고 이행의 문제를 다음과 같은 두 가지 조건에 종속시킬 때 이행에 관한 이데올로기적 관념으로부터 벗어날 수 있다고 주장한다.

첫째, 모든 사회적 생산은 구조적인 사회적 관계들을 재생산한다는 사실에 기초하여 이행의 문제를 사고해야 한다. 이 경우에 이행은 두 시기 사이에 존재하는 파괴의 순간이 아니다. 오히려 이행 그 자체가 구조에 종속된다. 문제는 이행을 지배하는 구조를 발견하는 것이다. 둘째, 재생산은 곧 구조 자체의 재생산이기 때문에 재생산 과정 자체에서 구조의 해체를 사고할 수 없다. 구조의 재생산과 해체가 하나의 과정에서 결합하는 것은 결국 헤겔의 변증법의 '양·질 전화'나 '부정의 부정'의 법칙 같은 관념론으로 회귀하는 것이다.

이처럼 발리바르는 과정에 대한 구조의 우위, 통시성에 대한 공시성의 우위 속에서 이행을 사고하면서 헤겔과 구조주의의 이데올로기적인 역사적 시간 개념을 비판한다. 한편으로 구조의 동역학이 이행을 낳는 것으로 이해하는 것은 헤겔의 동질적·연속적 시간성을 전제하는 것이다. 이 경우 생산양식은 혁명적 단절 없이 연속적인 변화의 과정 속에 위치하게 되며, 재생산의 계기와 이행의 계기는 구별되지 않는다. 다른 한편 구조의 동역학을 부정하고 '장기지속'(*longue durée*)이라는 불변의 역사를 강조하는 것은 구조주의의 공시성·통시성 대립쌍을 전제하는 것이다. 구조주의는 동역학을 부정하기 때문에, 경기순환 같은 자본주의적 축적의 고유한 리듬과 시간성을 설명하지 못하고 이것을 단지 예측불가능한 우연으로 간주한다.

발리바르는 '이행적 생산양식' 개념을 새롭게 도입함으로써 헤겔과 구조주의의 이데올로기적인 역사적 시간 관념을 극복하고자 시도한다. 한 생산양식이 곧바로 다른 생산양식으로 이행하는 것이 아니라 그 사이에 이행적 생산양식이 존재한다는 것이다. 봉건제에서 자본주의로의 이행기에 존재하는 매뉴팩처가 그 사례다. 매뉴팩처라는 이행적 생산양식은 자본에 의한 노동의 형식적 포섭으로 특징지어지는데, 여기서 노동자는 소유관계에서 노동수단을 소유하지 못하지만, 영유관계에서는 여전히 노동수단을 통제한다. 따라서 매뉴팩처는 임노동관계라는 생산관계의 자본주의적 성격과 노동자의 숙련에 기초한 생산이라는 생산력의 봉건제적 성격 사이의 비조응(non-correspondence)으로 특징지어진다.

또한 발리바르는 이행적 생산양식과 함께 이행적 사회구성체를 상정한다. 이행적 사회구성체는 다수의 생산양식의 결합, 경제적 토대와 다양한 법적·정치적·이데올로기적 상부구조 사이의 비조응 등으로 특징지어진다. 그렇지만 이러한 비조응 자체가 하나의 구조를 형성한다. 본원적 축적이 발생하는 시기의 사회구성체가 바로 여기에 속한다. 이 시기에 절대주의적 국가는 경제적 토대에 조응하는 것이 아니라 그것과 괴리된다. 안정적인 사회구성체에서는 국가가 생산양식에 조응하는 형태로 나타날 뿐만 아니라 생산양식에 의해 그 한계가 규정된다. 그러나 이행적 사회구성체에서는 국가가 생산양식의 요구와 괴리될 뿐만 아니라 생산양식 자체를 변형하는 방향으로 작용할 수도 있다. 15-16세기에 나타난 부랑자에 대한 '피의 입법'이나 '공장법'이 이러한 사례에 속한다. 이처럼 정치적 실천이 개입한 결과, 생산양식의 한계들이 '변형' 또는 '고정'되어 이행이 발생한다.

평가

『'자본'을 읽자』는 그로스만(Grossman, 1929) 이후 마르크스주의 이론의 핵심이 '경제학 비판'임을 선언한 최초의 저작이다. 알튀세르는 『자본』에 대한 철학적 독해를 통해 역사과학의 과학성을 부정해온 이데올로기적 지반을 해체하고 『자본』에 고유한 대상과 방법을 규명한다. 이를 통해 낡은 이데올로기적 문제설정에서 제기된 이론적 쟁점의 허구성을 폭로하고 '경제학 비판'의 발전을 위한 토대를 설정한다. 이후 『자본』의 대상에 관한 연구는 더욱 심화된다. 발리바르는 「잉여가치와 사회계급」(Balibar, 1974)에서 『자본』이 생산양식에 대한 분석인 동시에 계급투쟁에 대한 분석이라는 테제를 제시하고, 브뤼노프(Brunhoff, 1976)는 『자본』을 특수한 상품으로서 노동력과 화폐에 관한 이론으로 해석한다.

『'자본'을 읽자』는 자기비판 이전에 알튀세르의 인식론적 기획이 정점에 이른 시기의 저작이다. 그는 인식론을 통해 변증법을 재구성하고 이를 통해 인식효과와 사회효과를 동시에 설명하려는 기획을 제시한다. 이는 마르크스의 변증법의 재구성이라는 전체적인 기획의 일부다. 이 같은 기획은 스탈린주의 비판 이후 전개된 이론적 정세와 관련된다. 『마르크스를 위하여』와 『'자본'을 읽자』 시기에 알튀세르는 이론적 인간주의와 역사주의를 비판하면서 반(反)헤겔적 입장을 극단화한다.

그러나 알튀세르가 훗날 『자기비판의 요소들』(Althusser, 1972c)에서 고백하듯이, 이 같은 '막대 구부리기'의 부정적 편향으로서 스피노자적인 합리주의적 편향이 두드러지게 나타난다. 이는 역사의 변증법과 인식의 변증법 두 측면에서 모두 나타난다.

역사변증법과 관련하여 알튀세르는 역사에서 우연은 원인에 대한 무지의 산물이라는 스피노자의 테제를 강조하여 역사의 우연성을 상대화하고 구조의 복잡성만을 강조한다. 이는 역사과정의 우연성을 표현하는 과잉결정 개념을 상대화하고, 대신 심급들의 복잡한 결합관계를 표현하는 구조인과성을 특권화하는 것으로 드러난다. 알튀세르가 구조주의에 가장 근접한 것은 바로 이 시기다. 『'자본'을 읽자』를 출판한 이듬해에 알튀세르는 자신의 구조주의적 편향을 자각하고 구조주의와 거리를 두기 위해 「레비-스트로스에 관하여」(Althusser, 1966b)를 집필한다. 여기서 그는 레비-스트로스의 구조주의가 친족관계의 요소들이 조합될 수 있는 형식적 가능성만

묘사할 뿐이며, 친족구조가 변화하는 원인도 그 관계의 필연성도 설명하지 못한다고 비판한다. 그렇지만 우연성에 대한 필연성의 우위, 과잉결정에 대한 구조인과성의 우위로 나타나는 스피노자적 편향은 여전히 남아 있다.

과잉결정에 대한 구조인과성의 우위는 이행적 생산양식 개념을 설정하는 발리바르의 시도에서 그 한계가 분명하게 나타난다. 발리바르는 구조의 재생산이 붕괴 경향을 내포한다는 사실을 인식하지 못하고 구조인과성 개념에 기초하여 이행의 우연성을 배제하기 때문에 이행을 또 다른 생산양식으로 설명하는 오류를 범한다. 그 결과 그는 하나의 생산양식이 왜 해체되어 이행적 생산양식으로 이행하는지는 설명하지 못한다. 그리고 구조의 우위 하에서 역사의 진행을 사고하기 때문에, 매뉴팩처를 전거로 한 이행적 생산양식에 관한 그의 설명은 사실상 목적론적인 성격을 드러낸다.

이후 발리바르는 재생산 개념을 강조함에 따라 적대 개념을 상대화했음을 자기비판한다. 그는 계급모순에 내재한 화해불가능한 적대로 말미암아 사회적 관계들은 항상 동일한 형태로 재생산될 수 없음을 인정한다. 생산관계는 부단히 변화하며 노동력의 착취방식과 개인의 사회화방식도 계속 변화한다는 것이다(Balibar, 1990b). 자본주의적 생산양식은 계급투쟁에서 나타나는 적대적 힘을 재생산의 수단으로 활용하는 데 성공함으로써만 안정성을 유지한다는 것이다(Balibar, 1996b).

알튀세르는 스피노자적 편향을 정정하기 위해 헤겔을 부분적으로 복권시킨다. 그는 「마르크스와 헤겔의 관계」(Althusser, 1968c)에서 마르크스가 헤겔을 통해 '주체 없는 과정으로서 역사'를 인식하게 되었음을 강조한다. 이에 따라 그는 과정에 대한 구조의 우위, 통시성에 대한 공시성의 우위라는 관점을 상대화하기 시작한다. 이에 따라 「이데올로기와 이데올로기적 국가장치」(Althusser, 1969a)에서 토대와 상부구조의 토픽은 재생산의 토픽으로 전환되고, 재생산과정에서의 계급투쟁이 강조된다.

인식과정과 관련해서도 스피노자적 편향이 두드러진다. 알튀세르는 진리와 오류의 대립이라는 틀 속에서 철학과 과학을 사고하기 때문에, 철학과 과학·정치의 관계를 모호하게 남겨둔다. 즉 이 시기에 알튀세르는 철학을 '과학의 과학'으로 사고하면서 철학을 과학화하고, 과학 및 정치와 분리하여 사고한다. 그는 그람시의 역사주의를 비판하는 과정에서 스스로 '이론주의'라고 규정한 편향을 드러낸 것이다.

아울러 인식과정의 변증법은 『'자본'을 읽자』 이후 계속 상대화된다. 특수한 대상을 다루는 개별 과학은 서로 방법이 다르다는 사실을 인식하면서 그는 과학성의 일반적 기준을 정초하려는 기획을 서서히 포기한다. 이와 함께 인식론적 절단은 더 이상 이론적 개념이 아니라 단지 은유로서만 사용되고, 점차 그의 저작에서 자취를 감추게 된다.

알튀세르는 『철학과 과학자들의 자생적 철학』(Althusser, 1967e)에서 이론주의적 편향에 대한 자기비판을 시작한다. 여기서 그는 철학에 관한 정의를 정정하고 철학과 과학·정치의 관계를 다시 사고한다. 이 같은 자기비판은 이후 「레닌과 철학」(Althusser, 1968b)을 통해 계속 진전된다.

『철학과 과학자들의 자생적 철학』

송인주

해제

『마르크스를 위하여』, 『'자본'을 읽자』가 출판된 직후부터 알튀세르는 자신의 이론을 정정한다. 정치라는 요소가 도입되면서 '이론적 실천의 이론'이라는 철학의 정의는 변형되기 시작한다. 이론적 실천 역시 다른 사회적 실천들처럼 계급투쟁을 구성하는 정치의 일부로 존재한다는 사실이 인식된다. 또한 이를 이론적으로 정립할 필요성은 과학과 구별되는 이론으로서 철학의 특수성, 특히 철학의 고유한 대상이라는 문제를 제기한다.

 과학과 철학의 구별은 과학과 철학의 관계에 대해서도 이론적 정정을 요구한다. 이에 따라 알튀세르는 '과학에 대한 철학'에서 '과학을 위한 철학'으로 이동하여 '실천적' 기능을 중심으로 철학을 사고한다. 그리고 그러한 철학을 실천하는 일환으로 '과학자를 위한 철학 강의'를 조직한다. 이 글에서 중심적으로 다룰 알튀세르의 두 텍스트는 이러한 작업의 산물이다.

 「마르크스주의 철학의 역사적 임무」(Althusser, 1967b)는 소련과학아카데미의『철학의 문제들』(*Voprosy filosofi*)이 10월 혁명 50주년을 기념하는 에세이를 요청함에 따라 1967년 4월경에 집필된 논문으로서 유고집 『인간주의 논쟁』에 실린다.1) 이 텍스트는 『마르크스를 위하여』, 『'자본'을 읽자』의 문제의식과 주요 내용을 요약하는 한편, 『'자본'을 읽자』의 출판과 함께 부각되기 시작한 철학과 정치의 관계에 대한 사고를 결론으로 추가한다. 이 텍스트는 알튀세르가 자신의 초기 이론의 정당성을 주장하면서도 이론적 정정의 필요성과 그 방향을 제시한다는 측면에서 과도기적인 것이다.

『철학과 과학자들의 자생적 철학』(Althusser, 1967e)은 1967년 10월부터 1968년 5월 '학생 사태'로 중단되기까지 파리고등사범학교에서 계속된 '과학자를 위한 철학 강의'의 일부다. 알튀세르는 1967년 10-11월에 '서론'의 형식으로 5회의 강의를 진행하는데,2) 그 중 1강에서 4강까지의 내용이 편집되어 1974년에 출판된다. 1강은 철학의 존재방식과 작용방식을, 2강 전반부는 철학적 실천의 특수성을 다룬다. 2강 후반부와 3강은 철학과 과학의 관계를 과학 쪽에서, 특히 과학자들의 철학과 관련하여 분석한다. 4강은 3강의 내용을 분자생물학자 자크 모노(J. Monod)의 사례에 적용한다.

---

1) 알튀세르는 소련의 독자에 대한 기대와 함께 자신의 초기 작업을 교육적 방식으로 정리한다는 의미에서 그 제의를 수락한다. 그러나 알튀세르의 의도와 달리 이 글은 소련과 프랑스 어디에서도 출판되지 못하고 다양한 판본의 원고들로 남게 된다. 이 글에서 참조하는 영역본은 1967년 5월에 교정된 원고에 기초한 것이다.
2) 이후 '과학자를 위한 철학 강의'는 마슈레(P. Macherey)의 "과학의 대상'에 관한 경험주의적 이데올로기' 3회, 발리바르(E. Balibar)의 "실험의 방법'으로부터 과학적 실험법의 실천으로' 3회, 르노(F. Regnault)의 "인식론적 절단'이란 무엇인가' 1회, 페쇠(M. Pêcheux)의 '이데올로기와 과학 일반의 역사' 2회, 피샹(M. Fichant)의 '과학사에 관한 관념' 2회, 바디우(A. ·Badiou)의 '모델의 개념' 1회로 구성된다. 강의 내용은 1권 알튀세르의 『서론』, 2권 마슈레와 발리바르의 『경험과 실험』, 3권 르노와 페쇠의 『'인식론적 단절'이라는 것』, 4권 바디우의 『모델의 개념』, 5권 피샹의 『과학사에 관한 관념』, 6권 『잠정적 결론』의 순서로 출판될 계획이었다. 그러나 이후 르노의 강의가 철회되고 페쇠와 피샹의 강의가 병합되어 『과학사에 대하여』라는 새로운 3권으로 구상되는 등 계획이 변경되다가 최종적으로는 1969년에 페쇠와 피샹의 3권 및 바디우의 4권만 출판된다.

1974년의 출판본에서 제외된 5강은 「철학 쪽에서」(Du côté de la philosophie)라는 제목을 갖고 있으며 유고집 『철학·정치논문집 2권』(1995)에 실린다.3) 여기서 알튀세르는 철학의 역사를 통해 철학과 과학의 관계를 살펴보면서, 철학이 과학을 표상하는 두 가지 전형적인 방식으로서 경험주의와 형식주의를 분석한다.

이 시기에 알튀세르는 과학을 지도하거나 보증하는 철학이라는 인식론적 관점을 폐기하고 과학에 봉사하는 철학적 실천이라는 새로운 관점을 확립한다. 이는 철학과 과학의 관계에 관한 알튀세르의 자기비판의 종결인 동시에 철학과 정치의 관계에 관해서는 이후의 본격적인 자기비판을 시작하는 출발점이 된다.

마르크스주의 철학의 대상

철학의 대상으로서 토픽

알튀세르의 초기 작업은 마르크스주의가 역사유물론이라는 새로운 과학과 동시에 유물변증법이라는 새로운 철학을 낳았지만 이 철학이 단지 '실천적 상태'로만 존재하기 때문에 그것을 체계화해야 한다는 테제에서 출발한다. 그러한 이론적 실천은 철학혁명이 과학혁명에 후속한다는 지식생산의 역사적 법칙을 실현하는 동시에 마르크스주의 이론의 과학성과 그 잠재력을 확증하는 작업으로서 모든 마르크스주의 철학자의 역사적 임무라는 것이다. 이에 따라 알튀세르 자신도 마르크스의 과학적 인식과정을 해명하는 인식론적 작업

---

3) 5강이 1974년의 출판본에서 제외된 이유는 알려져 있지 않다. 1974년 출판본의 3강이 1967년의 5강 일부를 더 정교한 형태로 포함한 점을 고려하면, 출판된 강의 내용은 상당히 수정·보완된 것으로 보인다. 한편 '과학자를 위한 철학 강의'에서 알튀세르는 과학과 철학에 대한 44개의 테제를 제출하는데, 『철학과 과학자들의 자생적 철학』에는 25번째 테제까지 등장하며, 테제 전체는 「철학 쪽에서」의 부록으로 수록된다.

에 집중한다. 역사과학과 마르크스주의 철학은 오직 그 대상의 측면에서만 구별될 뿐인 이론 일반(Theory)의 두 분과라는 명제가 그러한 인식론적 기획을 정당화한다. 여기서 이론은 이데올로기와 절단한 인식으로서 원칙적으로 정치적·이데올로기적 실천과는 무관한 것으로 정의된다(Althusser, 1965d).

그러나 알튀세르의 인식론적 작업은 계급투쟁을 상대화하고 이론과 정치적·이데올로기적 실천의 통일이라는 마르크스주의의 원칙을 저버린 이론주의라는 비판을 받게 된다. 알튀세르는 이를 일정 정도 수용하면서 『마르크스를 위하여』, 『'자본'을 읽자』의 출판 직후부터 자기비판을 시도한다. 그 결과 「마르크스주의 철학의 역사적 임무」(Althusser, 1967b)에서는 마르크스주의 이론의 정립과 발전에서도 이론과 실천의 융합이 핵심적이라는 사실이 재천명된다.

정세에 대한 과학적 분석에 기초하는 혁명적 노동자운동은 이론적 가설을 검증할 뿐만 아니라 추가적인 과학의 발전으로 이어질 수 있는 이론적 원료를 제공한다. 여기서 중요한 것은 이론과 운동이 '올바르게'(correctly) 결합하는 것이며, 이때 마르크스주의 철학이 결정적인 고리가 된다. 왜냐하면 오직 마르크스주의 철학만이 '이론에서의 정치'(theoretical politics)를 통해 노동자운동에 침투한 부르주아 이데올로기들을 격퇴하고 과학적 정세 분석을 가능케 하기 때문이다. 마르크스주의 철학은 바로 이러한 역할을 통해 과학의 발전과 프롤레타리아의 계급투쟁에 기여한다.

이처럼 이론과 실천에 동시에 작용하는 철학의 이중적 지위가 인식되면서 이제 과학과 구별되는 철학의 고유성이 사고되기 시작한다. 철학과 과학은 둘 다 자신의 대상에 관한 개념들의 체계적 배열로서 '이론'이지만 그 본성과 역할은 전혀 다르다(Althusser, 1967d).[4] 그

---

[4] 초기의 알튀세르는 '이론'을 표상들의 변형이라는 의미에서 이론적 실천 일반 또는 그 생산물로 정의하면서도 대체로 과학적 실천과 그 생산물을 가리키는 좁은 의미로 사용했다. 그러나 이런 의미에서 '이론'은 이론이자 실천이라는 철학의 이중적 지위와 양립할 수 없다. 왜냐하면, 이데올로기와 절단한 인식으로서 철학은 이데올로기 투쟁에 직접 관여할 수 없기 때

차이를 파악하기 위해서는 이론과 실천의 통일 및 사고에 대한 현실의 우위라는 유물론적 원리에 따라 '이론적 실천'의 특수한 조건을 먼저 고찰해야 한다. 그것은 주로 이데올로기와 관련된다.

이데올로기는 이론의 영역에 정치가 개입하는 형태다(Althusser, 1967b). 과학은 이론적 실천의 과정에서 이데올로기의 영향을 받지만, 결국에는 그것과의 절단을 통해 자신을 구성한다. 그러나 과학이 이데올로기적 인식을 소멸시키는 것은 아니다. 이데올로기는 이론적 형태로 존재할 뿐만 아니라 물질성을 띠는 사회적 실천으로 존재하기 때문이다(Althusser, 1963c). 알튀세르는 「이론, 이론적 실천, 이론구성체: 이데올로기와 이데올로기 투쟁」(Althusser, 1965d)에서 실천적 이데올로기와 이론적 이데올로기를 구별하면서 이데올로기의 이중성을 설명한다.

실천적 이데올로기는 인간의 모든 행동·태도·몸짓 등에 내재된 통념·표상·이미지의 복합적 구성체로서 인간의 사회적·개인적 실존을 지배하는 실천적 규범으로 기능한다(Althusser, 1967e). 정치이데올로기, 법이데올로기, 종교이데올로기, 도덕이데올로기, 예술이데올로기 등이 여기에 속한다. 따라서 실천적 이데올로기는 직접적으로 계급투쟁의 한 영역을 구성한다.

이론적 이데올로기는 이러한 실천적 이데올로기가 체계화된 것이다. 예를 들어 종교적 실천으로 존재하던 종교이데올로기가 상대적으로 추상적인 형식을 갖추어 체계화되면 신학이라는 이론적 이데올로기가 된다(Althusser, 1967f). 그것은 현실에 대한 객관적 인식보다는 이데올로기적 실천을 조직하고 정당화하는 데 관심을 갖는 지식이다. 과학적 인식과정에서 절단의 대상이 되는 것은 엄밀히 말해 이러한 이론적 이데올로기다.

알튀세르는 『철학과 과학자들의 자생적 철학』(Althusser, 1967e)

문이다. 이에 따라 이 시기 알튀세르는 철학과 과학의 이론적 지위를 사실상 동일시했던 초기의 오류를 인정한다. 이와 함께 과학적 실천이라는 협의의 '이론' 용법이 상대화되고, '이론적 실천'에서도 과학적 실천과 철학적 실천이 구별되기 시작한다(Althusser, 1966a).

에서 세계관 개념을 추가한다. 세계관은 다양한 실천적 이데올로기를 관통하는 하나의 경향이다. 세계관은 특히 실천의 가치와 의미라는 문제를 제기함으로써 특정한 정치적 입장을 채택한다. 그리고 그 정치적 지향에 따라 유물론적 경향과 관념론적 경향으로 구분된다. 실천적 이데올로기가 이론적 이데올로기로 변형될 때 직접적으로 체계화되는 원료는 바로 이러한 세계관이다.

결국 모든 이데올로기는 명시적이든 암묵적이든 계급투쟁과 관련되는 실천적 기능을 중심으로 식별된다. 또한 그 중 일부는 지식의 형태를 갖춤으로써 '이론에서의 정치'를 구성한다. 알튀세르는 이 같은 이데올로기의 이중성을 철학의 이중적 지위와 연결시킨다. 철학은 과학과 달리 이데올로기와 절단하지 않으며, 오히려 이론적 이데올로기의 최고의 형태이기 때문이다(Althusser, 1965d; 1967b).

알튀세르는 「마르크스주의 철학의 역사적 임무」(Althusser, 1967b)의 결론에서 이 문제를 집중적으로 다룬다. 철학은 과학처럼 '객관적' 인식을 그 목적으로 내세움으로써 다른 이론적 이데올로기와 자신을 차별화한다. 또한 철학은 자신의 대상을 현실의 '전체'로 설정함으로써 '부분'을 다루는 과학과 자신을 차별화한다. 마르크스주의 철학 역시 여기서 예외는 아니다.

그러나 문제는 철학의 대상이 되는 '전체'가 고정된 것으로 주어지지는 않는다는 데 있다. 철학이 자신의 존재이유로 삼는 현실 '전체'는 주어진 제약 하에서의 정치, 특히 그 중에서도 이데올로기적 계급투쟁의 정세에 의해 그때그때 '구성되는' 이론적 현실이다. 따라서 철학은 자신의 대상을 설정할 때부터 이미 이데올로기에 의존한다. 또한 철학은 자신에게 '주어진' 전체 속에서 이데올로기적 세력관계를 변화시키고 정치적 실천을 변형시킨다. 철학이 항상 당대의 정치 일반에 대한 해석이 되는 것은 이 때문이다. 자신의 대상과 정치적 관계를 형성한다는 점에서 철학은 이데올로기의 연장선에 있다. 철학은 그 자체로 이론에 계급투쟁을 도입하는 정치다(Althusser, 1967g).

알튀세르는 철학의 이러한 특수성, 즉 계급투쟁이라는 현실 전체를 대상으로 하는 동시에 그 자체가 계급투쟁의 일부가 되는 철학의 특수성을 설명하기 위해 토픽(topique) 개념에 새로운 의미를 부여한다(Althusser, 1967g). 철학은 폐쇄된 이론적 공간 속에서 다른 철학·통념·표상의 장소를 재배치하고 그럼으로써 자신의 장소를 구성한다. 철학은 자신의 대상과 내재적 관계를 형성하면서 자신의 실천을 통해 그 대상을 변형시킴으로써 자신의 존재를 입증한다. 마르크스주의 철학의 이중적 지위 역시 철학의 이러한 토픽적 본성에 기초하는 것이다.

그러나 마르크스주의 철학은 철학의 토픽적 본성을 의식한다는 점에서 다른 철학들과 구별된다. 역사과학의 세례를 받은 마르크스주의 철학은 과학과 철학이 결코 계급투쟁의 현실과 무관하지 않다는 사실을 인식한다. 또한 마르크스주의 철학은 이론과 실천의 융합 및 사고에 대한 현실의 우위라는 유물론적 원칙을 철학 내부에서도 관철시키려고 시도한다. 즉, 그것은 자신이 산출할 효과를 미리 고려할 수 있는 이론이 되어야 한다. 따라서 마르크스주의 철학의 역사적 임무에는 고도의 당파성이 추가된다(Althusser, 1966a; 1967b).

철학과 과학

알튀세르는 『철학과 과학자들의 자생적 철학』(Althusser, 1967e)의 1강과 2강 전반부에서 철학에 대한 일련의 명제들을 통해 과학과 구별되는 철학의 고유성을 제시한다. 철학은 철학적 명제로 구성되는 폐쇄적 체계로 존재한다. 철학적 명제는 테제(thesis), 즉 증명도 증거도 필요로 하지 않는 독단적 주장이다. 테제는 철학적 범주(category)의 체계적 연결로서 하나의 입장(position)을 구성한다. 이러한 철학은 대상과 방법, 그 이론의 성격에서 과학과 다르다.

첫째, 철학은 과학과 동일한 의미에서의 대상을 갖지 않는다. 과학의 대상은 과학 외부의 현실에서 발견되고 과학적 개념으로 지시된다.5) 따라서 현실대상에 대한 과학적 인식이 발전할수록 그 개념은 의미가 정정되거나 새로운 개념으로 대체된다. 반면, 철학의 대상은 철학 내부의 공간에서 구성되어 철학적 개념으로 표현된다. 그것은 보통 철학이 독점적 대상으로 제시하는 '총체성'(totality) 일반의 특정 부분이나 속성을 지칭한다. 따라서 철학적 개념은 시공간을 초월하는 '절대개념'으로서 불변의 의미를 갖는다(Althusser, 1968b).

둘째, 과학은 고유한 현실대상에 따라 저마다 특수한 연구방법을 갖는다. 반면 철학은 다른 철학 및 '철학적인 것'의 일방적 영유라는 단 하나의 방법만을 갖는다. 철학은 '말'(words)로 이루어진 영역이라면 어디서든 자신의 이론적 실천의 노동대상과 노동수단을 발견하고, 그것을 임의로 변형하고 가공한다. 그래서 철학은 항상 말을 갖고 또 말을 둘러싸고 투쟁한다.

셋째, 과학은 현실의 원인을 추구하는 이론으로서 자신의 설명이 대상에 적합한가에 대해서만 관심을 갖는다. 과학적 명제는 현실과 관련하여 진리 아니면 오류일 뿐이다. 반면 철학은 진리 일반을 추구하는 이론으로서 현실에 대하여 그 명제가 진리인가 아닌가는 판별될 수 없다. 철학에 대해서는 다만 실천적 유효성과 관련된 정당성(*justesse,* correctness)을 논할 수 있을 뿐이다.6) 철학은 정치적・

---

5) 일반적으로 모든 이론적 담론은 이론체계 내부에서 그 의미가 규정되는 특수한 용어, 즉 '개념'으로 구성된다(Lecourt, 1975). 알튀세르는 개념들 중에 현실의 지시대상을 갖는 것도 있고 그렇지 않은 것도 있는데, 전자만이 진정한 의미의 개념이며 후자는 범주나 통념에 불과하다고 주장한다. 그래서 그는 과학의 '개념'(concept)과 철학의 '범주'나 '통념'(notion)을, 그리고 과학의 '문제'(problem)와 철학의 '질문'(question)을 구분한다 (Althusser, 1968b). 그러나 그도 이러한 구분을 엄밀하게 지키지는 않기 때문에 이 글에서는 개념과 문제라는 용어로 통일한다.
6) 레닌은 정당한(*juste*) 전쟁과 정당하지 않은 전쟁을, 즉 계급투쟁이라는 측면에서 올바른 입장과 노선에 부합하는 전쟁과 그렇지 않은 전쟁을 구별한 바 있다. 여기서 '*juste*'는 정의(*justice*)의 형용사형이 아니다. 정의에 부착된 '판단 일반'(Judge)이라는 관념은 규칙 일반(Rule) 또는 법 일반(Law)처럼 어떤 질서를 전제한다. 그러나 '*juste*'의 명사형으로서 정당성(*justesse*)은 선재하는 기준을 갖는 것이 아니라 오직 자신이 생산하는 효과와 관련될 뿐이다(Althusser, 1967e).

이론적 정세를 고려하면서 항상 자신의 명제를 조정한다(adjust).[7] 사고 내부의 '전체'를 구성하면서 철학은 다른 철학을 비롯한 모든 사고, 나아가 그 사고와 관련된 사회적 실천에 영향력을 끼친다. 그 영향력이 철학을 철학으로 구성하는 정당성이다. 철학에게 실패 (falling flat)는 있어도 실수(mistake)나 오류(error)는 없다.

사실 과학과 철학의 이러한 차이는 철학이 테제라는 명제에 이미 내포되어 있다. 테제는 대상(object)에 대한 설명이 아니라 쟁점 (stake)에 대한 입장의 표명이다. 철학은 쟁점을 둘러싼 모순과 갈등의 장에 내재된 세력관계, 즉 지배적 사고와 종속적 사고의 관계에 맞추어 자신의 입장을 지속적으로 조정한다. 그 실천이 투쟁에 참여하는 다른 입장들에서도 조정을 야기하며, 나아가 그 쟁점과 관련된 정치적 현실에도 영향을 끼친다.

따라서 철학이 테제라는 것은 철학이 사고와 실천을 지배하기 위해서만 존재한다는 것, 그리고 자신의 외부를 허용하지 않는 전체속에서 오직 입장의 차이로만 구별된다는 것을 의미한다. 또한 실천과 관련된 입장은 궁극적으로 세계관에 기초하기 때문에 철학도 관념론적 경향과 유물론적 경향으로 대별된다. 전자가 철학, 즉 관념의 전능을 신봉하는 반면, 후자는 비철학, 즉 현실의 우위를 인정한다(Althusser, 1976b).

철학적 테제가 현실대상과 무관한 철학적 개념으로 구성되며 철학적 개념의 생산이 조정으로 특징지어지는 이상, 철학은 과학사와 동일한 의미의 역사를 갖지 않는다. 이데올로기에 역사가 없는 것처럼 철학에도 역사는 없다. 철학에 역사가 있다면 그것은 다만 지배를 위한 투쟁의 역사, 결코 종결되지 않는 권력투쟁의 역사일 뿐이다. 거기서는 새로운 것은 아무 것도 생산되지 않고, 그 어떤 패배자도 결코 완전히 소멸되지 않는다. 어떤 관념도 정세적 필요에 따라

---

[7] 여기서 'adjust'는 'just'하게 만든다는 의미, 즉 철학이 정당성을 주장하기 위해 항상 자신의 명제를 매만져 바로잡는다는 의미를 갖는다. 그러나 한국어에서는 이런 동질적 어감을 살릴 수 있는 적절한 단어가 없으므로 여기서는 '조정'이라고 번역한다.

재차 소환되고 조합되어 새로운 체계로 정비될 수 있다.

과학은 이 같은 철학의 역사적 전장에서 항상 중요한 쟁점이 된다. 사실 모든 철학은 항상 과학과의 관계 속에서 자신의 존재를 정립한다. 플라톤 이래 모든 철학이 자기 체계 내부에 인식론을 갖는다는 사실, 특히 뉴튼의 과학혁명 이후에 등장한 현대철학은 인식론을 자신의 핵심으로 한다는 사실이 이를 증명한다. 이는 그리 놀라운 일이 아니다. 철학은 진리 일반을 추구하기 때문에 그것에게 주어진 엄연한 현실, 즉 최고의 인식인 과학에 대해 항상 '특별한' 입장을 가질 수밖에 없다.[8] 각각의 철학은 바로 그 입장에 기초해서 과학과 특수한 관계를 맺고 또 그 관계에 기초해서 자신을 구성한다. 알튀세르는 『철학과 과학자들의 자생적 철학』(Althusser, 1967e)의 3강 전반부와 「철학 쪽에서」(Althusser, 1967f)의 앞부분에서 이 관계를 다룬다.

철학은 인식의 종류를 철학적 인식, 과학적 인식, 비과학적 인식 등으로 구별하고 여기에 위계를 부여한다. 특히 철학은 부분을 다루는 과학적 인식을 전체를 다루는 철학적 인식에 종속시키는 동시에 과학의 발견을 철학적인 것으로 변형시켜 자신의 테제를 정당화하는 데 활용한다. 특히 철학은 과학의 합리적 체계를 격찬하고 이를 철학적 추론과 논증의 방식으로 활용하면서 자신을 과학으로 가상한다. 그 결과 철학은 과학에 대한 과학 일반으로 격상되고 과학의 외부에서 '과학의 권리'—과학의 자격과 한계—라는 문제를 제기하는 것을 자신의 임무로 삼는다.

결국 철학이 확립하는 철학과 과학의 관계는 현실적 관계가 아니

---

[8] 그래서 모든 철학은 항상 과학에 대해 말하는데, 그러나 철학이 말하는 방식은 종교·도덕·문학·정치 등과 구별된다. 후자들에게 과학이라는 대상은 선택적인 반면, 철학에게는 자신의 존재를 구성하는 지반이다. 하물며 키르쿠가드(S. A. Kierkegaard)나 사르트르의 철학처럼 외견상으로는 과학에 대해 말하지 않는 철학들도 대부분 간접적인 방식으로, 이를테면 과학이 무의미하다고 선언하는 방식으로 과학에 대한 테제를 포함한다 (Althusser, 1967e; 1967f).

라 철학이 세상의 모든 관념과 실천 위에 군림한다는 가상에 기초한 철학적 관계다(Althusser, 1976b). 그 철학적 관계의 이면에서 철학은 과학을 착취함으로써 자신을 구성한다. 특히 철학이 항상 과학의 외부에서 과학을 문제삼는다는 것에 주목해야 한다. 과학의 외부는 이데올로기의 영역이다. 거기서 철학은 사회적 실천의 목적·가치·방향·의미와 관련된 이데올로기적 문제와 그 해답을 이미 가지고 있으며 다만 과학을 빌려와 자신의 테제를 이론의 장에서 말할 뿐이다. 결국 철학은 특정한 경향의 실천적 이데올로기를 '과학적'으로 옹호함으로써 자신의 효력을 증명하는 것이다.9)

철학의 투쟁과 봉사

철학과 과학의 구별은 '과학에 대한 과학'이라는 철학의 정의를 정정한다. 특히 철학이 궁극적으로 계급투쟁에 관여한다는 사실 때문에 철학에 대한 새로운 정의는 철학의 이론적 측면보다는 실천적 측면을 강조해야 한다.10) 이에 따라 알튀세르는 철학이 과학이나 정치의 영역에서 실제로 수행하는 '기능'이라는 관점에서 철학을 새롭게 사고하기 시작한다. 그리고『철학과 과학자들의 자생적 철학』(Althusser, 1967e)의 1강 후반부와 2강 전반부에서 특히 과학과 관련되는 철학의 기능과 그 특수성을 분석한다.

철학은 경계선(line of demarcation) 긋기라는 기능을 통해서 모든

---

9) 자본주의 사회에서 철학은 과학을 착취함으로써 특히 법과 연관된 실천적 이데올로기의 정당화에 기여한다. 알튀세르에 따르면, 부르주아 철학의 핵심에 있는 '권리의 문제'는 법이데올로기와 관련되는 것이다. 인식론이 '주체' 같은 개념을 중요하게 다루는 것이 그 징후다. 인식론은 '법적 주체'라는 법적 개념에서 유래하는 '주체'라는 이데올로기적 개념을 철학의 장에서 재생산한다. '주체·대상'이라는 개념쌍 역시 '소유자'로서 '법적 주체'를 철학적으로 재현하는 것에 불과하다(Althusser, 1967e).
10)「마르크스주의 철학의 역사적 임무」(Althusser, 1967b)에서는 이렇게 정정된 철학의 정의가 '모든 실천은 철학적이다' 또는 '모든 실천 속에는 철학이 있다'는 테제로 제시된다.

사고에 개입한다. 철학은 끊임없이 '이것인가 아니면 저것인가'라는 문제를 제기하며 사고대상들을 구획한다. 특히 과학과 관련하여 철학은 항상 '과학적인 것'과 '이데올로기적인 것' 사이에 경계선을 긋는다. 진리 일반을 추구하는 자신을 '과학적인 것'에 위치짓기 위해 역사의 기원·목적이나 인류의 구원 같은 '이데올로기적인 것'은 자신의 대상에서 배제하는 것이다. 이러한 경계선 긋기는 과학적 사고의 과정에서 볼 것과 보지 말 것, 더 생각해야 할 것과 더 생각할 필요가 없는 것 등을 구획한다. 따라서 기존의 문제는 이제 다른 문제로 변형되고 그에 따라 경계선 긋기가 다시 시도된다. 무한히 전개되는 이러한 과정은 결국 과학적 문제의 해결을 위해 과학자가 어떤 방향으로 사고를 전개할 것인가와 관련되는 이론적 입장의 구성으로 이어진다.

중요한 것은 철학의 실천과 그 효과가 특수한 방식으로, 즉 철학적으로 이루어진다는 사실이다. 철학은 테제라는 이론적 형태로 이론이라는 현실에 개입한다. 그 개입의 전후에 변화하는 것은 단지 말과 그 배치뿐이지만, 그러한 변화는 이론적 현실에서 어떤 사물은 드러나게 만들고 또 어떤 사물은 감춰지게 만든다.

예를 들어, '과학들'(sciences)과 '이론적 이데올로기들'(theoretical ideologies)은 각각 복수로 존재하는 역사적 현실을 지시한다. 현실에서 그 두 사물은 서로 대칭적이지도 모순적이지도 않다. 그러나 철학이 두 단어를 '과학 일반'(the scientific)과 '이데올로기 일반'(the ideological)이라는 철학적 개념으로 각각 대체하면 그러한 현실은 가려지고 두 사물은 대립한다는 '가상적 현실'이 만들어진다. 알튀세르는 이를 철학효과(philosophy-effect)라고 부른다. 철학은 (기존의) 이론과 그것에 반영되는 현실을 모두 철학적인 것으로 변화시키는 동시에 이것 아니면 저것으로 구획하여 자신만의 세계를 구성하는 철학효과를 통해서 진정한 철학이 된다.

철학효과는 철학의 내부에서 일어나는 변화이지만 동시에 철학 외부에도 영향을 미친다. 우선 특정한 철학이 확립되면 그것은 이론적 현실에서 상쟁하는 입장들의 조정이라는 이론적 효과를 낳는다. 이것이 철학의 철학적 실천이다. 또한 철학적 입장들의 조정은 이론적 현실을 구성하는 다양한 사고 사이에서 세력관계의 변화라는 실천적 효과를 낳는다. 이는 실천적 이데올로기, 나아가 이데올로기적 계급투쟁에 직접적인 함의를 갖는다. 그리하여 언제나 철학의 철학적 실천은 동시에 정치적 실천이 된다.[11]

철학은 구획이라는 기능으로 존재하며 그 실천의 과정에서 발생하는 철학효과를 통해서 과학적 실천에 개입한다. 따라서 과학에 개입하는 철학이 '어떤 철학인가'라는 문제가 과학의 발전에 중요하다. 만약 철학이 과학적 실천의 유물론적 본성을 부인하거나 억압한다면, 그것은 과학적 문제의 이데올로기적 해결을 부추김으로써 결국 과학을 왜곡하게 될 것이다. 만약 철학의 철학적 실천이 과학적 실천의 자율성을 부정하는 이론적 정세를 조성한다면, 그것은 과학의 도구화를 부추김으로써 결국 과학 자체를 정치화할 것이다.

이제 알튀세르는 과학의 과학성을 보증하거나 과학의 발전을 지도한다고 말하면서 사실상 과학을 착취하는 기존의 철학들과 자신의 철학을 구별한다.[12] 철학에게 필요한 것은 과학과 철학적 관계를 수립하는 것이 아니라 과학과 맺는 '현실적' 관계, 즉 정치적 관계를 자각하는 것이다. 또한 철학이 오직 입장의 차이로만 구별된다면 과

---

[11] 따라서 철학이 실천적이라고 말할 때 그 실천은 실용주의적 실천과 아무런 상관이 없다. 후자는 주체의 구상을 외부 세계에 적용·실현한다는 의미에서 주관주의적·의지주의적인 것이다. 반면 철학적 실천은 레닌의 정치적 실천과 유사하다. 레닌은 항상 정세 속에서 자신을 포함하고 있는 세력관계를 역전시키기 위해 대중보다 단지 한 발만 앞서서 사고하고 실천했다. 그리고 그 결과를 통해 그는 자신의 노선의 정당성을 입증했다(Althusser, 1967e). 알튀세르에 따르면, 그러한 실천이 진정한 정치적 실천인데, 다만 철학은 자신이 무엇을 하는지 모른 채 이론의 영역에서 그러한 실천을 하고 있을 뿐이다.
[12] 철학이 본성적으로 정치적이라는 테제는 알튀세르 자신의 철학에게도 적용된다. 이에 알튀세르는 자신의 철학이 신이나 도덕 등의 '가치'가 아니라 '정치'를 위한 것이라는 점, 그리고 자신이 그것을 명시적으로 밝힌다는 점을 들면서 자신의 철학의 차별성을 주장한다. 물론 이때 알튀세르가 말하는 정치는 노동자운동의 혁명적 실천 또는 프롤레타리아 계급투쟁이다.

학을 '위한' 입장을 갖는 철학이 요구된다.

과학적 실천은 자신의 대상·방법·이론에 기초하여 자신의 길을 가기 때문에 철학의 내부적 관여를 필요로 하지는 않는다. 그러나 철학은 이론적 현실에서 과학을 위협하는 과학의 외부를 청소하고 자율적인 과학적 실천에 대한 과학자들의 확신을 지지할 수 있다. 또한 철학이 생산하는 인식은 그 자체로는 아무런 과학적 의미도 없지만, 대중이 과학적 지식을 수용하는 것은 촉진할 수 있다. 알튀세르는 이러한 철학의 역할을 과학을 위한 철학의 '투쟁과 봉사'라고 명명한다.

과학자들의 자생적 철학

과학의 위기와 과학자들의 자생적 철학

철학이 과학과 수립하는 철학적 관계는 철학에게는 결정적인 것이다. 또한 철학은 그러한 관계를 통해 과학에게 영향을 끼친다. 그렇다면 그 관계가 과학 또는 과학적 실천 쪽에서는 어떻게 나타나는가? 『철학과 과학자들의 자생적 철학』(Althusser, 1967e)의 2강 후반부에서 알튀세르는 이 문제를 제기한다.

과학은 과학적 실천의 산물이다. 과학적 실천도 실천이기 때문에 이데올로기로부터 자유롭지 못하다. 모든 실천은 대상을 다루는 방식, 즉 '어떻게'라는 문제와 관련하여 '자생적' 이데올로기를 동반하고, 이는 과학적 실천도 마찬가지다. 과학자들의 자생적 이데올로기는 종종 과학자들의 세계관이나 과학 외부의 철학이 제공하는 관념을 통해 이론적 형태를 갖춘다. 그 결과 과학자들은 과학적 실천과 과학 일반에 대한 철학적 관념을 가질 수 있는데, 이것이 바로 '과학자들의 자생적 철학'(spontaneous philosophy of scientists)이다. 철학은 과학자들의 자생적 철학을 통해 과학에 개입한다.

과학자들의 자생적 철학은 평상시에는 대체로 의식되지 않은 채 무의식적 상태로 존재한다. 따라서 대다수 과학자들은 자신들의 유물론적 실천이 철학의 영향을 받는다는 사실을 부정한다. 하지만 과학이 위기에 빠지는 특수한 시기에는 문제가 달라진다. 무리수의 발견에 따른 그리스 수학의 위기, 19세기 말 전자기력의 발견에 따른 고전물리학의 위기, 같은 시기 집합이론의 발전에 따른 현대수학과 수리논리학의 위기 등과 같은 시기에는 은폐되어 있던 과학자들의 자생적 철학이 전면에 나타난다. 과학의 위기에 대한 과학자들의 대처방식에서 다양한 자생적 철학이 가시화되는 것이다.

먼저 과학의 위기를 과학으로 해결하고자 하는 과학자들이 있다. 이들은 이성을 유지하며 과학에 대한 신념을 잃지 않고 과학 내부에서 위기를 해결하고자 한다. 이들에게 과학의 위기는 '성장의 위기'일 뿐, '과학 일반의 위기'가 아니다. 따라서 그것은 위기인 동시에 기회다. 이들은 자신들의 과학적 실천에서 '유물론적 본능'에 충실하다. 이 또한 자생적 철학이지만 과학자들은 그 사실을 자각하지 못한 채 그것에 따라 행동한다. 뉴튼 물리학을 일반화함으로써 물리학의 위기를 해결한 아이슈타인의 사례가 대표적이다.

과학의 위기를 철학적으로 해결하려는 과학자들도 있다. 이들은 과학의 영역에서 한 걸음 물러나 과학의 외부에서 과학에게 철학적 문제를 제기한다. 이들은 과학의 위기가 과학의 기초(foundation) 또는 자격을 잘못 규정한 철학에서 비롯된다고 생각한다. 그래서 자신들이 기존에 몸담아 왔던 '순진한'(naive) 철학을 포기한다. 대신 이들은 자신들이 직접 과학을 생산하기 때문에 진정으로 과학을 위한 철학을 수립할 수 있다고 주장한다. 이들은 스스로 철학자들이 되어 '과학적 철학들'을 제시한다. 물리학의 위기를 극복하자면서 에너지론(energeticism)을 제시한 오스트발트(W. Ostwald)나 경험비판론(empirio-criticism)을 제시한 마흐(E. Mach)의 사례가 대표적이다. 하지만 이들은 결국 과학의 문제를 철학의 문제로 변형하고 그 문제를 해결하는 데 과학을 착취할 뿐이다.[13]

여기서 주목할 것은 과학이 위기에 빠졌을 때 일어나는 다양한 논쟁이 과학적 논쟁이기보다는 철학적 논쟁이라는 사실이다. 철학자가 된 과학자가 만들어낸 철학은 대체로 명목론, 경험주의, 실증주의, 비판주의 등과 같은 전통적인 관념론의 반복에 불과하다. 그럼에도 불구하고 과학자들의 철학은 항상 '과학적이고 비판적'인 것으로 간주된다. 과학의 위기를 배경으로 하는 그들의 과학 비판은 과학적 실천의 본성, 즉 유물론적 입장에 대한 비판으로서 철학자들을 매료시키기 때문이다.14) 그 결과 철학자들이 과학을 비판하는 과학자들의 원군으로 논쟁에 가세하고, 과학적 논쟁의 성격은 더욱 왜곡된다. 이제 과학자들의 철학은 과학사가 아니라 철학사에서 시민권을 획득한다(Althusser, 1968e).

유물론적 입장을 고수하는 과학자들에게 과학의 위기는 성장의 위기일 뿐이다. 이들은 위기를 야기한 과학적 문제를 과학적 방식으

---

13) 이 유형의 과학자들과 마찬가지로 과학을 철학적으로 문제삼지만, 이들과는 다른 방식으로 철학을 하는 세 번째 유형이 있다. 그것은 프랑스에 독특한 유심론(spritualism) 철학의 전통과 관련된다. 이들은 과학의 위기를 문자 그대로 과학적 원칙의 붕괴로 인식하고 과학의 가치조차 회의한다. 그리고 과학의 외부에서 과학을 '구원'하기 위한 철학을 제시한다. 과학의 오만을 자복하면서 무엇을 행하는지 모르고 행한 것이니 용서해 달라는 것이다. 물리학의 위기에서 '물질은 소멸했다', '원자는 자유롭다'고 외친 이들이 이러한 과학자들이다. 그러나 알튀세르에 따르면, 이들이 진정으로 구원한 것은 과학이 아니라 종교적 세계관이다. 수학자인 동시에 종교철학자였던 파스칼이나 고생물학자인 동시에 신부였던 샤르뎅(T. Chardin)처럼 이들은 신의 영광이나 인간 영혼의 자유 같은 자신의 철학적 주장을 정당화하기 위해 과학을 착취한다. 아인슈타인의 상대성이론을 공격했던 베르크손(H. Bergson)의 사례가 잘 보여주는 것처럼, 사실 이는 유심론 철학의 일반적 특징이기도 하다(Althusser, 1967e).
14) 철학자들이 과학자들의 '과학적 철학'에 매료되는 또 하나의 이유는 그것이 철학자들 자신의 궁극적 관심사인 세계 전체, 즉 계급투쟁의 정세와 관련된 철학적 실천을 지지해 주기 때문이다. 알튀세르에 따르면, '물리학의 위기'가 '칸트로의 복귀'를 통한 부르주아 지배이데올로기의 재확립과 시기적으로 일치하는 것은 우연이 아니다. 노동자운동의 유물론적 실천과 철학에 대항하기 위한 관념론적 철학의 이데올로기적 공세 속에서 과학자들의 관념론은 부르주아 철학의 이데올로기적 성격을 은폐하는 좋은 방편이 된다(Althusser, 1967e).

로 해결함으로써 과학을 발전시킨다. 역사적으로 알려진 '과학의 위기'는 사실 과학의 위기라기보다는 과학의 상태에 기생하는 철학과 과학자들의 자생적 철학의 위기였다. 그리고 철학은 과학에 대한 이중적 착취를 통해 그 위기를 극복해 왔다. 과학이 직면한 이론적 곤란을 철학적으로 영유하여 자신의 지배영역을 확대하는 한편, 과학이라는 최고의 위장(僞裝)을 활용하여 철학적 무능은 은폐하고 이데올로기적 지배력은 강화했던 것이다. 이처럼 철학은 항상 과학의 위기를 틈타 과학자들의 자생적 철학을 매개로 과학에 개입하고 관념론적 과학철학이라는 형태로 과학사에 자신의 흔적을 남긴다.

과학자들의 자생적 철학의 두 요소

현실의 인과작용을 탐구하는 과학적 실천은 본성상 유물론적이지만, 과학자들은 종종 과학적 실천을 방해하는 관념론적 철학을 '자생적으로' 수용하거나 제시한다. 이러한 외관상의 '모순'은 필연적인데, 과학자들의 자생적 철학이 유물론적 경향과 관념론적 경향의 모순적 통일로 구성되어 있기 때문이다. 두 경향의 모순적 관계는 과학 외부의 이데올로기가 과학적 실천에 침투하는 통로가 된다. 알튀세르는 『철학과 과학자들의 자생적 철학』의 3강 후반부에서 이 관계를 분석한다.

먼저 과학자들의 자생적 철학에는 과학 내부적인 기원을 갖는 요소 I이 있다. 그것은 일상적인 과학적 실천의 경험에서 즉각적으로 주어지는 확신이기 때문에 '자생적'이다. 철학적으로 정교화될 때 이 요소는 유물론적이고 객관주의적인 테제의 형식을 띠게 된다. 그것은 과학의 대상의 현실성, 그 대상에 대한 과학적 이론의 객관성, 그 지식을 생산하는 과학적 방법의 유효성 등에 관한 확신을 표현한다. 여기에는 과학적 실천의 유효성에 대한 어떤 '철학적' 의문도 없다. 요소 I은 과학의 과학성에 대한 어떤 외부적인 보증도 필요로 하지 않는다.

또한 과학 외부적인 기원을 갖는 요소 II도 있다. 이것도 과학적 실천에 관한 확신이지만, 과학적 실천에서 직접 발원하는 것은 아니다. 오히려 그것은 과학적 실천에 대한 철학적 반성과 관련되는 것으로서 과학 외부에서 유래한 '과학적 철학'으로부터 그 자원을 공급받는다. 이 요소 II의 테제는 가치나 의미라는 이데올로기적 문제에 과학적 실천의 경험을 종속시킨다는 데 그 특징이 있다. 따라서 그것은 '과학의 권리'와 관련되는 질문을 자신의 특권으로 보유하면서, 대상의 현실성, 이론의 객관성, 방법의 유효성에 대한 회의나 '과학의 가치'와 '과학적 정신'에 대한 강조로 자신을 드러낸다.

요소 II는 요소 I과 마찬가지로 과학적 실천이 수반하는 이데올로기의 일부가 가공된 것이라는 점에서 '자생적'이다. 그것은 특히 과학자들이 과학의 문제를 대하는 태도, 그리고 그것의 해결에 요구되는 사회적 조건—연구에 필요한 재정이나 장비의 확보 같은 조건—을 대하는 태도와 관련된다. 그런 태도는 과학적 실천 외부의 교육과정에서 확립되는데, 학교교육은 과학과 과학자들의 사회적 지위에 관한 관념을 비롯하여 과학의 존재양식과 내용에 특정한 이데올로기를 결부시킨다. 따라서 사회가 과학적 실천에 부여한 장소에서, 즉 자신이 통제할 수 없는 조건에서 과학을 연구하고 실천하는 과학자들에게 이 요소 II는 '자명한' 것일 수밖에 없다.

요소 I은 유물론적 요소, 요소 II는 관념론적 요소라고 할 수 있다. 여기서 중요한 것은 두 요소의 세력관계다. 계급사회에서 유물론적 경향에 대해 관념론적 경향이 우위를 보이는 것처럼 과학자들의 자생적 철학에서도 그러한 세력관계가 재생산된다. 알튀세르는 간단한 사례를 들어 이를 입증한다.

물리학자나 화학자는 유물론적인 자생적 철학을 갖고 있지만, 그러나 과학의 대상·이론·방법이라는 개념을 이해하지 못한다. 그 말 대신에 경험(실험)·모델·테크닉이라는 말을 써야만 그들은 자신들의 실천이 진정으로 이해된다고 생각한다. 이는 단순한 표현의 차이가 아니다. 체계적으로 대체된 말의 차이는 그 과학자들에게 사물이

전혀 다른 형태로 존재함을 의미한다. 예를 들어 칸트 이후 최고의 이론적 지위를 누리는 경험이란 단어는 대상이라는 단어를 대체하면서 후자가 지닌 유물론적 의미를 은폐한다. 알튀세르에 따르면, 과학 내부적인 요소 I에 대한 과학 외부적인 요소 II의 지배관계는 일반적으로 각각의 과학적 분과가 자신의 실천에 관해 말하는 데 써 온 용어의 역사에 녹아 있다.

과학자들의 자생적 철학의 두 요소와 그 역할을 상세하게 보여주기 위해 알튀세르는 『철학과 과학자들의 자생적 철학』의 4강에서 자크 모노의 1967년 콜레주 드 프랑스 취임강연을 분석한다.15) 이 강연에서 모노는 데옥시리보핵산(DNA)의 발견과 출현(emergence) 개념의 발명에 기초한 현대생물학의 발전과정을 반성하면서 그 성과를 인간과 역사에 대한 설명으로 확대할 가능성을 제시한다. 그리고 그러한 지적 진보의 조건으로서 정치에 대한 제안으로 끝을 맺는다. 알튀세르에 따르면, 모노의 강연은 현대생물학, 과학자들의 자생적 철학, 철학적 철학, 그리고 세계관이라는 네 요소로 구분되며, 자생적 철학 내부의 두 요소의 관계가 객관적으로 존재한다는 것을 보여준다.

우선 모노는 생물학의 대상을 데옥시리보핵산이라는 물질적 토대를 갖는 출현구조들로 정의하면서 생명·정신의 존재에 대한 목적론적 설명에서 활용되어온 기존의 생명물질(living matter) 개념과 출현 개념을 비판한다. 이러한 과학적 논의는 그의 자생적 철학의 요소 I을 대표한다. 그러나 그가 생명권(biosphere)과 정신권(noosphere)에 대해 언급하면서부터는 요소 II가 부각된다. 그는 중추신경계라

---

15) 모노는 르보프(A. M. Lwoff), 자콥(F. Jacob)과 함께 유전자가 효소의 합성을 지배함으로써 세포대사를 조절한다는 사실을 밝힌 공로로 1965년 노벨생리·의학상을 받았다. 그는 물질로부터 생명의 탄생, 동물과 인간의 관계, 진리의 본질, 인간의 자유의지, 진선미에 대한 의식 등을 모두 우연의 산물로 보고 그것들을 생물학적 기초와 진화의 과정이라는 관점에서 논의한 에세이 『우연과 필연』(1970)으로 유명하다. 여기서 알튀세르가 분석의 소재로 삼은 것은 1967년 11월 30일자 『르몽드』에 실린 그의 취임강연의 요약문이다.

는 물질적 토대 위에서 출현한 인간의 언어가 지식과 개념의 왕국으로서 정신권이라는 출현적 구조의 기초가 된다고 말한다. 이러한 주장은 어떤 과학적 정당화도 없이 생물학적 법칙을 인간의 사회적 존재에 확장시키는 기계적 관념론의 논리를 따른다.16) 여기서 모노는 정신권의 비물질성을 강조하기 위해 생물학이라는 과학을 착취하고 있는 것이다.

모노의 자생적 철학에서 유물론적 경향과 관념론적 경향의 모순, 그리고 전자에 대한 후자의 지배는 모노의 철학적 철학과 세계관에 의해 지지된다. 모노는 실존주의 철학을 수용하면서 지식을 통한 역사의 인식이 아니라면 인간의 실천이 어떤 의미를 갖겠는가라고 반문한다. 그러면서 일종의 유심론적 무신론을 과학적 실천의 윤리학으로 제시한다. 여기서 과학이라는 유물론적 실천은 '지식의 윤리'라는 관념론적 지향에 종속된다. 그리고 역사와 정신세계는 과학과 동일시되면서 과학이 역사의 원동력이라는 관념론의 철학적 이상이 제시된다.

모노가 제안하는 정치는 이러한 철학적 이상을 실현하기 위한 새로운 실천원리로서 새로운 도덕에 기초하는 것이다. 모노에게서 역사는 계급투쟁이 아니라 개념들 또는 인식들에 의해 추동된다. 그리고 그러한 인식은 과학자들의 도덕 및 과학적 실천을 모델로 하는 금욕적·무신론적 도덕에 기초해서만 생산된다. 여기서 역사의 의미 및 인간의 구원이라는 문제와 관련되는 그의 세계관이 표출된다. 모노는 '창조'로 드러나는 인간의 '영혼'의 자유를 위해 과학을 착취하는 모든 관념론의 특징을 재현한다(Althusser, 1967f).

---

16) 생물학적 유물론에서 기계적 관념론으로의 이러한 전이는 모노가 과학적 개념을 과학적으로 정의하지 않은 데서 비롯된다. 예를 들어 모노는 출현이라는 하나의 개념에 재생산과 창조를 모두 포함시키면서도 사실상 후자의 개념만 강조한다. 그 결과 출현은 복잡성의 증대를 위한 재생산이라는 관념과 연결되고 결국에는 생물의 '자기재생산'이 인간의 정신세계의 '창조'를 정당화하게 된다(Althusser, 1967e).

과학을 위한 철학

관념론적 인식론 비판

과학자들의 자생적 철학은 유물론과 관념론의 대립과 투쟁이 일어나는 전장(*Kampfplatz*)이다. 이 전장에서 대체로 관념론의 요소가 우위를 차지하는 것은 과학에 기생하는 관념론적 철학과 세계관의 현실적 우위 때문이다. 따라서 과학을 위한 철학적·이데올로기적 투쟁은 과학자들의 자생적 철학뿐만 아니라 과학사 및 철학사, 나아가 그 모두를 조건짓는 계급투쟁의 역사에 대한 인식을 필요로 한다.

알튀세르는 과학 쪽에서 과학과 철학의 관계를 살펴본 『철학과 과학자들의 자생적 철학』(Althusser, 1967e)의 1-4강에 이어 5강에서는 「철학 쪽에서」(Althusser, 1967f) 그 관계를 고찰한다. 그는 과학의 권리라는 문제를 자신의 특권으로 삼아 온 인식론의 역사를 검토함으로써 과학자들의 관념론적 경향이 철학적으로는 어떻게 지지되어 왔는가를 분석한다.[17]

알튀세르는 현대관념론이 '주체=대상'이라는 이론적 상수(invariant)를 중심으로 회전한다고 지적한다. 모든 관념론적 철학에서 과학적 인식은 주체에 포함되거나 주체가 소유하는 지식으로서 그 대상에

---

[17] 철학의 한 분과로서 인식론은 인식의 기원·본질·확실성에 관한 문제를 최초로 체계화한 로크의 『인간오성론』에서 시작한다. 18세기에 버클리와 흄은 '확실한 것'은 감각적 인식일 뿐이고 그 근거는 관찰·실험·일반화 등의 귀납임을 주장하면서 영국의 경험주의적 전통을 확립한다. 반면 대륙에서는 데카르트, 말브랑슈, 라이프니츠가 수학을 모델로 삼아 확실한 것은 정신적 인식이고 그 근거는 원리로부터의 추론, 즉 연역임을 주장하면서 합리주의적 전통을 확립한다. 주체와 대상의 관계라는 문제를 핵심으로 하는 현대적 의미의 인식론은 칸트에서 시작한다. 칸트는 『순수이성비판』에서 이성의 자기비판을 통해 인식의 조건·범위·한계를 해명함으로써 경험주의와 합리주의의 종합을 시도한다. 그 결과 칸트 이후의 인식론에서는 이성에 대한 이성을 추구하는 초월론적 성격이 강화된다(Hessen, 1964).

적합한 진리로 간주된다. 따라서 이론적 상수는 '(주체=대상)=진리'라는 인식론적 공식으로 확대된다. 그런데 이 공식에는 주체와 대상의 동일성이 진리라는 철학적 주장 자체가 곧 진리라는 것이 전제되어 있다. 결국 이 공식은 과학들을 철학에 사변적으로 종속시키는 철학적 실천의 셰마라고 할 수 있다.

'(주체=대상)=진리' 공식은 철학이 과학을 표상하는 다양한 방식의 이론적 기초가 된다. 알튀세르에 따르면, 철학의 내재적 경향은 모두 이 공식의 변종이다. 그 변종의 형성과 소멸이 철학의 역사를 구성하는데, 특히 그 중에서도 경험주의와 형식주의가 전형을 이룬다.18) 이 두 전형이 타협하여 독창적인 철학 형태를 구성하며 그 속에서 어떤 때는 경험주의가, 또 어떤 때는 형식주의가 경향적으로 지배적인 것이 된다.

모든 과학들은 경험적(empirical)이기 때문에 경험주의는 과학자들의 자생적 철학의 본질적인 구성요소 중 하나다. '(주체=대상)=진리' 공식의 경험주의적 변종은 '(주체=대상)' 부분에서 대상에 우위를 두는 것이다. 따라서 '(=대상)=진리'를 경험주의의 상수라고 할 수 있다.19) 여기서 진리는 전적으로 대상에 속해 있으며, 과학적 인식의 목표는 그 대상 속에 들어 있는 진리를 추출하는 것이다. 이미 진리를 포함하고 있는 경험적 자료는 단순히 식별·해석·서술되기만 하면 되기 때문에 과학은 주어진 자료를 기록하는 수동적 활동

---

18) 여기서 알튀세르는 인식론에서 더 일반적으로 사용되는 '합리주의' 대신 '형식주의'라는 표현을 쓴다. 이는 당시의 이론적 정세에서 구조주의를 겨냥한 것이다.
19) 경험주의의 상수는 철학의 역사에서 매우 상이한 형태로 등장하기 때문에 그것을 식별하는 일은 쉽지 않다. 알튀세르는 그 예로 데카르트를 들고 있다. 데카르트는 흔히 교조적 합리주의자로 비판받지만, 알튀세르가 보기에 그는 경험주의자일 뿐이다. 왜냐하면 데카르트는 '(주체=대상)=진리'라는 공식의 '대상'항에, 이른바 '진정한 경험주의자'로 자처하는 이들이 주장하는 감각·지각이 가능한 자료와 다른 어떤 것, 즉 관념·본질을 놓았을 뿐이기 때문이다(Althusser, 1967f). 알튀세르가 관념론적 인식론의 핵심을 경험주의로 규정하고 넓게는 그 속에 형식주의까지 포괄하여 비판하는 것도 바로 이 때문이다.

이 된다. 따라서 경험주의에서 궁극적으로 과학은 정확하고 포괄적인 사고들의 장부를 쓰기 위해 '명료하게 정의된(bien faite) 언어'로 간주된다. 그것은 추상화의 테크닉이다. 이는 주체의 대상으로의 흡수, 즉 과학적 실천에서 이성의 능동적 역할에 대한 억압·부정을 의미한다. 이에 따라 경험주의는 이론적 실천의 상대적 자율성을 무시하고 대상의 특성에 따른 과학의 다양한 방법을 모든 대상에 내재한 진리를 추출하는 공통의 테크닉으로서 방법론으로 환원한다.

경험주의적 변종과 경쟁·협력하는 형식주의적 변종은 그것과는 반대로 대상을 소거·부인한다는 점에 그 특징이 있다. 따라서 '(주체 =   )=진리'가 형식주의의 상수를 이룬다. 여기서는 진리가 주체에, 즉 이성 일반에 내재하는 것으로 간주되면서 대상이 주체로 흡수된다. 이제 방법은 더 이상 추상화의 테크닉이 아니라 형식화의 테크닉으로 간주된다. 그리고 과학적 인식은 정신의 형식 자신에 대한 정신의 형식의 노동, 형식 자신에 대한 형식의 노동이라는 의미에서 주체 자신에 대한 주체의 적용이 된다.[20] 따라서 여기서도 과학은 명료하게 정의된 '언어'일 뿐인데, 다만 경험적 자료의 기록이 아니라 프로그램을 확립하고 그 계산의 결과를 수집하는 활동으로 규정된다는 점에서 경험주의와 구별된다. 현대의 '첨단과학'은 모두 이러한 형식화, 프로그래밍, 계산의 테크닉을 방법으로 취한다는 점에서 형식주의에 의해 지배되고 있다.

오늘 과학에 대한 철학을 지배하는 경향은 논리-실증주의로 대표된다. 논리-실증주의를 이해하려면 먼저 19세기의 실증주의를 이해

---

20) 알튀세르는 형식주의의 사례로 칸트와 라이프니츠를 든다. 칸트는 궁극적으로 경험주의에 의해 지배되지만, 감각가능성의 선험적 형식에 대한 일반이론을 정립함으로써 형식주의를 대표한다. 형식주의가 더 지배적인 라이프니츠는 보편언어(caractéristique universelle)—모든 사고와 모든 사고대상에 적용할 수 있는 메타수학(mathesis)—라는 이상을 제출하는데, 그것은 유일한 순수계산으로 기능한다. 알튀세르에 따르면, 구조주의가 주장하는 조합(combinatoire)이라는 이데올로기는 형식적 구조 내부의 어떤 요소들의 작동, 즉 순수한 형식 속에 계산이 작동한다는 것을 주장하기 때문에 라이프니츠를 직접적으로 계승하는 것이다(Althusser, 1967f).

『철학과 과학자들의 자생적 철학』

할 필요가 있다. 과학철학으로서 실증주의는 당시 발전하고 있던 실험과학의 합리성을 둘러싸고 지배적인 경험주의와 종속적인 형식주의가 타협함으로써 구성되었다. 그것은 이론적 상수의 '대상' 항을 사실로, '주체' 항을 법칙으로 규정한다. 따라서 실증주의에서 지배적인 경험주의의 상수를 '(=사실)=진리'로 표현할 수 있다. 그러나 여기서 '실증적' 사실이 강조되는 것이 주체라는 의미에서 법칙의 부정을 의미하는 것은 아니다. 법칙은 사실 내부에 존재하고 법칙을 인식하는 것은 사실로부터 법칙을 추상하는 것이다. 궁극적으로 법칙은 '사실 일반'(fait général)이다. 이 경우 과학자의 노동은 일반화라는 귀납의 노동이 되고, 귀납의 결과는 하나의 평균이 된다. 따라서 법칙은 궁극적으로 통계적 평균이다.

그런데 법칙에는 항상 예외가 존재한다. 이러한 예외를 설명하기 위해 실증주의는 법칙을 '정상적인 것'으로, 예외는 '비정상적인 것' 또는 '병리적인 것'으로 재규정한다. 그리고 정상과 병리라는 두 개념 자체에 대한 의문을 봉쇄하기 위해 도덕적 가치 또는 도덕적 이상주의라는 이데올로기적 요소가 도입된다. 그래서 실증주의와 도덕주의는 언제나 짝을 이룬다.

19세기 실증주의가 실험과학의 합리성 형태를 철학적으로 계승한다면, 20세기의 논리-실증주의는 형식주의라는 다른 형태의 합리성을 계승한다는 점에서 차이가 있다. 그러나 논리-실증주의에서 우위에 있는 것이 형식주의라고 하더라도 그것은 근본적으로 경험주의의 지속이다. 왜냐하면 사실의 내용이 바뀌었을 뿐 실증주의의 경험주의적 본성이 유지되고 있기 때문이다. 논리-실증주의는 '경험적'이지 않기 때문에, 또는 대상에 대한 법칙 또는 이론이기 때문에 과거에는 사실로 취급되지 않았던 언어, 무의식, 수학, 수학 속의 논리 등을 사실로 취급한다. 그것들이 과학적 노동의 새로운 대상이다.

따라서 논리-실증주의는 실증주의가 그 원칙을 자신에게 적용하는 실증주의의 이중화(redoublement)일 뿐이다. 그 결과 '법칙의 법칙'이라는 법칙, '이론의 이론'이라는 이론, '언어의 언어'라는 언어,

'수학의 수학'이라는 수학 등 다양한 메타이론이 나타난다. 특히 논리-실증주의는 메타수학의 개념을 다른 영역에 적용하는 방식으로 과학적 개념을 착취한다. 개념을 형식주의적으로 활용하는 것이 특정한 대상에 대해서는 과학적으로 불가피하지만, 다른 영역에서는 오류를 산출할 뿐이다. 논리-실증주의에서 '논리'는 과거의 경험주의가 형식주의의 외피를 통해 재개된다는 사실을 은폐하는 장식에 불과하다.

알튀세르는 오늘 많은 분과과학에서 관철되는 논리-실증주의적 경향은 경험주의의 반격일 뿐이라고 주장한다. 따라서 논리-실증주의에 대한 분석과 비판은 그것의 논리적 측면이나 형식주의적 측면이 아니라 그 심장부, 즉 경험주의를 공격하는 것이어야 한다. 또한 경험주의를 공격하기 위해서는 그것의 필연적인 부속물도 공격해야 한다. 경험주의의 역사적 형태로서 논리-실증주의와 짝을 이루는 도덕적 이상주의의 역사적 형태, 즉 인간주의가 바로 그것이다. 그리하여 철학적 투쟁은 항상 이데올로기에 대한 투쟁을 동반하게 된다.

새로운 동맹을 위하여

인식론 비판이 필요한 것은 관념론적 철학이 과학을 있는 그대로 인식할 수 없게 만들기 때문이다. 관념론적 철학은 과학과 철학적 관계를 수립할 뿐이고, 따라서 철학에 의한 과학의 착취라는 현실적 관계는 항상 은폐된다. 과학을 위한 철학은 이러한 철학적 가상을 폭로하여 그 영향력을 축소하는 한편, 과학자들의 자생적 철학의 요소 I과 요소 II의 세력관계를 역전시키는 데 기여해야 한다.

물론 철학과 철학자들이 과학을 구원할 수는 없으며 과학의 성장은 오직 과학과 과학자들의 힘에 달려 있다. 그러나 그 힘의 많은 부분이 과학 외부에서 오기 때문에 진정한 과학자들에게도 외부의 조력은 필요하다. 그 힘은 관념론을 상대할 수 있는 철학적 본성과 동시에 과학적 실천에 부응하는 유물론적 본성을 가진 것이어야 한다.

유물론적 철학이 바로 그것이다. 『철학과 과학자들의 자생적 철학』의 3강 마지막 부분에서 알튀세르는 철학사에 대한 반성을 통해 과학과 유물론의 '동맹'을 제안한다.

18세기의 실험과학은 당대의 유물론적 계몽주의 철학의 도움으로 발전할 수 있었다. 당시 이론적 현실의 '역사적 경계선'은 반계몽주의의 종교적 지식과 계몽주의의 과학적 지식 사이에 그어져 있었다. 18세기의 유물론적 철학은 과학자들의 자생적 철학의 유물론적 요소를 지원함으로써 종교가 부과한 관념론적 요소를 퇴치하는 데 기여했다.

그러나 18세기의 동맹에는 한계가 있었다. 왜냐하면 당시의 유물론은 궁극적인 '진리 일반'이라는 표상에서 또 다른 관념론의 지배를 받았기 때문이다. 즉, 18세기의 과학자들과 계몽주의 철학자들은 종교에 대한 투쟁에서는 유물론적이었지만, 역사의 인식과 관련해서는 관념론적이었다. 그들의 유물론은 과학자들의 자생적 철학의 요소 I과 요소 II 사이의 세력관계를 역전시키는 듯 했지만, 곧 새로운 요소 II를 들여오면서 기존의 세력관계를 복원했다. 새로운 요소 II는 과학적 지식이라는 진리 일반의 전능성을 신봉하는 관념론으로서 과학자들의 자생적 철학을 당대에 지배적인 경험주의로 새롭게 물들였다.

18세기 과학자들과 유물론의 동맹은 과학자들의 자생적 철학에 개입하는 유물론의 힘이 영구적이지 않다는 것을 보여준다. 그것은 역사적 정세, 즉 과학적 실천의 사회적 조건뿐만 아니라 이론적·이데올로기적 정세, 그리고 궁극적으로는 그런 정세로 표현되는 계급투쟁에서의 세력관계에 의해 좌우된다. 이로부터 과학자들과 유물론의 동맹이 과학적 실천에 봉사하기 위한 조건이 도출된다.

첫째, 동맹이 특수한 역사적 조건에 기초한다는 것은 자생적 철학의 두 요소와 그것들의 모순적 관계가 역사적 형태를 띤다는 사실을 보여준다. 과학사와 철학사, 그리고 두 역사의 이면에서 진행되는 정치적·이데올로기적 투쟁의 역사가 궁극적으로 두 요소에 반영된다. 따라서 각각의 수준에서 규정되는 과학자들의 철학, 특히 지배적인 자생적 철학의 내부에서 발생하는 적대의 현실적·역사적 형태를 파악하는 것이 중요하다.21)

둘째, 18세기 유물론의 한계를 알게 된 이상, 오늘에 필요한 유물론은 반드시 새로운 유물론이어야 한다. 그리고 과학과 구별되는 철학의 특수성과 과학과 철학의 현실적 관계를 알게 된 이상, 새로운 동맹에서 유물론은 과학자들의 자생적 철학 안에서, 오직 자생적 철학에 대한 개입만을 승인받는다. 중요한 것은 과학자들의 자생적 철학 내부에서 과학에 대한 철학의 착취를 과학을 위한 철학의 봉사로 전환하는 것이다. 이는 새로운 유물론이 과학에 대한 관념론적 착취의 여러 형태에 대해 투쟁해야 한다는 것을 의미한다.

따라서 새로운 유물론은 하나의 주어진 과학자들의 자생적 철학에 단지 '응용하기'만 하면 되는 '기성의'(ready-made) 철학이 아니다. 진리 일반을 보증한다고 하면서 폐쇄적이고 총체적인 체계를 확립하는 관념론과 달리, 새로운 유물론은 자신을 진리로 제시하지도 않고 또 체계를 구성하지도 않는다. 그것은 투쟁을 위한 기본적 원칙이 되는 몇 개의 개념과 테제에서 출발해서 투쟁을 통해 형성되는 내용만을 가질 것이다.

알튀세르와 그의 제자들의 '과학자를 위한 철학 강의'는 그 자체로 새로운 유물론의 실천이자 과학자와의 새로운 동맹에 대한 제안이다. 특히 알튀세르는 과학을 위한 투쟁의 일환으로『철학과 과학자들의 자생적 철학』의 1강 후반부에서 '학제적(interdisciplinary) 연구'를 분석한다.22) 철학은 테제이며 실천적 기능이라는 알튀세르

---

21) 알튀세르에 따르면, 과학자들의 자생적 철학도 항상 복수로 존재하며 다른 철학처럼 지배를 위해 투쟁한다. 과학적 실천을 '사고하는 방식', '과학의 문제를 제기하는 방식'(문제설정), 그리고 과학적 이론의 내재적 모순을 '해결하는 방식'에서의 투쟁은 반드시 하나의 '사고형태', 즉 새로운 자생적 철학이 헤게모니를 확립할 때만 해결되었다. 그러나 철학적 갈등의 해결은 언제나 불완전하다. 따라서 과학자들의 자생적 철학 내부에서 적대의 현실적·역사적 형태를 이해하려면 현재의 세력관계뿐만 아니라 그 투쟁의 경향적 해결까지도 파악해야 한다(Althusser, 1967e).

자신의 간략한 테제에서 출발해서 그는 자신의 철학적 실천을 통해 사회과학의 현실에 비판적으로 개입한다.

학제적 연구를 옹호하는 사람들은 흔히 수학과 물리학의 관계를 모델로 해서 다른 분야에서도 학문간 협력과 응용이 필요하다고 주장한다. 그러나 알튀세르는 수학과 물리학의 관계가 한 분과의 성과를 다른 분과에서 기술적으로 활용하는 외재적 응용관계가 아니라고 주장한다. 왜냐하면 수학과 물리학은 동일한 대상에 기초하는 구성적 관계를 맺고 있으며 각자는 상대방 없이 존재할 수 없기 때문이다. 그래서 이 분과들의 공동연구는 철학과 같은 외부적 조력자를 필요로 하지 않는다.

반면 사회과학의 여러 분과들의 공동연구는 철학과 수학—특히 과거 철학에서 수학으로 이동한 수리논리학—에 과잉 의존한다. 사회과학 분과들의 대부분은 자신의 대상이 불분명하기 때문에 항상 대상의 '경계'를 둘러싼 논쟁 속에 처해 있으며, 때로는 '대상 없는 과학'으로서 지배이데올로기에의 적응이라는 '목표'에 직접적으로 복무한다. 현실대상의 부재 또는 모호성은 과학적 방법의 공백으로 이어진다. 많은 사회과학 분과들은 이 문제를 외부로부터 도입한 테크닉의 '응용'으로 해결한다. 특히 수학적 방법에 대한 이 분과들의 집착은 그것이 자기 분과의 '과학성'을 포장하는 데 절대적이라는 사실을 반영한다. 대상과 방법의 결핍으로 인해 많은 사회과학 분과들은 현실의 원인을 설명하는 자신만의 이론적 기초를 결여하고 있다. 그 결과 이들은 철학을 실용적·이데올로기적 대체물로 활용함으로써 그 이론적 공백을 은폐한다.

따라서 학제적 연구라는 구호가 자연과학보다 사회과학에서 항상

---

22) 이 분석은 당시 프랑스의 이론적 정세에 대한 알튀세르의 개입이기도 하다. 알튀세르에 따르면, 프랑스 철학계를 지배하는 경향은 19세기 말부터 계속 유심론이었으나 1930년대부터 그것의 세력은 약화되기 시작했고, 1960년대 중반경에는 결국 형식주의 같은 고전적 관념론이 지배적 경향으로 자리잡게 된다(Althusser, 1966a; 1966b). 이 새로운 관념론적 경향은 특히 '학제적 연구'를 통해 사회과학을 오염시킨다.

더 큰 반향을 일으키고, 자연과학보다 사회과학이 철학과 더 밀접한 관계를 형성하는 것은 우연이 아니다. 학제적 연구는 자연과학 분과들의 구성적 관계라는 현실을 드러내는 징후이지만, 사회과학의 문제를 과학적으로 해결하는 것과는 무관한 이데올로기적 명제인 것이다. 더 중요한 것은 사회과학 분과들에서 유행하는 학제적 연구가 적어도 외관상으로는 사회과학에 의한 철학의 활용으로 드러나지만, 사실은 그 반대, 즉 사회과학으로 위장된 철학일 수 있다는 점이다. 즉, 그것은 관념론이 사회과학을 착취함으로써 전개하고 있는 이데올로기적 계급투쟁의 일환이라는 사실이다.

학제적 연구의 이데올로기적 성격에도 불구하고 오늘 많은 사회과학자들, 심지어 자연과학자들조차 그러한 가상적 해결책을 수용하고 스스로 만들어내는 이유는 그들의 자생적 철학 또는 그들의 이론적 실천에 자생하는 이데올로기 때문이다. 따라서 알튀세르의 분석은 이런 과학자들의 자생적 철학에 개입하여 학제적 연구의 경향이나 유혹을 차단함으로써 사회과학의 장소와 그 발전가능성을 확보하는 데 봉사한다.

알튀세르는 이러한 새로운 유물론, 즉 사회과학뿐만 아니라 다른 과학에도 우호적인 동맹군이 될 새로운 철학을 유물변증법으로 명명한다. 유물변증법은 이데올로기적인 사회적 관계를 인식하는 데, 그리고 자신의 철학적 개념을 통해 과학적 지식의 생산과 재생산을 연결하는 데 기여한다. 그것은 어떤 과학 외부적인 목적도 없이 오직 '원인에 의한 인식'을 위해 이데올로기와의 무한한 투쟁에 봉사한다. 그리고 오직 그러한 투쟁을 통해서만, 즉 그것의 효과로 획득될 수 있는 과학(그리고 정치)의 진전을 통해서만 자신의 정당성을 입증할 것이다. 이로부터 유물변증법의 핵심은 무엇보다 유물론적 철학의 유물론적 실천이라는 사실이 분명하게 드러난다(Althusser, 1968c).

평가

인식과정론을 중심으로 조직된 알튀세르의 초기 작업은 이론에 대한 실천의 우위 하에서 이론과 실천을 융합해야 한다는 마르크스주의의 원칙과 긴장을 낳는다. 이에 따라 알튀세르는 계급투쟁이라는 현실을 간과한 데 대한 자기비판을 시작한다. 철학의 정치적 본성이 인식되고 과학과 철학의 관계가 정정되면서 철학에 대한 새로운 정의가 잠정적인 형태로 제출된다.

알튀세르는 철학이 한편으로 정치와 다른 한편으로 과학과 맺고 있는 이중적 관계에 의해 규정되며, 따라서 대상·이론·방법의 모든 측면에서 과학과 다르다는 사실을 확인한다. 철학은 과학적 지식을 생산하지 않으며, 다만 자신의 입장을 통해 이론적 실천에서 유물론과 관념론의 세력관계를 결정하는 데 작용한다. 이에 따라 철학적 실천의 전략도 대안적인 인식론의 구성에서 인식론 비판으로 변경된다. 사고대상과 현실대상의 구별에 기초하는 초기의 관념론적 인식론 비판은 이제 경험주의와 형식주의라는 인식론의 역사적 형태에 대한 비판으로 발전한다. 나아가 알튀세르는 이런 인식론을 핵심으로 하는 현대적 관념론이 과학을 착취함으로써 자신을 구성하는 동시에 지배이데올로기에 봉사해 왔다는 사실을 폭로한다. 따라서 관념론에 대항하는 유물론은 철학과 과학의 역사적·현실적 관계를 인식하고 그것에 기초하여 자신의 역할을 정립해야 한다.

이제 알튀세르는 개입과 구획이라는 철학의 기능을 강조한다. 철학은 전체에 대한 이론인 동시에 그 전체를 구성하는 실천이자 정치의 일부다. 이러한 철학의 토픽적 성격에 기초하여 마르크스주의 철학도 실천적 임무라는 측면에서 재정의된다. 마르크스주의 철학은 이론에서의 정치이자 이론을 통한 정치로서 그 자체가 역사과학과 노동자운동의 통일을 표현한다(Althusser, 1967b). 특히 마르크스주의 철학은 과학의 생존과 발전을 위한 이데올로기적 공간을 만들어 내고 과학자들의 유물론적인 자생적 철학을 지지해야 한다(Balibar,

1993a). 그것은 그러한 실천의 결과로 획득될 수 있는 과학의 발전을 통해 자신의 정당성을 증명할 것이다.

이 시기 철학에 대한 새로운 정의는 철학을 구성하는 이중적 관계의 한 쪽, 즉 과학과 철학의 역사적·현실적 관계에 대한 통찰에 기초한다. 그러나 알튀세르는 철학을 철학으로 구성하는 다른 한 쪽, 즉 철학과 정치의 관계에 대한 본격적인 분석은 진전시키지 않는다. 그 결과 인식론 비판이라는 기획에도 불구하고 이 시기의 저작은 여전히 인식론적 테마들에 의해 지배된다. 이 시기에 철학에 대한 알튀세르의 정의가 잠정적일 뿐인 것은 바로 이 때문이다.

이러한 한계는 궁극적으로 철학과 정치를 매개하는 이데올로기에 대한 이론이 진전되지 않았기 때문이다(Althusser, 1967e). 이 시기 알튀세르는 이데올로기의 이중성을 인식하고 그것을 실천적 이데올로기와 이론적 이데올로기로 구별하지만, 전반적으로는 이데올로기 분석을 위한 최소한의 일반성을 제시하는 데 그칠 뿐이다. 그 결과 이데올로기의 메커니즘, 실천적 이데올로기와 이론적 이데올로기 사이의 관계, 각각의 역사적 존재형태 등에 대한 구체적 분석은 이후의 과제로 남겨진다.

결국 알튀세르에게 1967년은 과학과 관련해서는 마르크스주의적 입장을 확립하는 한편, 정치와 관련해서는 이후에 계속될 자기비판의 과제를 확인하는 시기였던 셈이다. 1967년 이후 알튀세르의 전반적인 철학적 궤도가 철학과 정치의 관계로 무게중심을 이동하는 것, 그리고 인식론적 관심은 역사과학의 고유한 대상·방법·이론이라는 문제로 집중되는 것에서도 이러한 사실이 드러난다.

그러나 알튀세르의 철학적 주제들에서의 이러한 변화가 그의 초기 작업의 유효성을 모두 부정하는 것은 아니다. 단적으로 말해서, 알튀세르의 인식과정론은 프랑스에 고유한 인식론적 전통 속에 위치하면서 오늘 지배적인 관념론적 과학철학과 대적하는 이러한 전통의 유물론적 성격을 강화시키는 데 기여한다(Lecourt, 1975, 2001; Balibar, 1978).[23]

인식과정론은 또한 과학을 위한 철학이라는 알튀세르의 철학적 입장과 접목되어 과학철학의 '비판적 현실주의'(critical realism)의 조류로 계승된다. 대표적으로 바스카(R. Bhaskar)는 철학의 임무를 과학을 위한 봉사(underlabouring)로 규정하고, 현실의 과학들의 체계를 설명하는 동시에 과학적 실천의 전제가 되고 있는 존재론의 복권을 주장한다. 그는 자연뿐만 아니라 사회·역사에 대해서도 인식 주체인 인간과 무관하게 자동적으로 존재하는 현실, 즉 과학의 자동적 대상(intransitive object)과 인간이 그것에 대해 인식해온 역사적·사회적 형태로서 개념들과 과학적 실천들, 즉 과학의 타동적 대상(transitive object)을 구별한다. 이를 통해 그는 지식생산의 사회적 과정을 강조하는 동시에 원인에 대한 '설명'(explanation)으로서 과학적 합리성의 독자성을 승인한다(Collier, 1994). 바스카는 특히 과학적 활동의 두 구성요소로서 인식과정과 함께 그것을 검증하는 실험과정을 강조함으로써 사고대상과 현실대상의 적합성의 판별이라는 문제를 해결한다.

물론 알튀세르의 인식과정론과 바스카의 과학적 현실주의가 모든 측면에서 동일한 것은 아니다. 예를 들어 바스카는 알튀세르의 인식과정론이 수학을 모델로 한 신칸트주의적 합리주의에 가깝다고 비판한다(Bhaskar, 1989). 그러나 알튀세르가 토픽의 철학을 더욱 진전시켜 계급투쟁이라는 '갈등적 대상'이 구성하는 역사과학의 고유성이라는 문제에 대해 사고하는 반면, 바스카는 자연세계와 인간세계의 차이점을 강조하면서도 그것이 역사과학의 고유성에 끼치는

---

23) 바슐라르(G. Bachelard) 이후 프랑스 인식론의 전통은 논리-실증주의에 반대하면서 과학적 발전의 불연속성을 강조한다는 점에서 쿤(T. Kuhn)과 그를 계승하는 상대주의적·구성주의적 과학철학 조류와 유사성을 보인다. 그러나 르쿠르(Lecourt, 1975)에 따르면, 후자의 경향은 과학의 과학성에 대한 부정이라는 결정적 한계를 갖기 때문에 그것을 보완하기 위해 선험주의를 도입하면서 결국 관념론으로 귀결된다. 이를테면 과학자들이 '합의'할 수 있는 기초는 주체의 선험적 이성에 있다는 것이다. 따라서 그것은 유물론적 성격을 특징으로 하는 프랑스 인식론의 전통과 대립한다고 할 수 있다.

영향에 대해서는 과소평가한다(Collier, 1994). 이와 관련하여 스프린 커는 알튀세르가 철학자로서 자신의 철학에 맞게 역사과학을 '위한' 철학적 실천을 수행한 반면, 바스카는 그러한 철학적 실천을 수행한 바가 없다고 평가한다(Sprinker, 1992).

과학과 과학적 실천에 대한 알튀세르의 철학은 오늘에도 여전히 유효하다. 그것은 과학의 '현실'을 보여주고 과학이 생산하는 인식효과를 '위한' 입장을 갖게 한다는 점에서 어떤 철학보다도 과학에 우호적이다(Resch, 1993). 좀 더 일반화한다면, 마르크스주의적 과학철학의 계발과 실천도 여전히 유효한 과제다. 오늘 이론적 현실을 지배하는 관념론―특히 상대주의·구성주의―에 대적하고 이론적·정치적 실천 및 과학교육에서 유물론의 헤게모니를 쟁취하기 위해서는 마르크스주의적 과학철학과 같은 '무기'가 전에 없이 더욱 필요하기 때문이다(Sprinker, 1992; Collier, 1994).

『레닌과 철학』

정인경

해제

『레닌과 철학』(Althusser, 1971)에서 알튀세르는 유물론, 변증법, 이데올로기라는 세 가지 주제를 중심으로 초기의 입장을 정정해 나간다. 이 같은 정정은 레닌의 실천 또는 실천적 저작에 준거한 것인데, 알튀세르는 레닌주의를 토대로 스탈린주의를 비판하고 마르크스주의의 정통을 확립하려고 시도한다.

먼저 철학의 재정의는 이미 『철학과 과학자들의 자생적 철학』(Althusser, 1967e)에서 시도된 바 있다. 알튀세르는 초기의 '이론주의적' 편향을 바로잡기 위해 과학과 철학의 관계를 재조명하면서 철학의 임무를 과학을 위한 투쟁과 봉사로 규정한다. 『레닌과 철학』에서는 이러한 입장이 진전되면서 철학에서 정치라는 계기가 적극적으로 사고된다.

철학이 재정의되면서 계급투쟁을 분석하는 마르크스주의 과학의 특수성도 강조된다. 이에 따라 변증법의 구조와 관련하여 스피노자가 상대화되고 헤겔에 대한 재평가가 진행됨으로써 구조가 아니라 과정으로서 변증법이 새롭게 부각된다.

역사적 현실로서 이데올로기에 대한 분석은 이 시기 알튀세르의 가장 독창적인 시도로 평가받는 작업이다. 알튀세르는 계급투쟁의 새로운 형태를 보여준 1968년 5월 사건에 주목하면서 재생산의 관점에서 이데올로기적 국가장치 및 이데올로기 일반에 대한 이론화를 시도한다. 이는 무엇보다도 역사의 원인의 복잡성을 인식하기 위한 시도로서 알튀세르는 이데올로기에 대한 이해에 기초하여 구조인과성을 재개념화한다.

『레닌과 철학』의 주요 논문들은 다음과 같다.1) 먼저 『'자본'을 읽자』의 이탈리아어판 출판을 기념하는 1968년의 인터뷰 「혁명의 무기로서 철학」(Althusser, 1968a)은 8개의 질문과 이에 대한 답변으로 구성된다.2) 1968년 4월에 프랑스공산당 이론지 『사상』(*La Pensée*)에 발표된 이 글은 1970년에 집필된 영어판 『레닌과 철학』의 「서문」(Althusser, 1970a)과 더불어 이 시기 알튀세르의 입장을 압축적으로 제시하고 있으며 이후의 입장의 변화도 예시한다.

「레닌과 철학」(Althusser, 1968b)은 1968년 2월에 프랑스철학회에서의 강연을 녹취한 것으로, 같은 해의 『프랑스철학회보』 4호에 게재되고 1969년에 같은 제목의 팜플렛으로 출판된다.3) 여기서 알튀세르는 레닌의 철학적 실천에 준거하여 철학의 당파성을 강조하고 마르크스주의 철학의 새로운 정의를 제시한다.

---

1) 이 글에서는 1966년부터 1970년 사이에 집필된 논문들을 편집·출판한 영어판 『레닌과 철학』(1971)을 준거로 삼는다. 영어판에 실린 논문들은 불어판 『레닌과 철학, 그리고 헤겔 이전의 마르크스와 레닌』(1972)과 『입장』(1976)에 분산·수록되어 있다.
2) 알튀세르는 마치오키(M. A. Macciocchi)가 서면으로 제시한 질문을 수정하면서 이에 대한 답변의 형태로 1968년 1월에 글을 완성한다. 이 인터뷰는 그 해 2월에 이탈리아공산당 기관지 『통일』(*L'Unita*)에 게재된다.
3) 『레닌과 철학』은 1972년에 『레닌과 철학, 그리고 헤겔 이전의 마르크스와 레닌』으로 재출판되는데, 헤겔과의 관계 속에서 마르크스와 레닌을 검토한 「마르크스와 헤겔의 관계」(1968c), 「헤겔 이전의 레닌」(1969c)이 부록으로 수록된다.

1968년 1월에 집필된 「마르크스와 헤겔의 관계」(Althusser, 1968c)는 1970년에 동(Jacques d'Hondt)이 편집한 『헤겔과 현대 사상』에 발표된다.4) 여기서 알튀세르는 마르크스와 헤겔의 관계를 재조명하면서 마르크스가 변증법이라는 관념을 헤겔에게 빚지고 있지만 헤겔과 달리 마르크스에게서 역사과정은 현실의 모순의 전개과정이라는 점을 밝힌다.

1969년 4월에 개최된 헤겔학술대회에서 발표된 논문인 「헤겔 이전의 레닌」(Althusser, 1969c)은 1970년에 『헤겔 연보, 1968-1969』에 게재된다. 이 글은 레닌의 헤겔 독해에 준거하여 헤겔 변증법의 '합리적 핵심'이 '주체 없는 과정'임을 강조한다. 여기서 알튀세르는 「레닌과 철학」, 「마르크스와 헤겔의 관계」에서 제시된 입장을 종합한다.

「'자본' 1권의 서문」(Althusser, 1969b)은 1969년 3월에 집필된다. 이는 『'자본'을 읽자』를 비판적으로 계승하는 작업인데, 여기서 알튀세르는 마르크스와 헤겔의 관계 및 변증법에 대한 정정된 입장에 기초하여 『자본』을 재독해한다.

「이데올로기와 이데올로기적 국가장치」(Althusser, 1969a)는 '상부구조에 관하여(법-국가-이데올로기)'라는 1969년의 원고에서 발췌한 논문으로 『사상』 1970년 6월호에 발표된다.5) 여기서 알튀세르는 이데올로기적 국가장치를 중심으로 이데올로기가 생산관계의 재생산에서 수행하는 기능을 분석하는 동시에 이데올로기 일반의 메커니즘을 제시한다.

1976년 12월에 집필된 「이데올로기적 국가장치에 대한 노트」(Althusser, 1976c)는 1969년의 이데올로기 분석 분석에 대한 '기능주의'라는 비판을 반박한다.6) 여기서 알튀세르는 1969년 논문의 '추

---

4) 영어판 『레닌과 철학』(1971)에 빠져 있는 이 논문은 다음 해에 출판된 영어판 『정치와 역사: 몽테스키외, 루소, 헤겔, 그리고 마르크스』(1972)에 실려 있다.
5) '상부구조에 관하여'는 유고집 『재생산에 관하여』(Althusser, 1995)로 출판된다.

기'에서 강조한 계급투쟁의 관점을 재확인하는 동시에 국가장치에 관한 분석을 공산당의 역할과 관련하여 구체화한다.

이 밖에도 1964년 1월에 집필되어 프랑스공산당 이론지 『신비평』(*La Nouvelle Critique*)에 게재되었던 「프로이트와 라캉」(Althusser, 1964)이 부록으로 수록되어 있다. 이 글에서 알튀세르는 심리학에 반대하여 '프로이트로의 복귀'를 주창하는 라캉의 작업이 갖는 의의를 적극적으로 평가한다.7) 또 예술에 관한 알튀세르의 입장을 엿볼 수 있는 두 편의 글, 「예술에 관한 편지, 앙드레 다스프레에 대한 답변」과 「추상화가 크레모니니」도 부록으로 실려 있다.

마르크스주의 철학과 변증법

알튀세르는 철학에서 공산주의자의 전범을 레닌에게서 발견하고 「레닌과 철학」(Althusser, 1968b)을 통해 다시 한번 마르크스주의 철학의 지위라는 문제를 제기한다. 마르크스주의 이론의 핵심은 과학인가 아니면 철학인가? 과학으로서 역사유물론과 철학으로서 유물변증법은 어떻게 구별되는가? 또 변증법과 유물론의 관계는 무엇인가? 이 같은 질문들에 답변하기 위해 알튀세르는 마르크스의 「포이어바흐에 관한 테제」에서 출발한다.

지금까지 테제 11은 세계를 '해석'하는 것이 아니라 '변혁'하는 철

---

6) 이 논문은 1977년과 1978년에 각각 독일어와 스페인어로 출판되고 유고집 『재생산에 관하여』(Althusser, 1995)에 수록된다.
7) 그러나 1969년 2월의 영역자에게 보낸 편지에서 알튀세르는 이 글의 정세적 성격을 고려할 것을 요청한다. 프로이트를 계승한 라캉의 작업의 중요성을 인식시키기 위한 철학적 개입인 이 글은 정신분석학이 '반동적 이데올로기'로 비난받는 상황에서 논쟁적으로 집필된 것임에 주목해야 한다는 것이다(Althusser, 1964). 이러한 지적은 정신분석학에 대한 알튀세르의 유보적 입장을 암시하는 것인데, 그는 「마르크스와 프로이트에 대하여」(Althusser, 1976d)와 「프로이트 박사의 발견」(Althusser, 1976e)에서 라캉을 비판하면서 정신분석학이 유한한 이론임을 명시한다.

학을 선언하는 것으로 여겨져 왔다. 그러나 이 테제의 효과는 역설적이게도 새로운 철학이 아니라 새로운 과학, 즉 역사과학의 탄생과 그에 수반된 장기간의 철학의 '실종'으로 나타난다. 따라서 테제 11은 새로운 철학의 선언이 아니라 새로운 과학의 정초를 위한 철학과의 단절의 선언으로 이해되어야 한다. 그렇다면 마르크스주의 철학이란 무엇인가? 알튀세르는 레닌의 철학적 실천을 징후적으로 독해함으로써 '철학에 대한 비철학적 이론'을 발견한다.

레닌의 새로운 철학적 실천

「레닌과 철학」(Althusser, 1968b)에서 알튀세르는 레닌이 철학을 '실천'한다고 주장한다. 따라서 문제가 되는 것은 레닌의 '철학'이 아니라 그의 '철학적 실천'이다. 레닌은 기존의 철학과 전혀 다른 방식으로 철학을 실천함으로써 전통적인 철학을 비판하는 동시에 철학의 존재양식에 관한 객관적 지식의 단초를 제공한다.

레닌의 『유물론과 경험비판론』(1908)은 특정한 정세를 배경으로 한 저작이다. 과학이 중요한 혁명을 겪을 때면 언제나 갑작스럽게 철학적 소명을 발견하는 과학자들이 있으며, 이들의 '자생적 철학'을 원용하여 특정한 정치적 실천을 정당화하는 철학자들도 있다. 19세기 말, 20세기 초에 유행한 마흐의 경험비판론과 그 부산물일 뿐인 보그다노프·루나차르스키·바자로프 같은 이단적 볼셰비키의 철학은 과학의 위기에 대한 이 같은 철학적 개입을 대표한다. 레닌은 『유물론과 경험비판론』을 통해 이들의 철학을 비판한다.[8]

---

8) 소환주의자들(Otzovists)로 불리는 보그다노프 등은 1905년 혁명 이후 러시아에서 반동적 흐름이 강화되자 일체의 합법적 활동을 부정하고 볼셰비키 의원의 소환을 주장한다. 반면 혁명이 퇴조하는 상황에서 의회투쟁을 당의 유지·강화를 위한 투쟁의 일환으로 사고한 레닌은 소환수의자들의 입장을 비판하기 위해 그들의 정치적 입장을 뒷받침하는 철학적 입장과 대결한다. 마흐의 경험비판론에 고취된 이들의 철학에서는 오래된 관념론적 주제들이 부활하고 있었던 것이다.

알튀세르는 이런 '개입의 저작'에 암묵적으로 또는 명시적으로 존재하는 철학에 관한 테제들을 추출한다. 첫째, 철학은 과학이 아니며 철학적 개념은 과학적 개념과 구별된다. 레닌은 물질이라는 개념을 예로 드는데 과학적 개념으로서 물질의 정의는 과학이 발전함에 따라 변화한다. 그러나 철학적 개념으로서 물질은 그 의미가 변화할 수 없다. 그것은 과학의 대상에 적용되는 것이 아니라 모든 과학적 지식의 객관성을 확증하는 '절대적 개념'일 뿐이다.9)

둘째, 철학은 과학과 구별되는 동시에 과학과 특별한 관계를 맺는다. 먼저 철학적 조류로서 경험주의와 실증주의는 과학적 지식과 양립불가능하다. 이는 과학적 실천에서 이론의 역할이 필수적이라는 사실과 관련된다. 알튀세르에 따르면, 레닌의 『러시아에서 자본주의의 발전』(1899)은 과학적 실천의 반경험주의적 본성과 개념의 전개로서 이론의 역할에 대한 그의 철학적 성찰의 영향을 보여준다. 과학적 이론 없이 과학적 지식의 생산은 있을 수 없다.

과학적 실천은 유물론과 관계를 맺는데, 이는 객관성에 관한 유물론적 테제로 제시된다. 유물론은 과학적 대상의 실존과 과학적 지식의 객관성에 대한 과학자의 '자생적' 확신을 대표한다. 알튀세르는 「헤겔 이전의 레닌」(Althusser, 1969c)에서 레닌의 헤겔 독해를 통해 유물론과 과학의 관계를 예증한다. 『철학노트』(1914-1915)에서 레닌은 칸트의 사물 자체(*Ding an sich*)를 '공허한 추상'이라고 비판하는 헤겔에게 동의한다. 여기서 중요한 것은 레닌이 헤겔의 철학 전체를 승인하는 것이 아니라 이를 유물론적으로 독해한다는 사실이다. 즉, 레닌은 객관주의의 이름으로 칸트의 주관주의를 비판함으로써 주체라는 개념을 제거하는 동시에 물질적 존재의 우

---

9) 이러한 구별은 19세기 말 '물리학의 위기'에 대한 진실을 재확립하는 것이다. 당시의 물리학은 위기에 처한 것이 아니라 성장하는 중이고, 물질이 '소멸한' 것이 아니라 과학적 개념으로서 그 내용이 변화한 것이다. 지식의 과정은 무한하므로 물질의 정의는 앞으로도 계속 변화할 것이다. 이 테제는 특정한 정세 속에서의 개입을 넘어 철학적 개념을 과학적 개념인 것처럼 과학의 대상에 적용하는 사례를 비판하는 데도 유효하다.

위와 과학적 객관성을 옹호한다(Althusser, 1969c).

셋째, 철학의 역사는 관념론과 유물론이라는 두 경향간의 투쟁의 역사다. 철학의 역사 전체가 관념론과 유물론이라는 두 경향의 대결의 반복일 뿐이라면, 철학은 아무 것도 발생하지 않는 무(無)의 '반복'일 뿐인 이론적 장소다. 따라서 철학에는 역사가 없다. 『유물론과 경험비판론』에서 레닌은 마흐가 버클리를 '반복'한다고 비판하면서 자신은 디드로를 '반복'한다. 이처럼 버클리와 디드로의 반복으로 나타나는 철학적 무는 물질과 정신이라는 절대적 개념의 대립에서 용어의 전도(inversion)로 나타날 뿐이다. 철학의 역사가 물질과 정신의 대립의 반복적인 전도로 나타난다면, 철학은 경향 투쟁(tendency struggle) 또는 칸트가 말한 전장(*Kampfplatz*)일 뿐이다(Althusser, 1968b).

그러나 철학의 실천에 과학적 실천의 운명이 걸려 있기 때문에 철학적 무는 무효가 아니다. 철학의 개입은 과학적 실천에 봉사하거나 아니면 이를 착취한다. 철학적 개입의 긴급성에 의해 강제된 레닌의 실천은 철학적 실천의 핵심이 이론의 영역에서의 개입임을 보여준다. 그것은 명확한 개념의 전개라는 면에서 이론적이며 개념의 기능이라는 면에서 실천적이다. 즉, 철학적 개념은 이론의 영역에서 과학적인 것과 이데올로기적인 것 사이에 '경계선'(dividing line)을 긋는다. 이러한 경계선 긋기는 이데올로기적 개념의 위협에 대항하여 과학적 실천을 방어할 뿐만 아니라 적극적으로 보조하기도 한다. 이것이 최소한 레닌의 철학적 개입이 생산한 효과다.[10]

이를 일반화하면 모든 철학은 반대의 경향을 대표하는 철학의

---

[10] 알튀세르는 과학적 토론만 가능할 뿐 철학적 토론이란 불가능하다는 관점에서 '레닌의 철학'이 아니라 '철학에 대한 레닌의 입장'에 주목하자고 제안한다. 소환주의자들과의 철학적 토론을 제안한 고리키에게 레닌은 '어떤 철학적 토론에도 개입하고 싶지 않다'는 거절의 뜻을 전한다. 이는 철학적 논쟁으로 인해 볼셰비키가 정치적으로 분열될 것을 우려한 '전술적 판단' 때문일 뿐만 아니라, 그 이상으로 과학적 실천과는 정반대로 철학적 실천의 본성은 통일이 아니라 분열이라는 '근원적 사실' 때문이다 (Althusser, 1968b).

이데올로기적 개념을 격퇴하기 위해 경계선을 긋는다. 그러나 철학적 개입이 개념의 치환 또는 수정을 통해 담론을 변화시킨다고 할지라도 이러한 개입은 그 자체로는 무일 뿐이다. 왜냐하면 경계선은 실제로 아무 것도 아니며 구별된다는 단순한 사실, 즉 '취해진 거리의 공백'(emptiness of a distance taken)이기 때문이다. 철학적 담론의 변화는 과학적 실천으로부터 적대적 경향을 분리시키는 거리 또는 비(非)거리, 즉 구별의 '흔적'(trace)으로서만 작용한다.11)

그러나 레닌의 실천이 보여준 것은 철학과 과학의 특별한 관련만이 아니다. 레닌의 실천은 기존의 철학이 늘 그것에 의존해 왔으면서도 부정해 왔던 어떤 것, 즉 철학에 치명적인 것으로서 정치를 드러내는 실천이라는 점에서 새로운 것이다. 레닌은 철학에서 상쟁하는 두 경향이 궁극적으로 계급적 입장을 대표한다는 것을 보여준다. 따라서 모든 철학은 당파적이며, 철학이 긋는 경계선은 적대적 계급들 사이의 경계선이다. 클라우제비츠처럼 말하자면, 철학은 이론이라는 '다른 수단에 의한 정치의 계속'인 것이다.

알튀세르는 이러한 관점에서 철학을 새롭게 정의한다. 철학은 이론의 영역에서, 즉 과학과의 관계에서 정치를 대표한다. 역으로 철학은 정치의 영역에서, 즉 계급투쟁에 참여하는 계급들과의 관계에서 과학을 대표한다. 어떤 철학도 이러한 이중적 대표의 결정론을 회피할 수 없다. 과학의 운명이 걸려있는 논쟁에 '정치적으로' 개입하고 계급의 운명이 걸려있는 투쟁에 '과학적으로' 개입하는 철학은 과학적인 것과 이데올로기적인 것 사이에 경계선을 긋는다.

알튀세르는「혁명의 무기로서의 철학」(Althusser, 1968a)에서 철학적 개념은 정치적 세력관계에 종속되는 것이므로 철학이 근본적

---

11) 그러므로 과학이 없다면 철학도 없을 것이다. 또한 과학의 역사가 존재하므로 철학적 전선의 경계선은 과학적 정세의 변화에 따라 전위된다. 따라서 철학에서 과학적인 것과 이데올로기적인 것을 지시하는 용어는 지속적으로 재사고되어야만 한다. 이 때문에 철학의 역사는 존재하지 않지만 철학 내부에는 무한한 반복의 전위의 역사가 존재한다(Althusser, 1968a; 1968b).

으로 정치적일 수밖에 없다고 지적하면서 이를 '이론에서의 계급투쟁'으로 정식화한다. 계급투쟁에서 계급적 입장이 세계관으로 대표된다면, 이론의 영역에서 이러한 세계관은 철학으로 대표된다. 달리 말해서, 계급투쟁의 현실은 관념에 의해 표상되고 관념은 다시 말로 표상되기 때문에 철학은 말을 갖고 싸운다는 것이다. 소환주의자들의 정치적 입장이 갖는 편향을 비판하기 위해 이들의 철학과 대결하는 기나긴 우회를 수행한 레닌의 실천 역시 이러한 의미에서 이해되어야 한다.

알튀세르는 철학이 끝날 수 없으며 철학은 철학으로 남을 것이라고 말한다. 다만 철학의 실천이 무엇인지 알기 시작하면서 철학은 서서히 변화할 것이다. 테제 11이 새로운 철학을 기약하지 않는다는 사실은 마르크스주의 이론의 핵심이 과학이라는 것을 의미한다. 그리고 레닌의 실천에서 드러난 것처럼, 마르크스주의가 철학에 기여한 것은 새로운 '실천의 철학'(philosophy of praxis)이 아니라 새로운 '철학의 실천'(practice of philosophy)이다.[12]

이러한 철학적 실천은 더 이상 과학의 과학성에 대한 보증을 자신의 임무로 설정하지 않는다. 이론에서 프롤레타리아의 계급투쟁을 대표하는 마르크스주의 철학은 '이론적 실천의 이론'이 아니라 과학과 정치를 위해 '투쟁하고 봉사하는 실천'인 것이다.

---

[12] 알튀세르에 따르면, 마르크스주의 이론에서 과학과 철학의 구별은 필수적이다. 역사적으로 이러한 구별이 모호해질 때마다 특정한 편향이 발생한다. 우익적 편향이 철학을 억압함으로써 실증주의(또는 객관주의)로 귀결된다면, 좌익적 편향은 과학을 억압함으로써 의지주의(또는 주관주의)로 귀결된다(Althusser, 1968a). 전자의 예는 엥겔스에게서 유래하는 전통에 속한다. 알튀세르는 엥겔스가 '철학의 종언'이라는 『독일 이데올로기』의 실증주의를 버리지 못했다고 지적한다. 그에게 철학은 과학의 탄생과 함께 사라져야만 하는 것이다. 그러나 철학의 대상은 남는다. 논리, 즉 사고의 일반적 법칙으로서 변증법이 그것이다. 이는 역설적으로 철학을 과학화하는 실증주의로 귀결된다. 반면 후자의 예는 테제 11을 통해 마르크스주의를 '실천의 철학'으로 해석한 그람시의 의지주의적 입장이다(Althusser, 1968b).

마르크스의 변증법과 헤겔의 변증법

철학의 재정의는 초기의 인식과정론에서 중요한 위치를 차지했던 인식의 방법으로서 변증법의 축소를 수반한다. 대신에 알튀세르는 역사과학의 고유한 방법으로서 변증법의 개조라는 과제를 진척시킨다. 이를 위해 그는 마르크스를 따라 다시 헤겔의 변증법으로 되돌아간다. 이로써 스피노자의 영향을 반영하는 구조인과성이 상대화되고 현실의 모순과 계급투쟁의 과정으로서 변증법이 부각된다.13)

역사변증법에 새롭게 착목하는 과정에서 마르크스와 헤겔의 관계는 다시 한번 우회할 수 없는 문제로 등장한다. 「마르크스와 헤겔의 관계」(Althusser, 1968c)에서 알튀세르는 이 문제가 마르크스주의 과학과 철학의 미래를 지배하는 이론적 문제이자 특정한 수준에서 계급투쟁에 각인되는 정치적 문제로서 결정적이라고 말한다. 특히 이론적 수준에서 마르크스와 헤겔의 관계를 둘러싼 논의는 마르크스가 정초한 역사과학의 특성을 이해하는 데 영향을 끼친다.

이미 『마르크스를 위하여』, 『'자본'을 읽자』에서 알튀세르는 마르크스의 변증법이 헤겔 변증법의 전도가 아니며 그 구조라는 측면에서 근본적으로 상이한 것임을 밝힌 바 있다. 마르크스가 언급한 '신비한 외피'에서 '합리적 핵심'을 추출하는 과정은 전도가 아니라 변증법의 구조 자체의 변형을 야기하고, 그 결과 마르크스는 비헤겔적인 방식으로 역사와 사회를 개념화한다.

그렇다면 마르크스 자신이 고백한 헤겔의 유산은 무엇인가? 이제 알튀세르는 마르크스의 독창성이 헤겔의 관념론을 유물론으로

---

13) 이러한 변화는 「자기비판의 요소들」(Althusser, 1972c)에서 더욱 명시적으로 지적된다. 여기서 알튀세르는 헤겔을 경유한 마르크스를 더 잘 이해하기 위해서 자신이 스피노자를 경유하는 우회를 수행했다고 밝힌다. 그는 스피노자를 통해서 헤겔의 목적론, 즉 헤겔 변증법의 '신비화'의 장소를 인식하고 마르크스의 사회적 전체를 구조인과성으로 포착할 수 있었지만, 스피노자에게는 마르크스가 헤겔로부터 물려받은 모순 개념이 부재하다는 사실로 인해 그 대가를 치러야만 했다고 말한다.

전도하는 것은 아니라는 과거의 테제를 유지하면서도 헤겔의 긍정적 유산에 주목하기 시작한다. 그리고 이를 위해 마르크스의 이론적 여정을 재검토하는 우회를 수행한다.

청년 마르크스는 포이어바흐의 이론적 인간주의를 신봉했으며 이는 '1844년 원고'에서 정점에 달한다. 포이어바흐는 추상으로 환원되는 헤겔의 사변에 반대하여 구체성·현실성·감각성에 호소하는데, '1844년 원고'의 마르크스는 이를 헤겔에 대한 비판으로 수용한다.

그러나 이후 마르크스는 『독일 이데올로기』에서 포이어바흐의 이론적 인간주의와 절단한다. 이는 역사에 대한 새로운 분석의 기초를 확립하는 계기로서 마르크스는 헤겔을 재발견한다. 헤겔에게는 포이어바흐가 이해할 수 없는 어떤 것, '형태[구조]의 생산의 변증법적 과정'으로서 역사에 관한 이론이 존재하기 때문이다.

마르크스가 헤겔을 경유하여 인식할 수 있었던 것은 변증법, 즉 '과정'으로서 역사, 나아가 '주체 없는 과정'으로서 역사다. 역사를 '인간 소외의 역사'로 간주하는 포이어바흐와 달리 헤겔에게서 역사는 소외의 과정이기는 하지만 인간의 역사가 아니다. 요컨대 인간은 역사라는 과정의 주체가 아니다. 헤겔에게 인간학적인 역사관보다 더 낯선 것은 없다.14)

헤겔의 이러한 긍정적인 유산은 레닌의 『철학노트』에서도 그대로 확인된다. 알튀세르는 「헤겔 이전의 레닌」(Althusser, 1969c)에서 레닌이 프롤레타리아의 계급적 입장을 지지하는 핵심을 '보존·추출'하는 방식으로 헤겔을 독해한다고 지적한다. 즉, 레닌은 자연이 논리의 소외의 산물일 뿐이라는 『논리학』의 명제를 일축하면서도 절대적 관념에 관한 절을 유물론적으로 재해석한다. 우선 헤겔에게서 논리는 기원으로 설정되는 동시에 부정되는데, 이로부터 레닌은 모든 기원과 주체를 부정하는 것이 핵심적이라는 사실을 발견

---

14) 그러나 알튀세르는 헤겔의 변증법이 그 자체로 목적론적이라고 비판한다. '소외'라는 개념 속에 이미 각인되고 '부정의 부정'이라는 개념으로 표현되는 '지양'이 바로 소외의 궁극적 목적을 전제하기 때문이다.

한다.15) 또한 절대적 관념은 절대적 방법이라는 헤겔의 유명한 테제에서 레닌은 '경계선 긋기'를 통해 관념을 기각한다. 따라서 남는 것은 방법, 과정에 대한 관념으로서 방법뿐이다. 이렇게 정제된 헤겔 변증법의 합리적 핵심, 그것이 바로 '주체 없는 과정'이라는 개념인 것이다(Althusser, 1969c).

그러나 긍정적 유산은 아직 형식적이다. 주체 없는 과정을 과학적 분석의 유효한 기초로 전환하는 데서 제기되는 문제는 역사과정이 무엇인가라는 것이다. 여기서 마르크스의 독창성이 드러난다. 마르크스에게 "생산관계와 다른 (정치적·이데올로기적) 관계들 속에 있지 않은 과정이란 결코 존재하지 않는다"(Althusser, 1968c). 마르크스는 이론적 인간주의와 절단하고 주체 없는 과정을 분석의 기초로 설정하면서 현실의 모순으로서 사회적 관계를 대상으로 하는 역사과학을 정초한다.

이는 결국 마르크스의 변증법이 개념의 자기운동에 기초하는 인식의 방법이 아니라 과정으로서 역사, 나아가 역사과정으로서 현실의 모순을 사고하는 방법임을 의미한다. 따라서 변증법은 논리를 대상으로 하는 철학이 아니라 역사과정을 대상으로 하여 현실의 모순을 탐구하는 역사과학의 영역으로 이전된다.

이처럼 과정으로서 역사와 그 핵심에 위치한 현실의 모순에 집중함으로써 알튀세르는 자신의 초기 작업에서 중요한 위치를 차지했던 인식론적 기획을 상대화한다. 이러한 정정은 정치의 우위 아래 철학을 사고하고 유물론의 우위 아래 변증법을 사고한 결과다. 이로써 과학과 이데올로기 사이의 절단에 대한 초기의 '실증주의적' 인식이 극복되면서 마르크스주의 과학의 특수성이 강조되기 시작한다.

우선 알튀세르는 『'자본'을 읽자』에서 자신이 제시한 이론적 노

---

15) 마치 소외과정의 주체인 것처럼 보이는 논리는 단순한 출발점에 불과하다. 이는 『논리학』이 존재에서 시작하지만 이 존재는 자신의 부정을 통해 곧 무가 된다는 점에서도 확인된다. 즉, 헤겔의 변증법에서 기원은 이미 그 부정의 싹을 내포하고 있기 때문에 소외과정에서 부정되는 것으로서 주체 역시 설정되는 그 순간에 부정된다는 것이다(Althusser, 1969c).

동과정의 셰마가 계급투쟁의 경험을 무시했기 때문에 지속될 수 없다고 평가한다. 이론에서 계급적 입장의 채택은 계급투쟁의 영향을 받기 때문에 '인식론적 절단'은 순수하게 이론 내부적인 과정이 아니라 당대 계급투쟁의 효과를 반영한다. 또한 절단은 일회성의 사건이 아니라 과학적 실천의 무한한 과정을 개시하면서 지속적으로 발생하는 것이다. 새로운 과학적 개념을 생산하는 인식론적 절단이 복잡한 재조직화를 통해 지속적으로 등장한다는 사실은 마르크스의 저작 전체를 통해 입증된다.

절단에 대한 이 같은 정정은 헤겔의 영향력이 마르크스에게 지속적으로 잔존했다는 사실을 인정하는 것이다. 알튀세르는 자신이 1845년을 절단의 시점으로 삼았던 것이 마르크스의 절단에 대한 사고의 비약이었다고 말하면서 1845년에 결정적인 어떤 것이 시작되긴 했지만 마르크스가 이를 새로운 개념으로 표현하는 데는 오랜 시간이 걸렸음을 지적한다. 즉, 마르크스에 대한 헤겔의 영향력은 『자본』에도 남아 있으며 이것이 『자본』의 방법을 둘러싼 쟁점을 형성한다는 것이다. 이제 알튀세르는 『자본』에 잔존하는 헤겔의 영향을 인정하면서 『자본』을 재독해한다.16)

『자본』 1권을 어떻게 읽을 것인가?

『자본』은 계급투쟁이라는 조건에서 탄생하여 계급투쟁을 분석하는 특수한 과학이다. 그리고 착취와 억압의 메커니즘을 분석하는 역사과학은 그 자체로 계급투쟁의 일부가 된다. 노동자운동과 마르

---

16) 레닌은 『논리학』에 대한 노트에서 헤겔의 『논리학』을 이해하지 않고서 마르크스의 『자본』, 특히 1편을 이해하는 것은 불가능하다고 선언한다. 마르크스주의에서 하나의 금언이 되는 이러한 레닌의 주장은 『자본』에 남아 있는 헤겔의 영향력, 즉 마르크스 자신이 차용했다고 인정한 헤겔적 서술방법을 염두에 둔 것이다. 따라서 레닌의 주장은 『자본』에 남아 있는 헤겔의 흔적을 유물론적으로 읽지 않고서는, 즉 그 신비한 외피를 제거하는 변형의 노동 없이 『자본』을 이해하는 것은 불가능하다는 것으로 이해될 수 있다(Althusser, 1969c; 1968c).

크스주의 이론의 '융합'(fusion)의 역사가 이를 입증한다. 융합의 역사 속에서 프롤레타리아 활동가는 마르크스주의 이론의 혁명적 발견을 인식하고 '구체적 정세에 대한 구체적 분석'에 기초하여 스스로 계급투쟁을 조직해 온 것이다. 그러나 이러한 융합은 선험적으로 보증되는 것이 아니며 그 자체로 투쟁의 산물이다. 또한 융합 내부에서도 투쟁은 계속된다(Althusser, 1968a; 1969b; 1970a).

이처럼 마르크스주의 과학이 계급투쟁과 분리될 수 없으며 나아가 그 자체로 계급투쟁의 쟁점이 된다는 사실 때문에 마르크스주의 철학은 마르크스주의 과학에 대한 공격·착취·수정에 맞서 이를 방어하고 발전시키는 것을 자신의 임무로 한다. 이에 알튀세르는 프롤레타리아 독자를 염두에 둔 「"자본' 1권의 서문」(Althusser, 1969b)을 통해 『자본』의 특수성에 기인하는 『자본』 독해와 관련되는 곤란을 해명하고 『자본』의 분석의 유효성과 발전의 필요성을 제기한다.

먼저 알튀세르는 『자본』 독해와 관련된 두 가지 곤란을 지적한다. 첫 번째는 정치적인 것이다. 이는 노동자들이 『자본』을 쉽게 이해하는 반면 지식인들은 『자본』을 이해하는 데 곤란을 겪는다는 역설로 드러난다. 이 같은 역설은 『자본』이 노동자들의 일상적 현실, 즉 그들이 매일 경험하는 착취를 과학적 용어로 말하고 있다는 점에서 유래한다. 근본적으로 프티-부르주아적인 지식인은 자신의 사상에서 급진적인 '혁명'을 수행하지 않으면 마르크스의 과학적 발견을 이해할 수 없다(Althusser, 1968a; 1969b).

두 번째는 이론적인 것이다. 『자본』은 추상화된 개념이 엄밀한 순서에 따라 전개되고 있는 이론적 저작이다. 따라서 자본을 읽기 위해서는 과학적 추상화와 엄밀성에 익숙해져야 한다. 그러나 『자본』에 등장하는 추상화된 개념들이 전혀 추상적이지 않다는 점을 강조할 필요가 있다. 이 개념들은 현실에 존재하지만 감각적으로는 인지할 수 없는 구체적인 현실들을 지시하기 때문이다. 마르크스주의의 과학적 개념들은 실험과학의 '현미경'이나 '시약'을 대신한다. 가치, 사회적 필요노동, 사회적 총자본 등의 개념들은 추상이 감각보다 현실을 더 정확하게 지시하는 실례들이다. 또한 『자본』의 분석대상인 자본주의적 생산양식은 눈에 보이지 않는 '추상적' 대상이다. 다시 말해 『자본』은 '구체적' 사회를 분석하지 않는다. 그러나 구체적 현실을 설명하기 위해서는 추상화된 개념들의 생산이 필수적이기 때문에 자본주의적 생산양식을 이해하지 않고서는 구체적 사회를 이해할 수 없다.

알튀세르는 『자본』의 독해와 관련된 이 두 가지 곤란에 유의할 것을 당부하면서 방법으로서 변증법과 관련된 『자본』 연구의 쟁점을 지적하고 이를 염두에 둔 『자본』 1권 독해의 지침을 제시한다.

우선 『자본』 1권이 『잉여가치학설사』를 포함하여 네 권으로 이루어진 저작의 일부라는 점에 주목해야 한다. 1권에서 제기된 어떤 문제들은 나머지 권들에서 해답이 제시되기 때문에 다른 세 권을 잘 알고 있다면 1권의 어려움은 상당 부분 해소될 수 있다. 그러나 이것으로 해소되지 않는 『자본』 연구의 실질적인 장애는 '방법'의 문제와 관련된다. 이 때문에 마르크스의 언어와 심지어 그의 사고 속에 잔존하는 헤겔의 영향을 지적하지 않을 수 없다.17)

진정한 과학이라면 그에 고유한 기초를 수립해야 한다는 헤겔적 과학 개념에 사로잡힌 마르크스는 특히 1권 1편 '상품과 화폐'에서 헤겔의 서술방법을 모방한다. 이 때문에 개념의 전개가 현실의 과정을 파악하는 데 곤란을 야기한다. 알튀세르는 『자본』 1권을 이해하려면 2편부터 시작해서 1권을 끝까지 읽고 나서 비로소 1편을 읽어야 한다고 권고한다. 가치라는 추상적 개념에서 시작하는 1편은 궁극적으로 잉여가치를 설명하기 위한 것이기 때문에 계급투쟁에

---

17) 알튀세르는 마르크스가 '가치'라는 한 단어로 한편으로는 생산물의 유용성('사용가치')을 다른 한편으로는 그 생산물의 교환가능성('교환가치')을 언급하는 것, 수탈자의 수탈을 논하면서 이를 '부정의 부정'이라고 선언한 것, 그리고 물신숭배 이론 등을 헤겔의 영향으로 지목한다. 마르크스의 지적인 발전이 헤겔의 영향으로부터 멀어져 가는 과정이라는 점을 고려한다면, 1권에 남아 있는 헤겔의 흔적들은 과거의 잔재로서 궁극적으로 폐기되어야 한다는 것이다.

관한 장들을 읽은 후에야 비로소 이를 이해할 수 있다는 것이다.18)

이러한 이유로 곧장 2편 '화폐의 자본으로의 변형'으로 넘어가면 『자본』의 핵심인 잉여가치론을 접하게 된다. 알튀세르에 따르면, 노동자들은 자본주의적 착취를 과학적으로 분석하는 이 부분을 이해하기 위해 별 다른 노력을 기울일 필요가 없다.

이어 '절대적 잉여가치'와 '상대적 잉여가치'를 다루는 3편과 4편은 계급투쟁을 구체적으로 분석한다. 3편은 노동일을 연장함으로써 착취를 최대화하려는 자본주의의 본성을 제시하고, 4편은 기술진보와 기계화에 따른 생산성 증대가 갖는 함의를 규명한다. 최저의 비용으로 최대의 이윤을 얻기 위한 자본주의적 경향으로서 기술진보와 기계화는 노동력에 대한 착취를 더욱 심화한다. 따라서 그에 따른 생산성 증대가 노동자에게 자동적으로 이익을 보장해주지는 않는다. 이러한 분석을 통해 마르크스는 자본주의에서 노동자계급이 생산성 증대로부터 얻을 것은 없으며 오직 생산성 증대로 인한 착취의 심화에 맞서 투쟁할 수밖에 없음을 밝힌다.

'임금'을 다룬 6편은 '노동력가치에 따른 임금의 지불'이 기만에 지나지 않음을 폭로하면서 시간급과 성과급이라는 임금의 다양한 형태를 분석한다.19) 알튀세르에 따르면, 이 모든 분석을 쉽게 이해하는 노동자들은 자본주의적 착취를 증대시키려는 경향에 적대적으로 맞설 수밖에 없게 된다. 임금 문제는 생산성 증대에 따른 이

---

18) 마르크스에게 남아 있는 헤겔 변증법의 영향은 『자본』의 서술순서와 관련된 논쟁을 낳는다. 알튀세르는 뒤메닐(G. Duménil)의 『자본』의 경제법칙』의 「서문」(Althusser, 1977c)에서 마르크스가 현실의 운동을 '재생산'할 뿐인 개념의 운동으로 서술순서에 '허구적 통일성'을 부여했다고 평가하면서 논리적 장에 대한 역사적 장의 우위에 유념하면서 『자본』을 읽어야 한다고 말한다. 알튀세르적인 『자본』 독해에 대해서는 윤소영(2001, 2006)을 참조하시오.

19) 알튀세르는 여기서 1편과 마찬가지로 5편 '절대적 잉여가치와 상대적 잉여가치의 생산'을 잠시 미뤄두고 6편을 먼저 읽을 것을 권고한다. 5편과 6편은 『자본』 초판에서는 결합되어 있던 것으로 재판에서 독립된 것이다. 알튀세르의 권고는 5편의 분석이 6편의 분석과 결합될 때만 제대로 이해될 수 있다는 판단에 따른 것이다.

익을 분배함으로써 저절로 해결되는 것이 아니라 필연적으로 계급투쟁의 문제이기 때문이다. 그러나 경제투쟁은 단지 '방어적' 투쟁이기 때문에 정치투쟁을 통해 '공격적' 투쟁으로 전환되어야 한다. 마르크스가 영국의 계급투쟁을 분석하면서 보여준 것은 바로 경제투쟁의 한계와 정치투쟁의 필연성이다. 노동자운동과 마르크스주의 이론의 융합에서 바로 이것이 결정적으로 중요한 것이다.

7편 '자본의 축적과정'에서 마르크스는 자본의 재생산을 설명한다. 한 사회가 존속하기 위해서는 생산이 지속되어야 하기 때문에 생산은 곧 재생산을 의미한다. 마르크스는 자본축적을 의미하는 확대재생산을 분석하기에 앞서 단순재생산을 고찰하면서 이를 통해 자본주의적 생산관계, 따라서 자본가와 노동자가 재생산됨을 보여준다. 이러한 생산관계의 재생산이 자본축적의 기초를 이룬다.[20] 확대재생산 분석은 잉여가치의 자본으로의 전환을 설명하는 것인데, 1846-1866년의 영국은 자본이 프롤레타리아로부터 더 많은 잉여가치를 착취하는 구체적인 사례로 제시된다.

마지막으로 8편은 '본원적 축적'을 다룬다. 이는 자본주의로의 이행과정에서 사용된 인류 역사의 잔혹한 폭력을 적나라하게 보여준다. 알튀세르는 20세기에도 식민지 또는 신식민지에서 사용되는 폭력을 이해하기 위해 이 논의가 더 발전되어야 한다고 지적한다.

오늘도 『자본』을 연구하는 것은 여전히 필수적이다. 마르크스의 이론을 발전시키는 것이 현실의 계급투쟁을 분석하는 데 핵심적이기 때문이다. 특히 알튀세르는 자본주의적 생산관계가 세계적으로 확대되는 경향을 연구하는 것이 마르크스의 계획의 일부였음을 상기시키면서 '제국주의' 분석의 필요성을 제기한다. 『자본』은 세계적 차원의 착취관계를 분석하기 위한 과학적 개념들을 제시하고 있기 때문에 지속적으로 발전시켜야 한다(Althusser, 1969b; 1968a).

---

[20] 그러나 노동력의 지출에 의해 생산된 가치의 일부만을 표상하는 임금의 확보만으로 노동력이 재생산되는 것은 아니다. 알튀세르는 이 점에 주목하여 「이데올로기와 이데올로기적 국가장치」(Althusser, 1969a)에서 생산관계의 재생산에서 이데올로기의 기능을 분석한다.

이데올로기와 재생산

『자본』은 자본주의적 생산양식을 분석할 뿐 정치적·이데올로기적 관계들에 대해서는 별도로 분석하지 않는다. 그러나 자본주의적 생산양식의 존재는 착취의 조건의 재생산을 필요로 하며 이러한 재생산은 생산과정 외부의 실천, 즉 법·정치·이데올로기의 기능에 의존한다. 알튀세르는 「이데올로기와 이데올로기적 국가장치」(Althusser, 1969a)에서 생산의 물질적 조건의 재생산뿐만 아니라 사회적 계급 관계의 재생산을 고려하면서 구조인과성을 재개념화한다.

마르크스는 사회구성체를 건축물의 은유, 즉 생산력과 생산관계의 통일로서 경제적 토대와 법·정치·이데올로기를 포함하는 상부구조라는 토픽으로 제시한다. 이 같은 건축물의 은유는 토대 없이 상부구조가 설 수 없다는 의미에서 경제에 의한 '최종심에서의 결정', 즉 토대의 인과성을 지적하는 동시에 상부구조의 '상대적 자율성'과 토대와의 '상호작용'이라는 또 다른 인과성의 문제를 제기한다.

그러나 이것은 단지 묘사적인 형태로 문제를 제기하기만 할 뿐, 법·정치·이데올로기의 기능작용에 대한 분석을 결여한다. 따라서 알튀세르는 상부구조의 인과성을 사고하기 위해 재생산의 관점에 기초하여 그 특성을 분석할 필요성을 제기한다.21) 이는 핵심적으로 국가와 이데올로기의 문제, 즉 국가장치를 통해 실현되는 이데올로기의 기능이 자본주의적 생산양식의 재생산에서 담당하는 역할과 관련된다.

---

21) 그러나 이것이 토대에 대한 이론에 상응하는 상부구조에 대한 이론을 추가하는 것을 의미하지는 않는다. 재생산의 관점이 도입됨으로써 토대와 상부구조를 갖는 사회구성체라는 토픽은 사실상 소멸하고 재생산이라는 새로운 토픽이 제시되기 때문이다(Balibar, 1991).

이데올로기적 국가장치

알튀세르는 국가를 지배계급의 억압적 장치로 사고한 마르크스와 레닌의 국가론에서 출발한다. 그러나 국가의 메커니즘을 분석하기 위해서는 이러한 고전적 정의를 넘어서 자본주의적 생산양식의 재생산에서 국가가 담당하는 역할을 고려하지 않으면 안 된다. 여기서 이데올로기적 국가장치가 핵심적인 개념으로 등장한다.

마르크스의 『프랑스 내전』과 레닌의 『국가와 혁명』 같은 고전에서 국가는 억압적 국가장치(repressive state apparatus)로 인식된다. 국가는 지배계급이 노동자계급을 자본주의적 착취에 종속시키는 억압의 '기계'다. 따라서 국가는 핵심적으로 억압장치다. 협의의 전문화된 억압장치로서 군대·경찰·법정·감옥 등이 있고, 그 위에 국가의 머리로서 관료제가 있다.

그러나 재생산의 관점에서 볼 때 국가를 억압장치로 정의하는 것만으로는 불충분하다. 먼저 국가장치와 국가권력을 구별하는 것이 필수적이다. 국가권력의 점유에 변동을 가져오는 정치적 사건들에도 불구하고 국가장치는 여전히 유지되기 때문에 프롤레타리아는 국가권력을 장악함과 동시에 기존의 국가장치를 파괴하고 그것을 새로운 프롤레타리아 '국가장치'로 대체하지 않으면 안 된다.[22]

알튀세르는 국가장치와 국가권력을 구별하는 동시에 그 작동방식을 중심으로 억압적 국가장치와 이데올로기적 국가장치(ideological state apparatus)를 구별한다. 관료제·군대·경찰·법정·감옥 등이 '주로' 폭력에 의해 기능하는 억압장치라면, 교회·가족·학교·법·정당·

---

[22] 이는 피착취계급이 착취계급과 동일한 형태로 권력을 행사할 수 없다는 사실에서 기인하는 것으로서 도덕적인 의미가 아니라 물질적인 의미에서의 불가능성이다. 즉, 국가장치는 물질적으로 노동자계급을 '위해' 기능하지 않는다(Balibar, 1972). 또한 기존의 국가장치를 대체하는 새로운 유형의 조직으로서 평의회(코뮌·소비에트)는 정확히 말해서 국가장치가 아니다. 노동자의 대중적 정치조직으로서 평의회는 기존의 국가장치를 파괴한다.

노조·언론매체 등은 '주로' 이데올로기에 의해 기능하는 이데올로기장치다.

억압적 국가장치와 이데올로기적 국가장치는 작동방식뿐만 아니라 존재양식에서도 구별된다. 국가권력을 점유한 특정 계급의 정치적 대표자들에 의해 조직된 '단일한' 전체로서 억압적 국가장치와 달리 이데올로기적 국가장치는 '복수'로 존재한다. 이러한 복수의 이데올로기적 국가장치의 통일성은 사전에 보증되지 않는다. 왜냐하면 '상대적으로 자율적'인 이데올로기적 국가장치는 계급투쟁의 효과를 표현하는 모순의 현실적인 장소이기 때문이다.

그렇다면 이질적인 이데올로기적 국가장치의 통일성은 어떻게 확보되는가? 이데올로기가 항상 지배이데올로기에 의해 통일되는 한에서 이데올로기적 국가장치는 이데올로기의 기능에 의해 통일된다. 다시 말해서 다양한 이데올로기적 국가장치를 통일시키는 것은 바로 지배이데올로기, 즉 지배계급의 이데올로기의 기능이다.

따라서 이데올로기적 국가장치 내부에서 지배계급의 능동성은 필수적이다. 궁극적으로 이데올로기적 국가장치 내부에서 지배이데올로기의 통일성이 실현되지 않는다면, 즉 이데올로기적 국가장치에서 지배계급의 헤게모니가 관철되지 못한다면, 어떤 지배계급도 장기간 국가권력을 점유할 수 없다. 그러나 지배이데올로기의 통일성은 선험적으로 보장되지 않는다. 따라서 이데올로기적 국가장치는 계급투쟁의 대상일 뿐만 아니라 계급투쟁이 전개되는 장소다.

이데올로기적 국가장치가 계급투쟁의 효과를 반영하는 모순을 내포하는 동시에 계급투쟁이 전개되는 장소라는 사실은 이데올로기적 국가장치로 간주되는 교회·가족·학교 등이 '사적'이지 않다는 것을 의미한다. 역으로 국가 또는 '정치적인 것'(the political)은 '공적'인 것으로 환원되지 않는다. 공·사의 구별은 부르주아 법에 따른 구별에 불과하며 그 법이 '권위'를 실행하는 영역에서만 유효하다. 따라서 법을 초월하여 존재하는 국가는 공적이지도 사적이지도 않으며 정치제도를 넘어 확대된다.

이러한 국가의 확대는 사회적 전체에서 국가가 하나의 심급으로 존재하지 않는다는 것을 의미한다.[23] 이 때문에 국가는 장치를 통해 실현되는 그 기능의 측면에서 파악될 필요가 있다. 억압적 국가장치는 강제력을 통해 이데올로기적 국가장치의 작동을 위한 정치적 조건을 보장하고, 이데올로기적 국가장치는 억압적 국가장치가 제공하는 '보호' 뒤에서 생산관계의 재생산을 보장한다.

그렇다면 생산관계의 재생산이란 무엇인가? 한 사회는 생산과 동시에 생산의 조건을 재생산해야 한다. 이러한 재생산은 역사적으로 특수한 생산관계의 우위 하에서 생산력의 재생산을 의미한다. 따라서 자본주의적 생산관계의 재생산에서 노동력의 재생산은 그 핵심적 계기를 구성한다.

알튀세르는 노동력의 재생산이 단순한 물질적 조건, 즉 임금의 확보만으로 이뤄지지 않는다는 점을 지적한다. 즉, 노동력의 재생산은 임금뿐만 아니라 '노-하우'를 의미하는 숙련의 재생산을 필요로 한다. 상이한 직종과 직무에 적합한 기술과 지식을 습득하지 않은 노동력은 사용 가능한 노동력이 아니기 때문이다.

이러한 숙련의 재생산은 점차 생산의 외부, 특히 자본주의적 학교에서 이루어진다. 즉, 아이들은 학교에서 읽고 쓰고 셈하는 기본적인 것들을 배울 뿐만 아니라 다양한 직업에 직접적으로 유용한 것들, 즉 육체노동자와 지식노동자(기술·관리자)에게 적합한 숙련을 배운다.

그러나 이러한 숙련이 학교에서 배우는 전부가 아니다. 아이들은 학교에서 분업의 담지자들이 준수해야만 하는 태도, 훌륭한 행동의 '규칙'을 배운다. 이것은 궁극적으로 계급지배에 의해 확립된 질서

---

[23] 발리바르는 국가와 (시민)사회라는 전통적인 대립쌍을 비판하면서 국가장치가 국가와 사회의 대립을 만들어낸다고 지적한다. 국가장치의 기능을 통해 정치적 지배가 실현됨으로써 계급관계가 은폐되고 정치권력은 계급독재가 아니라 사회에 대한 국가 자체의 지배로 나타난다는 것이다. 특정 계급의 대표자는 장치의 구조 때문에 그리고 거기서 점유하는 지위 때문에 사회의 대표자로 전환되고 재생산된다(Balibar, 1972).

『레닌과 철학』 149

의 규칙이다.

요컨대 노동력의 재생산은 숙련의 재생산과 동시에 분업의 규칙에 대한 복종의 재생산을 필요로 한다. 즉, 학교는 노동의 담지자의 측면에서는 지배이데올로기에 대한 복종을 확립하고, 착취와 억압의 담지자의 측면에서는 지배이데올로기의 '실천'에 대한 숙달을 보장한다.

이러한 의미에서 학교는 자본주의 사회에서 지배적인 이데올로기적 국가장치다.[24] 모든 이데올로기적 국가장치가 자본주의적 생산관계의 재생산에 기여하지만, 그 중에서도 학교는 지배이데올로기와 이것으로 포장된 노-하우를 반복해서 가르친다. 또한 학교는 이데올로기를 정화하는 보편적이고 자연적인 환경으로 표상된다. 이는 봉건제 사회에서 교회가 자연적이고 유용하며 은혜로운 것으로 표상되던 것과 마찬가지다.

그러나 학교는 지배이데올로기를 생산하는 것이 아니라 그것을 주입하고 재생산할 뿐이다. 여기서 알튀세르는 학교에서 반복적으로 가르치는 지배이데올로기가 무엇이며 이것이 어디서 유래하는 것인지를 명시적으로 언급하지는 않는다. 다만 그는 특정한 이데올로기는 항상 계급적 입장을 표현하기 때문에 이에 대한 이론은 최종적으로 생산양식의 역사와 그 내부에서 전개되는 계급투쟁의 역사에 의존한다고 지적한다. 그러나 알튀세르는 이러한 역사적으로 특수한 이데올로기를 분석하는 것이 필수적이라고 언급하면서도 그런 이데올로기가 아니라 오히려 이데올로기 일반을 개념화한다.

---

24) 서양의 봉건제 사회에서 지배적인 이데올로기적 국가장치는 바로 교회다. 이 시기 교회는 종교적 기능뿐만 아니라 교육·언론·'문화'의 대부분의 기능을 수행한다. 그러나 현대에 이르러 교회의 이러한 기능은 다양한 이데올로기적 국가장치로 분산된다. 알튀세르는 과거 교회가 담당하던 교육적 기능을 물려받은 학교를 지배적인 이데올로기적 국가장치로 파악하면서 '교회-가족 쌍'을 '학교-가족 쌍'이 대체한다고 말한다. 이는 프랑스 부르주아지가 프랑스혁명을 거치면서 자신의 계급적 특권을 보호하고 이데올로기적 헤게모니를 장악하기 위해 학교교육의 확립에 주력한 프랑스적인 특수성과도 관련된다.

이데올로기 일반

마르크스는 이론적 인간주의와 절단함으로써 '주체 없는 과정'으로서 역사를 분석하지만, 주체가 구성되는 구조로서 이데올로기에 대한 이론을 제공하지는 않는다. 알튀세르에 따르면, 『독일 이데올로기』의 이데올로기론은 마르크스주의적이지 않고, 이데올로기에 관한 많은 암시를 제시하고 있는 『자본』도 이데올로기 그 자체를 분석하지는 않는다. 따라서 알튀세르는 마르크스의 이데올로기론에 내재한 한계를 극복하고 역사유물론에 적합한 이데올로기 일반에 대한 이론을 제시하려고 시도한다.

한편으로 마르크스는 『독일 이데올로기』에서 이데올로기를 순수한 환상(illusion)으로 간주한다. 따라서 이데올로기는 자신의 역사를 갖지 않는다. 이는 이데올로기의 역사가 그 외부에, 즉 유일하게 존재하는 역사로서 구체적 개인들의 역사에 존재하기 때문이다. 이 때 이데올로기는 현실의 '잔여', 즉 현실의 전도로서 공허한 반영에 지나지 않는다. 그러나 다른 한편으로 『경제학 비판을 위하여 1분책』의 「서문」에서 마르크스는 '인간들이 자신들의 갈등을 의식하고 그것을 투쟁으로써 해결하는(ausfechten) 이데올로기적 형태'라는 구절을 통해 환상이 아닌 현실로서 정치를 이데올로기와 결부시킨다(Althusser, 1976b).

이처럼 순수한 환상으로서 이데올로기와 고유한 인과성을 갖는 이데올로기 사이에서 동요하는 마르크스의 한계를 극복하기 위해 알튀세르는 이데올로기는 역사를 갖지 않는다는 테제의 의미를 변화시킨다. 알튀세르에 따르면, 이데올로기 일반은 계급투쟁의 역사 전반에 걸쳐 어디서나 존재하며 불변의 구조와 기능을 갖는다. 또한 이데올로기는 현실의 '잔여'가 아니기 때문에 이데올로기에 대한 과학적 인식이나 심지어 현실의 변혁도 이를 대체할 수는 없다. 따라서 이데올로기는 역사를 갖지 않는다. 절대적으로 긍정적인 의미를 갖는 알튀세르의 이 테제는 이데올로기의 영원성을 지시한다.

영원 불변의 구조를 갖는 이데올로기 일반은 가상성, 물질성(또는 현실성), 상징성을 그 특징으로 한다. 첫째, 이데올로기는 개인과 그 현실적 존재조건 사이의 가상적 관계를 표상한다.25) 여기서 인간이 현실적 존재조건을 가상적으로 표상하는 것이 아니라는 점이 중요하다. 포이어바흐의 영향을 받은 청년 마르크스는 『유다인 문제』 등에서 인간이 자신의 존재조건에 대해 소외된 가상적 표상을 만들어내는 것은 존재조건 자체가 소외를 낳기 때문이라고 주장한다. 따라서 현실 세계에 대한 가상적 표상의 '원인'이 현실 그 자체이므로 이를 변혁하는 것이 문제가 된다.

그러나 모든 이데올로기가 그것의 필연적 가상 속에서 표상하는 것은 인간의 현실적 존재조건이 아니라 인간이 자신의 현실적 존재조건과 맺는 '관계'다. 따라서 가상적 표상의 원인이라는 질문은 더 이상 문제가 되지 않으며 오히려 현실적 존재조건으로 환원되지 않는 가상적 관계의 본질과 그것의 기능이라는 질문이 제기된다. 이는 이데올로기 일반에 관한 다음 두 가지 테제와 관련된다.

둘째, 이데올로기는 물질적으로 존재한다. 이는 이데올로기가 장치와 장치의 실천 속에서 존재한다는 의미다. 또한 이데올로기적 표상 속에서 살아가는 개인들의 측면에서는 그들이 현실적 존재조건에 대해 맺는 가상적 관계가 물질적이라는 것을 의미한다.

개인은 이데올로기적 가상 속에서 '의식'을 지닌 '주체'로 구성된다. 또 이로부터 개인은 이러저러한 방식으로 행동하고 이러저러한 실천에 참여한다.26) 요컨대 의식을 부여받고 그 의식이 고무하고

---

25) 이데올로기의 가상성에 관한 테제는 알튀세르의 초기 이데올로기론을 계승한 것이다. 「마르크스주의와 인간주의」(Althusser, 1963c)에서 알튀세르는 이데올로기를 인간이 그 존재조건과의 관계를 체험하는 방식으로 정의한다. 이 때 체험된 관계는 곧 가상적 관계를 의미한다.
26) 예컨대 신을 믿는 개인은 교회에 가서 미사에 참여하여 무릎을 꿇고 기도하며 고백하고 회개한다. 마찬가지로 정의를 신봉하는 개인은 법에 무조건적으로 복종하고 법의 위반에 저항하고 청원하며 시위에 참여한다.

자유롭게 수용하는 관념을 믿는 모든 주체는 그의 관념을 물질적 실천의 활동 속에 각인한다. 그리고 이러한 실천은 이데올로기장치의 물질적 실존 내부에서 의례(rituals)에 의해 지배된다.

따라서 이데올로기에 의한 것이 아닌 실천, 이데올로기 내부에서가 아닌 실천은 존재하지 않으며, 주체에 의한 것이 아닌 이데올로기, 주체를 위한 것이 아닌 이데올로기는 존재하지 않는다. 이데올로기는 주체라는 개념 및 그 기능작용과 분리될 수 없다. 이로부터 '호명'(intepellation) 테제로 잘 알려진 이데올로기에 관한 세 번째 테제가 제시된다.

셋째, 이데올로기는 상징을 매개로 해서 모든 구체적 개인을 구체적 주체로 호명한다. 여기서 주체는 일차적으로 '자명한' 것이다. 이것은 이데올로기적 효과의 하나인데, 개인은 이에 따라 스스로를 주체로 인식한다. 이것이 바로 이데올로기적 인식(recognition)과 몰인식(misrecognition)의 기능이다.

알튀세르는 개인이 이데올로기적 인식과 몰인식의 의례를 끊임없이 실천함으로써 항상 이미 주체로 존재한다고 지적한다. 이 의례의 실천이 우리가 구체적이고 개별적이며 구별가능하고 대체불가능한 주체라는 것을 보증해주기 때문이다. 우리가 이름을 갖고 이름으로 불린다는 사실, 이것이 부단한 이데올로기적 인식과 몰인식의 실천이다.

알튀세르는 기독교이데올로기를 하나의 사례로 제시하면서 이데올로기적 인식과 몰인식의 실천 속에서 주체가 구성되는 방식을 제시한다.[27] 기독교이데올로기는 개인을 호명함으로써 그들을 주체

---

[27] 초기 알튀세르의 이데올로기론은 특수한 이데올로기로서 인간주의를 비판하는 데 초점을 맞춘다. 이는 인식론적 관심에서 비롯된 것으로 과학과 구별되는 표상체계로서 이데올로기가 담당하는 '실천적·사회적' 기능을 과학적 담론을 통해 비판하는 것을 목표로 한다. 알튀세르는 이러한 인간주의 또는 인간학 비판의 기획을 주체를 구성하는 이데올로기 일반의 구조에 대한 이론화로 확장한다. 그리고 이러한 구조에서 법이데올로기가 그 원형으로 간주된다. 여기서 그가 사례로 제시하는 기독교이데올로기 역시 상징적 법을 전제하는 것이다.

『레닌과 철학』 153

로, 신의 명령에 자유롭게 복종하거나 불복종하는 주체로 변형한다. 이러한 개인의 주체로의 호명은 유일하고 중심적인 존재, 즉 신을 전제한다.

알튀세르는 대주체(Subject)로서 신과 대주체에 예속된 소주체(subjects)로서 종 사이의 관계를 이중의 거울구조로 제시한다. 이 구조에서 절대적인 대주체는 중심의 유일한 자리를 점하고 그 주변의 무수한 개인을 소주체로 호명한다. 호명은 소주체를 대주체에게 예속시킨다. 신에게 호명된 소주체는 대주체의 반영인 동시에 대주체 안에서 자신의 이미지를 본다. 이러한 이중의 거울은 모든 것이 실제로 그러하다는 절대적 보증의 구조다.[28] 이러한 체계 안에서 소주체는 '스스로 작동한다'. 물론 억압적 국가장치의 개입이 요구되는 '불량한' 소주체가 있지만 대부분의 '선량한' 소주체는 이데올로기적 국가장치의 의례가 지배하는 실천에 삽입됨으로써 스스로 작동한다는 것이다.

스스로 작동하는 주체라는 '이데올로기 효과'의 신비는 주체라는 용어의 모호성과 관련된다. 통상 주체는 자유로운 주체성, 결정의 중심, 활동의 책임자로 간주된다. 그러나 주체는 예속된 존재, 그의 복종을 자유롭게 수용하는 것 외에 모든 자유를 박탈당한 존재를 의미하기도 한다. 개인은 대주체의 명령에 자유롭게 복종하기 위해서 자유로운 소주체로 호명된다. 따라서 모든 주체는 예속에 의한 것, 예속을 위한 것이다.

---

[28] 이러한 이데올로기 일반의 메커니즘에서 대주체는 개인이 소주체로 구성되는 과정에서 가상적으로 동일화하는 상징을 의미한다. 「마르크스주의와 인간주의」(Althusser, 1963c)로 대표되는 초기의 이데올로기론에서는 인간이 현실세계와 맺는 관계를 체험하는 방식이 가상적이라는 것이 지적될 뿐 이러한 가상화가 상징을 매개로 한다는 것은 언급되지 않는다. 그러나 「프로이트와 라캉」(Althusser, 1964)에서 알튀세르는 라캉의 작업을 해석하면서 생물적 존재에서 인간적 존재로 나아가는 이행의 두 가지 계기를 전외디푸스적인 가상적 계기와 외디푸스적인 상징적 계기로 구분하고 상징적 법의 중요성을 강조한다.

재생산과 계급투쟁

알튀세르는 「이데올로기와 이데올로기적 국가장치」를 집필한 직후 '추기'를 통해 자신의 분석의 효과를 정정하고자 시도한다. 그 핵심은 이데올로기적 국가장치 내부에서의 계급투쟁, 즉 이데올로기적 계급투쟁은 계급투쟁의 일부일 뿐이며 동시에 그러한 계급투쟁의 기원은 계급을 구성하는 생산관계라는 점을 상기시키는 것이다. 알튀세르는 이를 자신의 이데올로기에 관한 논의가 아직 '추상적'이며 재생산의 관점은 계급투쟁의 관점 속에서 이해되어야 한다는 식으로 정식화하고 다음의 두 가지 사항을 지적한다.

첫째, 이데올로기적 국가장치가 생산관계의 재생산에 기여하지만 생산관계의 재생산은 궁극적으로 생산·분배·유통·소비라는 경제적 과정 내부에서 실현된다. 또한 적대적 계급관계를 의미하는 생산관계의 재생산이 '기술적 분업'의 다양한 위치에 개인을 훈련·배치하는 작업만으로 설명될 수는 없다.

둘째, 이데올로기 일반의 메커니즘은 그 자체로 추상적이다. 다시 말해서, 이데올로기적 국가장치 내에서 계급투쟁을 통해 실현되는 것은 역사적으로 특수한 계급적 이데올로기이지 이데올로기 일반이 아니다. 계급적 이데올로기는 이데올로기적 국가장치가 아니라 계급의 존재조건과 실천, 그리고 투쟁경험으로부터 발생한다.

이상의 두 가지 논점을 지적함으로써 알튀세르는 생산관계의 재생산의 전체적 과정과 계급적 이데올로기의 발생을 사고하기 위해서는 이데올로기적 국가장치를 넘어서는 계급투쟁의 관점이 필수적이라고 강조한다.

그러나 이러한 언급에도 불구하고 억압적 국가장치 및 이데올로기적 국가장치의 기능작용에 대한 알튀세르의 분석은 계급투쟁의 가능성을 배제하고 사회를 그 제도의 기능에 의해 설명하는 '기능주의'라는 비판에 직면한다. 이에 대해 알튀세르는 「이데올로기적 국가장치에 대한 노트」(Althusser, 1976c)에서 이데올로기적 국가장치와 그 기능작용에 대한 계급투쟁의 우위를 주장하면서 '추기'에서의 논의를 부연한다.

알튀세르는 이데올로기적 국가장치가 계급투쟁의 대상이자 장소라는 점을 상기시키면서 이데올로기적 국가장치에서 지배이데올로기의 실현이 자동적인 과정이 아니라는 것을 재차 강조한다. 지배이데올로기란 기정 사실이 아니라 그 자체로 지난한 계급투쟁의 결과이기 때문이다. 따라서 지배이데올로기는 이질적이고 모순적인 이데올로기적 요소들을 계급투쟁을 통해 통일하고 쇄신하는 투쟁 속에서만 재생산될 수 있다. 또한 이는 계급투쟁에 종속된 채 끊임없이 재개될 수밖에 없는 항상 이미 미완의 투쟁이다.

알튀세르의 이데올로기론에 대한 또 다른 반론은 혁명정당의 성격과 관련된 것이다. 모든 정당이 이데올로기적 국가장치이며 지배이데올로기의 실현에 봉사하는 것이라면 혁명정당은 존재할 수 없다는 것인가?

알튀세르는 '정치적인 이데올로기적 국가장치'로서 대의제가 선거에 참여하는 개인의 자유와 평등이라는 이데올로기에 의해 기능한다고 지적한다. 정당은 이러한 이데올로기에 의해 형성된 것이다. 즉 자유와 평등의 인권이라는 이데올로기가 정당이라는 정치적인 이데올로기적 국가장치를 만들었으며, 역으로 인권이라는 정치적 이데올로기는 이 장치 속에서 명확한 형태를 취한다. 이러한 과정이 계급투쟁의 결과라는 점이 중요하다. 정당의 존재는 계급투쟁을 배제하지 않으며 오히려 계급투쟁에 기초한다.

이처럼 계급투쟁의 우위라는 관점에서 이데올로기적 국가장치의 기능양식을 이해할 경우 대의제라는 부르주아 민주주의와 혁명정당이 양립불가능한 것은 아니다. 그러나 알튀세르는 혁명정당이 어떤 상황에서도 '통치정당'(party of government)이 되어서는 안 된다는 점을 강조한다. 이는 유로공산주의나 프롤레타리아 독재에 관한 논쟁에서 아주 중요한 함의를 갖는다. 통치정당이 된다는 것은 국가와 정당의 결합을 의미하고, 이는 곧 부르주아 국가에 봉사한다는 것 또는 프롤레타리아 독재 시기에 국가를 영속시킨다는 것을 의미하기 때문이다.

혁명정당으로서 공산당은 계급투쟁을 강화하기 위한 정세적 필요에 따라서만 정부에 참여할 수 있다. 그러나 이 경우에도 공산당이 다른 부르주아 정당과 유사하게 될 위험이 존재한다는 데 주목해야 한다. 알튀세르는 이러한 위험이 항상 존재하는 것이라고 강조함으로써 프롤레타리아 계급투쟁에 대한 부르주아 계급투쟁의 우위라는 현재의 조건을 상기시킨다.

계급투쟁은 단순히 사회적 불의와 불평등 또는 심지어 자본주의적 착취에 대한 노동자계급의 투쟁의 결과가 아니다. 다시 말해서, 계급투쟁은 착취의 주어진 조건 속에서 전개되는 프롤레타리아 계급투쟁, 그리고 이에 대한 부르주아지의 대응이 아니다. 알튀세르는 이것이 계급투쟁에 대한 잘못된 표상이라고 지적하면서 착취조건이 일차적이라는 점, 즉 착취가 이미 계급투쟁이기 때문에 부르주아 계급투쟁이 프롤레타리아 계급투쟁에 대해 선차적이라는 점을 강조한다.

이는 계급투쟁이 근본적으로 비대칭적이라는 점을 시사하는 것이기도 하다. 프롤레타리아 계급투쟁의 존재조건과 실천형태는 부르주아 계급투쟁의 그것들과 어떤 공통점도 갖지 않는다. 마찬가지로 계급적 이데올로기들도 근본적으로 비대칭적이다. 이는 프롤레타리아 이데올로기가 부르주아 이데올로기의 전도가 아니라 전혀 다른 가치를 갖는 이데올로기, 즉 비판적이고 혁명적인 이데올로기임을 의미한다.

그러나 프롤레타리아는 부르주아 국가의 지배와 그 위협이라는 효과에 종속되어 있고 또한 지배이데올로기의 자명성에 종속되어 있기 때문에, 자신의 이데올로기를 실현하는 조직형태와 운동형태를 만들어내기 위해 지배이데올로기와 경계선을 그어야만 한다. 그리고 이는 장구한 투쟁 속에서만 성취될 수 있는 것이다.

평가

『레닌과 철학』 시기의 알튀세르의 작업은 『마르크스를 위하여』, 『자본』을 읽자』로 대표되는 초기 작업에 대한 정정의 성격을 지닌다. 먼저 레닌의 철학적 실천에 준거하여 철학이 재정의된다. 이는 철학에서 정치의 계기를 사고한 결과다. 이에 따라 철학은 '이론적 실천의 이론'이 아니라 '이론에서의 계급투쟁'을 대표하는 것으로 정정된다. 이제 마르크스주의 철학의 임무는 과학적 실천의 객관성을 '보증'하는 것이 아니라 관념론적 경향에 맞서 '투쟁'함으로써 마르크스주의 과학과 정치에 '봉사'하는 것이다. 이러한 철학은 인식론이 아니라 근본적으로 정치적인 실천이다.

철학의 재정의는 유물론의 우위 아래 인식론으로서 변증법을 상대화하는 것이기도 하다. 이 과정에서 초기의 지식생산의 일반이론에서 중요한 위치를 차지하던 '인식론적 절단'에 대한 관념도 변화한다. 먼저 절단은 일회적인 사건이 아니라 인식이 무한히 작업하고 진보하는 한에서 계속 작용하는 것이다. 따라서 절단은 계속적인 것이다(Balibar, 1993a).

이에 따라 마르크스에 대한 헤겔의 영향도 다시 사고된다. 『자본』에도 헤겔의 영향은 잔존하며 이는 『자본』 연구의 실질적인 장애로 기능한다. 따라서 헤겔의 영향을 반영하는 인식과정의 방법으로서 변증법은 축소되어야 한다. 그러나 헤겔에 대한 재평가 속에서 역사과정에 대한 인식방법으로서 변증법은 오히려 강조된다. 그 핵심은 '주체 없는 과정'으로서 역사에 대한 인식이다. 헤겔 변증법에 대한 이러한 재평가는 역사과학의 특수한 대상으로서 현실의 모순에 착목하는 것이다.

알튀세르는 이로부터 계급투쟁을 분석하는 역사과학의 특수성에 대한 인식으로 나아간다. 역사과학은 노동자운동의 수중에서 혁명의 이론적 무기가 되는 특수한 과학이다. 이러한 이론과 실천의 '융합'이라는 계기로 인해 마르크스주의 과학의 발전과 수용 과정에서 계급적 입장의 중요성이 강조된다. 마르크스가 계급사회의 메커니즘에 관한 과학적 지식을 생산할 수 있었던 것은 사고과정 내부의 절단의 효과가 아니라 당대 계급투쟁의 이론적 효과로 간주된다. 이는 '자기비판'으로 명명된 작업의 방향을 상징하는 것이다.

엘리어트(Elliott, 1987)의 해석과는 달리, 이 시기 계급투쟁에 대한 알튀세르의 강조는 구조와 행위자의 대립 속에서 행위자의 의식적 실천을 강조하는 의지주의로 간주될 수 없다. 이데올로기에 대한 알튀세르의 분석은 가상적 관계의 필연성 속에서 의식이 아니라 무의식을 강조하는 것이며 경제의 결정작용과는 다른 차원의 또 하나의 결정작용을 사고하는 것이기 때문이다.

알튀세르의 초기 작업에서는 이데올로기가 주로 인식과정론의 한 요소로 다뤄지면서 과학과의 관계 속에서 파악된다. 그러나 『레닌과 철학』에서 이데올로기는 단지 비과학이 아니라 고유한 물질성을 갖는 역사적 현실로 간주된다. 알튀세르는 이러한 이데올로기의 물질성(또는 현실성)을 분석함으로써 역사과학에 적합한 마르크스주의적 이데올로기 개념을 제시하고자 한다.

알튀세르는 무의식 일반의 이론을 제시하려는 프로이트의 정신분석학과 유비하면서 이를 이데올로기 일반의 이론으로 기획한다. 여기서 프로이트의 '무의식은 영원하다'는 테제는 '이데올로기는 역사를 갖지 않는다'는 테제와 유비된다. 이러한 유비는 알튀세르가 초기 작업에서부터 보여준 '프로이트와의 동맹'이 여전히 유지되고 있음을 보여준다.

그러나 이 동맹은 점차 불안정성을 드러낸다. 1969년에 알튀세르는 영역자에게 보낸 편지에서 「프로이트와 라캉」의 주요 내용을 수정한다. 이 편지에서 그는 논문 마지막 부분의 가족이데올로기의 형태에 관한 분석을 언급하면서 가족이데올로기의 형성에 관한 이론은 최종심에서 역사유물론에 의존할 수밖에 없고, 따라서 어떤 정신분석학적 이론도 역사유물론에 기초하지 않을 수 없다고 주장한다.[29] 이는 한편으로는 개인의 역사를 다루는 정신분석학의 한계를 지적하는 것이며, 다른 한편으로는 역사적으로 특수한 이데올로기에 대한 분석이 역사유물론의 과제임을 시사하는 것이다. 그러나 알튀세르 자신은 역사적으로 특수한 이데올로기로서 계급적 이데올로기를 분석하지 않으며 오히려 이데올로기 일반에 관한 이론화를 시도한다.

알튀세르의 이데올로기 일반에 관한 이론화의 가장 큰 난점은 마르크스를 따라 그가 지배이데올로기를 지배계급의 이데올로기로 간주하는 것과 관련된다. 이는 지배계급의 이데올로기와 구별되는 피지배계급의 이데올로기를 전제하는 것이지만, 피지배계급의 이데올로기적 능동성을 해명하는 데 곤란을 내포한다. 특히 '호명 테제'는 이데올로기적 갈등을 개인의 가상의 수준에 위치시킴으로써 집단적 수준에서 이데올로기적 반역의 가능성을 설명하지 못한다.[30]

이와 관련하여 발리바르는 지배이데올로기를 지배계급의 이데올로기가 아니라 피지배계급의 이데올로기의 특수한 보편화로 정의한다. 이 때문에 착취에 모순이 존재하는 것과 마찬가지로 이데올로기적 지배에도 모순이 존재하는 것이다. 피지배계급이 지배이데올로기의 보편성, 즉 자유와 평등의 관념을 있는 그대로 받아들이면서 그에 따라 집합적으로 행동하기 시작할 때 그들은 더 이상 기존의 질서를 인정하지 않고 이에 대항하여 반역할 것이기 때문이다(Balibar, 1991).

---

29) 편지의 내용은 『레닌과 철학』에 실린 「프로이트와 라캉」의 '편집자 해설'에 소개되어 있다.
30) 그러나 알튀세르가 이론적 반인간주의의 관점에서 이데올로기에 의한 주체의 구성이라는 문제를 역사유물론의 일부로 제시하려고 한 시도가 그 자체로 무용한 것은 아니다. 이데올로기적 국가장치를 중심으로 하는 국가의 기능에 관한 분석은 상부구조를 구조의 단순한 반영으로 간주하는 기계적 결정론과 단절하는 것일 뿐만 아니라 역사의 원인의 복잡성을 사고하는 과잉결정론의 의미를 복권시키는 함의를 갖는다. 그러나 알튀세르는 이데올로기적인 형태의 계급투쟁을 포함하여 모든 계급투쟁의 근원이 경제적 토대에 있다고 지적하면서 경제에 의한 '최종심에서의 결정'을 고수한다.

발리바르의 이러한 논의는 알튀세르의 분석 속에 불안정한 형태로 존재하는 프로이트-마르크스주의적 기획을 대신해서 스피노자-마르크스주의적 기획을 통해 이데올로기를 사고한 결과다. 발리바르는 스피노자의 인간학을 원용하여 개인적인 것과 집합적인 것의 상호작용으로서 '초개인적인 것'(the transindividual)을 사고하면서 이데올로기 일반의 메커니즘을 '집단적 상징의 개인적 가상화'로 제시한다(Balibar, 1989c).

나아가 발리바르는 프랑스혁명 이후 현대정치의 이데올로기적 형식에 주목함으로써 정치이데올로기를 중심으로 역사적으로 특수한 이데올로기를 인식할 것을 제안한다. 정치에 대한 보편적 권리를 천명한 프랑스혁명 이래 현대정치는 '인권의 정치'를 통해 사고되고 실천된다. 여기서 인권을 표상하는 보편적 상징이 갈등성을 내포하기 때문에 정치이데올로기가 분화된다. 이러한 집단적 상징의 갈등성에 대한 인식은 갈등을 가상의 수준에 위치짓는 프로이트-마르크스주의의 난점을 극복하는 것이다(Balibar, 1989b).

발리바르에 따르면, 예속된 주체(*subjectus*)로서 신민은 1789년 프랑스혁명과 더불어 주권적 주체(*subjectum*)로서 시민으로 비가역적으로 이행한다. 발리바르는 이를 '시민의 주체로의 생성'이라고 부른다. 시민은 단지 그가 다른 모든 인간과 평등하기 때문에 자유로운 사람이다. 그러나 이런 시민의 형상을 제도화하는 과정에서 누가 시민인가를 둘러싸고 현대정치로서 인권의 정치가 개시된다는 것이다(Balibar, 1989a).

이처럼 발리바르는 철학으로 환원되지 않는 현대정치의 이데올로기적 형식으로서 '인권의 정치'에 준거하여 역사적으로 특수한 이데올로기로서 정치이데올로기를 분석함으로써 역사적으로 특수한 이데올로기의 중요성을 지적하면서도 이데올로기 일반만을 이론화하는 알튀세르의 한계를 극복한다.[31]

---

31) 더 자세한 설명은 윤소영(1996, 2006)을 참조하시오.

『자기비판을 위한 에세이』

공민석

해제

　『마르크스를 위하여』, 『'자본'을 읽자』가 발표된 이후, 1967년부터 1976년에 이르는 동안 알튀세르의 이론적 작업은 이전의 작업에 대한 자기비판으로 특징지어진다. 『자기비판을 위한 에세이』에서 그는 『철학과 과학자들의 자생적 철학』과 『레닌과 철학』에서 개시된 자기비판을 더욱 심화한다. 당대의 정세에 의해 과잉결정된 이 시기의 자기비판은 자신의 이론의 내재적 긴장을 해결하는 동시에 레닌주의를 통해 마르크스주의의 과학적·혁명적 성격을 강조하려는 시도로 볼 수 있다.

　1968년 5월 이후 알튀세르는 스탈린주의에 대한 대안으로서 레닌주의라는 정통을 확립하고자 시도한다. 그는 이론에서의 계급투쟁을 강조하면서 철학을 '최종심에서 이론에서의 계급투쟁'으로 정의한다. 이에 따라 절단 개념이 정정되고 역사과학은 '혁명적 과학'으로 재정의된다. 이 시기 그의 이론적 작업은 인식론적 절단 개념의 정정, 스탈린주의 비판과 레닌주의의 복원으로 집약된다.

1972년에 알튀세르는 인간주의적 관점에서 자신을 비판하는 존 루이스의 「알튀세르의 주장」에 대한 반론으로 「존 루이스에 대한 답변 (자기비판)」(Althusser, 1972a, 이하 「답변」)을 영국공산당 이론지 『오늘의 마르크스주의』(*Marxism Today*)에 연재한다. 여기서 그는 철학의 정의를 '이론에서의 계급투쟁'으로 정정하고, 이에 기초하는 자기비판의 내용을 개괄적으로 소개한다. 「답변」은 수정을 거쳐 1973년에 『존 루이스에 대한 답변』이라는 제목의 단행본으로 출판되는데, 여기에는 스탈린주의에 대한 인간주의적 비판의 한계를 반비판하는 「'개인숭배 비판'에 관한 노트」(Althusser, 1972b), 인간주의를 비판하면서 역사의 원동력으로서 계급투쟁을 강조하는 「'주체도 목적(들)도 없는 과정'이라는 범주에 관한 논평」(Althusser, 1973)이 부록으로 수록된다.

알튀세르의 자기비판은 「자기비판의 요소들」(Althusser, 1972c)에서 더욱 체계적인 형태로 제시된다.[1] 여기서 알튀세르는 '절단', '과학과 이데올로기', '구조주의', '스피노자', '철학에서의 경향'이라는 다섯 가지 쟁점을 중심으로 자기비판을 심화한다. 「자기비판의 요소들」은 마르크스의 절단이 정치적·철학적 입장의 변화와 무관하지 않음을 강조하는 「청년 마르크스의 진화에 관하여」(Althusser, 1970b)와 함께 1974년에 단행본 『자기비판의 요소들』로 출판된다.

알튀세르는 1975년 6월에 아미앵의 피카르디대학에 국가박사학위논문을 제출한다. 심사를 위해 그가 제출한 저서는 『몽테스키외: 정치와 철학』, 『포이어바흐의 '철학적 선언들'』(역서), 『마르크스를 위하여』, 『'자본'을 읽자』 등 초기작업으로 한정된다. 이때 심사위원회에 제출된 구두발제(실은 공개강연)의 텍스트인 「철학에서 마르크스주의자가 되는 것은 쉬운 일인가? 아미앵의 주장」(Althusser, 1975, 이하 「아미앵의 주장」)은 『사상』(*La Pensée*) 1975년 10월호

---

1) 「자기비판의 요소들」은 원래 『존 루이스에 대한 답변』에 수록될 예정이었으나, 『존 루이스에 대한 답변』의 주제가 철학에 관한 논의로 제한되어 있었고 또 분량의 문제도 있었기 때문에 수록되지 못한다.

에 게재된다. 이 글에서 알튀세르는 자신의 철학적 개입을 '인식과정', '최종심', 그리고 '이론적 인간주의 비판'이라는 세 가지 주제로 요약하고, 자기비판을 경유하여 변화된 입장을 종합적으로 소개한다.2)

아울러 알튀세르는 1974년 프랑스공산당 21차 당대회에 대한 논평인「새로운 것」(Althusser, 1974)을 통해 당의 정치적 결정에 개입하기 시작한다. 그는 이 논문을 당 기관지『인류』(*L'Humanite*)에 발표함으로써 당대회 결의안에 대한 공적 토론을 제기한다. 여기서 알튀세르는 레닌의 프롤레타리아 독재론에 준거해서 당의 노선을 평가한다.

이 같은 정치적 개입은 1976년 12월 공산주의학생연합 소속의 소르본대학 철학서클이 초청한 강연에서 22차 당대회에 대한 평가를 제시함으로써 더욱 심화된다. 알튀세르의 강연록인「22차 당대회에 관하여」(Althusser, 1977a)는 국가독점자본주의, 프롤레타리아 독재, 민주집중제라는 쟁점을 제기하면서 공산당이 자신의 '대중적 토대'에 주목할 것을 강조한다.

알튀세르가 역사유물론을 발전시키기 위한 철학적 개념을 제시한다면, 이를 역사유물론 연구에 적용한 것은 발리바르다. 그 역시 1960년대 전반기 자신의 이론적 시도가 이론주의적·구조주의적 편향에 의해 지배되었다고 자기비판한다. 이러한 작업은 1974년에 출판된『역사유물론 5연구』에 실린「'공산주의자 선언'의 정정」(Balibar, 1972),「역사변증법에 관하여」(Balibar, 1973),「잉여가치와 사회계급」(Balibar, 1974) 등의 논문과 1976년의 팜플렛『프롤레타리아 독재에 관하여』(Balibar, 1976)로 대표된다. 여기서 발리바르는 레닌주의

---

2) 1976년에 영어로 출판된『자기비판을 위한 에세이』는 불어판『존 루이스에 대한 답변』,『자기비판의 요소들』,「아미앵의 주장」, 그리고 프랑스공산당 21차 당대회에 관한 논평인「새로운 것」(Althusser, 1974)으로 구성된다. 영어판은 자기비판의 심화로 특징지어지는 1970-74년의 작업들을 포괄함으로써 이 시기 알튀세르의 문제의식을 명확하게 보여준다. 이 글은 영어로 출판된『자기비판을 위한 에세이』를 주된 텍스트로 삼는다.

적 관점에서 스탈린주의의 사회주의적 생산양식론을 비판하고 프롤레타리아 독재론을 정교화한다.

이 글에서는 '인식과정론', '구조인과성과 과잉결정성', '이론적 인간주의 비판'이라는 세 가지 주제를 중심으로 알튀세르의 자기비판을 검토한다. 다음으로 스탈린주의의 핵심요소인 경제주의·인간주의를 비판하고 레닌주의를 복원하기 위한 알튀세르의 시도를 고찰한다. 나아가 알튀세르의 자기비판의 결론을 역사유물론의 영역으로 확장한 발리바르의 작업을 검토한다. 마지막으로 이 시기 알튀세르와 발리바르의 이론적 기획을 평가한다.

자기비판의 심화

『마르크스를 위하여』, 『'자본'을 읽자』로 대표되는 초기 알튀세르의 이론적 개입은 경제주의와 인간주의에 맞서 마르크스주의의 과학성을 방어하려는 시도로 특징지어진다. 이를 위해 알튀세르는 스피노자에 준거해 인식과정론을 확립함으로써 마르크스의 과학성을 옹호하고자 한다. 또한 그는 경제주의와 인간주의의 핵심에 헤겔의 변증법이 자리잡고 있다고 판단한다. 헤겔 변증법의 '전도'로 환원될 수 없는 마르크스 변증법의 고유성을 이론화하기 위해 그는 스피노자에 입각해 구조인과성을 이론화한다. 스피노자로의 우회가 불가피했던 것은 바로 이러한 이유 때문이다.[3]

---

[3] 알튀세르가 스피노자를 매개로 재구성한 마르크스의 변증법은 두 가지 차원을 가진다. 인식론적 차원에서의 변증법은 연구와 서술의 방법을 의미하며, 스피노자의 인식과정론과 마르크스의 생산일반론을 결합한 것이다. 이는 모든 과학의 성립에 적용될 수 있는 방법으로 인식된다. 존재론적 차원에서의 변증법은 현실의 모순, 즉 계급투쟁을 설명하는 인과성으로서 구조인과성과 과잉결정성으로 표현된다. 구조인과성은 스피노자의 실체론과 마르크스의 사회구성체론을 결합한 것으로 데카르트의 기계적 인과성과 헤겔의 유기체적 인과성을 비판하는 함의를 갖는다.

그러나 스피노자로의 우회는 두 가지 편향을 야기한다. 한편으로 스피노자에 대한 과도한 의존은 이론주의적 편향을 야기한다. 이론주의적 편향은 마르크스주의 이론이 이론 외부적 조건들과 맺는 관계를 간과함으로써 계급투쟁의 관점을 약화시킨다. 알튀세르는 이론주의적 편향이 스피노자에 대한 과도한 의존에서 비롯되었다고 평가하고, 이를 극복하는 방향으로 자기비판을 전개한다. 그 결과 이론주의적 편향의 핵심으로 지목된 인식과정론과 인식론적 절단 개념의 위상이 축소된다.

다른 한편으로 스피노자로부터 유래하는 구조인과성 개념에서는 헤겔로부터 이어받은 긍정적 유산인 '모순' 개념이 축소되는 편향이 발생한다. 알튀세르는 자신이 구조주의적 용어법과 '불장난'을 했다는 사실을 고백하고, 스피노자의 철학에 결여되어 있는 모순 개념을 복원한다(Althusser, 1975).

자기비판의 과정에서 현실의 모순으로서 계급투쟁과 함께 계급투쟁의 이론에 대한 효과가 강조되면서, 철학은 이론의 과학성을 보증하는 '이론적 실천의 이론'이 아니라 '최종심에서 이론에서의 계급투쟁'으로 재정의된다. 동시에 역사과학은 철학에 의해 보증되는 과학 일반이 아니라 '계급투쟁의 조건, 메커니즘, 형태'에 대한 과학으로 재정의되고, 그것이 성립되는 과정은 계속적인 절단의 과정으로 규정된다(Althusser, 1972a; 1972c).

그러나 일련의 자기비판 과정에도 불구하고 이론적 인간주의에 대한 비판은 더욱 진전된다. 그는 '역사의 주체'라는 인간주의적 문제설정을 기각하고, 역사의 원동력으로서 계급투쟁을 강조한다. 이 과정에서 역사는 '주체도 목적도 없는 과정'으로 인식된다.

인식과정론

『철학과 과학자들의 자생적 철학』과 『레닌과 철학』에서 철학은 역사과학의 과학성을 보증하는 '이론적 실천의 이론'이 아니라 과학 및 정치와 특별한 관계를 맺는 일종의 '이론적 이데올로기'로 간주된다. 철학은 계급적 입장을 이론적으로 대표하는 유물론과 관념론 사이의 전장(Kampfplatz)으로 인식되고, 대립적인 입장들 사이의 '경계선'(line of demarcation)을 긋는 작업이 강조된다(Althusser, 1975).

그러나 알튀세르는 이 같은 최초의 자기비판이 '즉흥적 타협', '반쪽짜리 해결'에 불과하다고 평가하면서 철학에서 계급투쟁을 더욱 강조한다. 「답변」에서 그는 철학을 '최종심에서 이론에서의 계급투쟁'으로 정의하고, 철학을 포함한 이론적 이데올로기를 최종심에서 이론영역에 파견된 실천적 이데올로기의 '분견대'로 이해한다. 철학은 과학과 달리 지식을 생산하지 않고 영원한 '경향들의 투쟁' 속에서 세력관계를 역전시키고 전선을 변경시킬 뿐이라는 것이다.[4]

이처럼 알튀세르는 철학을 재정의하면서 초기 저작에서 강조한 인식론적 차원에서의 변증법을 상대화한다. 이는 '인식론적 절단' 개념에 대한 정정으로 나타난다.

초기의 절단 개념은 인식과정에 대한 스피노자적 이해에 기초하는 것이다. '진리는 자신과 오류의 지표'(verum index sui et falsi)라는 스피노자의 명제는 이론적 실천의 진리성의 기준이 이론적 실천 그 자체에 있음을 선언한다. 초기 알튀세르는 이 명제에 기초하여 마르크스주의의 과학성을 옹호하고자 한다(Althusser, 1975).

그러나 이 같은 입장은 오류의 역사적 조건을 설명하지 않은 채 과학(진리)과 이데올로기(오류)를 이분법적으로 사고하고 인식론적 절단을 순수하게 이론 내부적인 과정으로 환원한다. 이에 따라 정치적·이데올로기적·철학적 입장의 변화, 현실의 계급투쟁 같은 절단의 역사적 조건이 배제됨으로써 이론주의적 편향이 발생한다. 이 시

---

[4] 따라서 과학과 달리 철학은 자신의 고유한 대상도 역사도 갖지 않는다. 그러나 알튀세르가 정치에 대한 철학의 상대적 자율성을 부정하는 것은 아니다. 최종심이 다른 심급들의 존재를 전제하는 것과 마찬가지로, 철학은 다양한 실천들에 의해 과잉결정되기 때문이다. 따라서 철학은 '신학의 시녀'와 동일한 의미에서 '정치의 시녀'가 아니다(Althusser, 1972a).

기 알튀세르는 절단이 정치·이데올로기·철학을 비롯한 다양한 역사적 요소의 복잡한 결합의 결과라는 점을 강조한다(Althusser, 1972c).

따라서 인식론적 절단 일반이라는 관념은 더 이상 유효하지 않다. 이제 알튀세르는 절단을 이데올로기 일반과 과학 일반 사이에서가 아니라 특수한 이데올로기와 특수한 과학 사이에서 발생하는 것으로 사고한다. 역사과학으로서 경제학 비판은 이데올로기 일반이 아니라 자신의 이데올로기적 전사(前史), 즉 부르주아 이데올로기로서 고전경제학과 결별함으로써 비로소 등장한다. 이로써 마르크스주의는 부르주아 이데올로기가 은폐하는 계급투쟁을 설명하는 동시에 그 자체로 계급투쟁의 무기가 되는 '혁명적 과학'으로 규정된다.5)

「답변」(Althusser, 1972a)과 「자기비판의 요소들」(Althusser, 1972c)에서 알튀세르는 자신이 부르주아 이데올로기와 역사과학의 단절에 관해 '유물론적' 관점을 견지하지 못하여 모든 것을 1845년의 인식론적 절단으로 환원했다는 점을 시인한다. 그것은 과학과 이데올로기를 사변적으로 구분하는 이론주의적 편향으로 나타난다.6)

「청년 마르크스의 진화에 관하여」(Althusser, 1970b)에서 알튀세르는 역사과학의 성립은 프롤레타리아 계급적 입장으로의 철학적 전환에 기초하며, 이러한 철학적 입장의 변화는 정치적 입장의 변화에 기초한다는 견해를 제출한다. 1841-45년 사이에 마르크스는 급진적 부르주아 자유주의로부터 프티-부르주아 인간주의로, 이어서

---

5) 알튀세르가 과학 일반에 관한 이론의 불가능성을 주장한다고 해서 과학 일반이라는 개념까지 폐기하는 것은 아니다. 그것은 자본주의적 생산양식 개념을 설명하기 위해 필요한 '생산 일반' 개념과 마찬가지로 '최소한의 일반성'으로서 유지되어야 한다(Althusser, 1972c).

6) 오류와 이데올로기를 동일시하는 합리주의적 편향은 이데올로기 이론의 곤란으로 표현된다. 마르크스는 『독일 이데올로기』에서 이데올로기라는 하나의 개념으로 환상과 오류라는 철학적 개념과 상부구조라는 과학적 개념을 동시에 지시한다. 『마르크스를 위하여』, 『'자본'을 읽자』에서 알튀세르 역시 마르크스의 정의를 반복하는데, 특히 인식과정에 대한 알튀세르의 이론화는 전자를 특권화하는 오류를 범한다. 그 결과 역사적 심급으로서 현실에 존재하는 다양한 이데올로기들 사이의 모순이 간과되면서 이데올로기에서 계급투쟁은 사고될 수 없게 된다.

프롤레타리아 공산주의로 정치적 입장을 전환한다. 이는 칸트-피히테에서 헤겔-포이어바흐를 거쳐, '혁명적 유물론'에 이르는 철학적 혁명을 동반한다. 이러한 과정을 거친 후에야 비로소 마르크스는 자신의 이론적 노동의 대상을 법과 국가에서 경제로 변경하고 인식론적 절단을 수행할 수 있게 된다.

이제 절단은 정치적 입장의 발전에 의해 추동되는 철학적 전환, 즉 '정치적-철학적 절단'으로 파악된다. 과학적 혁명의 조건은 정치의 결정적 역할과 철학의 매개적 역할에 의해 보증된다. 정치적 입장의 변화는 철학적 입장의 변화를 매개로 역사과학의 형성에 개입한다(Althusser, 1972c).[7] '혁명적 이론 없이는 혁명적 운동도 없다'는 레닌의 명제는 '이론에서의 프롤레타리아적 입장 없이는 마르크스주의 이론의 발전도, 노동자운동과 마르크스주의 이론의 올바른 융합도 없다'는 알튀세르의 명제에 의해 보완된다.

인식론적 절단은 과학(진리)과 이데올로기(오류)를 이분법적으로 분할하는 일회적 사건이 아니기 때문에, 역사과학은 자신의 과학성을 부정하는 부르주아 이데올로기의 도전에 항상 노출된다. 따라서 역사과학은 부르주아 이데올로기와 끊임없이 대결해야 한다는 점에서 절단은 반복적인 과정이다. 또 현실의 계급투쟁을 설명하기 위해 역사과학은 지속적으로 갱신되어야 한다는 의미에서도 절단은 지속적인 과정이다. 혁명적 과학으로서 역사과학은 비판적 효과를 지속시키기 위해 지식의 생산을 무한히 지속하며, 지배이데올로기의 분견대들과의 단절은 일회적으로 끝나지 않는다(Althusser, 1972c; 1975).

이처럼 알튀세르는 지식생산의 일반이론의 일부로서 인식론적 절단 개념을 포기한다. 철학에서는 절단이 존재하지 않는다. 과학과

---

[7] 알튀세르는 「자기비판의 요소들」(Althusser, 1972c)에서 '1844년 원고'를 절단의 사례로 제시한다. 여기서 마르크스는 공산주의라는 정치적 입장에 상응하는 철학적 입장을 결여한 까닭에 포이어바흐인 철학적 입장을 원용한다. 이는 마르크스의 과학적 분석에서 장애로 작용한다.

달리 철학은 자신의 고유한 대상과 역사를 갖지 않으며, 절단은 오직 과학에서만 존재한다(Althusser, 1972a; 1972c).[8]

이런 의미에서 마르크스주의는 부르주아 이데올로기를 비판하는 동시에 프롤레타리아 이데올로기와 결합하는 과학이다. 역사유물론은 프롤레타리아적 전망의 이론이며, 노동자계급에 대하여 전개되는 계급투쟁과 이에 대응하여 노동자계급이 수행하는 계급투쟁의 이론이다. 따라서 역사유물론이 그 자체로서 자신의 이데올로기적 전사(前史)를 즉각적으로 폐지할 수는 없다. 역사과학을 둘러싼 끝없는 이론적 계급투쟁은 마르크스주의 이론이 진보할 수 있는 조건인 동시에 퇴보할 수 있는 조건이기도 하다(Althusser, 1972c).

철학이 '최종심에서 이론에서의 계급투쟁'으로 재정의되고, 절단이 반복적 과정으로 인식되면서, 과학이 물질성을 얻게 되는 사회적 메커니즘이 중요한 문제로 부각된다. 발리바르는 이러한 이론적 정정을 절단의 우위에서 토픽의 우위로의 이행으로 평가한다(Balibar, 1993a). '토픽을 갖는 과학'(science à topique)으로서 마르크스주의는 노동자운동과 융합하는 조건에서만 유효할 수 있다.[9]

구조인과성과 과잉결정성

알튀세르는 이론주의적 편향을 정정하는 과정에서 이론과 계급투쟁의 관계를 강조한다. 그는 현실적 모순으로서 계급투쟁을 사고하

---

[8] 자기비판 시기의 텍스트들은 철학의 정의를 정정함으로써 철학은 과학의 곁에서 실천의 심급을 표상하면서도 이러한 실천 자체는 아무런 효과도 생산하지 못함을 보여준다. 철학은 자신 이외에는 아무 것도 변화시키지 않고, 자신이 그 세력관계를 역전시키는 철학적 공간 속에서만 기존의 철학에 작용할 뿐이다(Balibar, 1993a).

[9] 알튀세르의 초기 작업에서 '사회적 전체의 복잡성'을 지시하던 토픽은 이제 '자신이 개입하는 정세의 일부가 되는 이론의 이중적 지위'를 지시한다. 알튀세르는 마르크스주의 이론이 부르주아 이데올로기와 단절하는 동시에 프롤레타리아 이데올로기와 융합할 때 비로소 유효성을 획득할 수 있음을 강조한다. 이처럼 알튀세르는 과학과 이데올로기의 구별을 유지하면서도 토픽 개념에 절단 개념을 종속시킨다(Balibar, 1993a).

『자기비판을 위한 에세이』

기 위해 변증법을 복권시킨다. 이는 구조인과성과 과잉결정성의 관계의 변화로 표현된다.

알튀세르의 초기작업에서 구조인과성은 데카르트적인 기계적 인과성과 헤겔적인 유기체적 인과성을 비판하고 마르크스주의의 과학적·혁명적 성격을 옹호하기 위해 제시된 것이다. 그러나 『'자본'을 읽자』가 출간된 이후 구조인과성 개념은 줄곧 구조주의적 편향이라는 비판을 받는다. 알튀세르 역시 「자기비판의 요소들」(Althusser, 1972c)에서 구조주의와의 '불장난'을 인정한다.

그러나 알튀세르는 구조주의라는 비판이 더 심각한 편향인 스피노자주의를 사실상 은폐한다는 사실을 지적하면서 자신은 구조주의가 아니라 스피노자주의자였노라고 고백한다. 그는 헤겔을 비판하기 위해 스피노자를 통한 우회가 불가피했지만, 이로 인해 대가를 지불할 수밖에 없었음을 인정한다. 스피노자에게는 마르크스가 헤겔로부터 취한 긍정적 유산인 모순 개념이 없기 때문이다.

물론 마르크스가 헤겔의 모순 개념을 그대로 수용하는 것은 아니다. 헤겔의 모순 개념은 양(+)과 음(-), 'A'와 '~A' 같은 대칭적 대립관계를 구성하고, 초월을 통해 필연적으로 극복되고 화해에 이르는 상보적 모순이다. 반면, 마르크스의 모순 개념은 본래적으로 불균등하고 비대칭적이며 극복과 화해를 기약하지 않는다. 노동자계급은 자본가계급의 반대항, 음의 부호가 붙은 자본가계급이 아니며, 자본가계급은 노동자계급의 반대항, 양의 부호가 붙은 노동자계급이 아니다. 노동자계급은 자본과 권력을 빼앗긴 자본가가 아니며, 자본가계급은 그것을 소유한 노동자가 아니다. 이 두 계급은 동일한 역사를 갖지 않으며, 동일한 계급투쟁을 전개하지 않는다. 따라서 이들의 대립관계는 헤겔적인 방식으로 초월될 수 없다(Althusser, 1975).

알튀세르는 현실모순의 불균등성과 정세의 우연성을 포착하기 위해 과잉결정을 강조한다. 『마르크스를 위하여』에서는 과잉결정 개념이 한편으로 다양한 심급들이 동시에 작용하는 구조의 복잡성을 지시하고, 다른 한편으로 응축(condensation)과 치환(displacement)으로 표현되는 정세의 우연성을 지시한다. 반면 『'자본'을 읽자』에서는 구조의 복잡성이 우위를 점하면서, 정세의 우연성으로서 과잉결정 개념은 주변화된다. 그 결과 정세는 사실상 그 구조에 의한 결정으로 환원된다.

그러나 「아미앵의 주장」(Althusser, 1975)에서는 모순의 불균등성이 강조되면서 과잉결정(overdetermination) 개념이 전면에 등장한다. 나아가 모순의 응축과 치환을 모두 지칭하던 과잉결정은 응축을 지칭하는 개념으로 한정되고, 치환은 과소결정(underdetermination)으로 재개념화된다. 과잉결정과 과소결정은 이미 정해진 '결정량'의 가감, '순수한 모순'의 예외적 양상이 아니다. 현실의 모순은 언제나 과잉결정되거나 과소결정되며, '순수한 모순'은 순수하지 않은 모순에 의해 결정된 결과일 뿐이다. 또한 과잉결정과 과소결정은 교대로 작용하는 결정작용의 두 측면을 지칭하지 않는다. 인과적 결정 자체 안에서 작용하는 동일한 구조에 양자 모두 구성적이다. 과소결정은 혁명적 운동이 지체되거나 소멸하는 결정의 '임계'인데, 마르크스가 과소결정을 명시적인 형태로 사고하지 못한 것은 헤겔의 부정적 유산으로 인한 것이다.

알튀세르가 과잉결정·과소결정을 부각시키는 이유는 노동자운동 내부에 만연한 헤겔 변증법의 목적론적 경향을 비판하기 위해서다. 경제주의는 혁명의 객관적 조건을, 인간주의는 주체적 조건을 특권화함으로써 혁명의 발생을 설명하지 못한다. 알튀세르는 혁명과 사회주의의 필연적 도래를 철학적으로 보증하는 낡은 헤겔 변증법으로는 역사적 사실을 인식할 수 없다고 강조한다. 그는 과잉결정·과소결정 개념을 통해 역사적 사실에 대한 올바른 인식을 도모할 수 있음을 강조한다. 그는 결정의 임계, 혁명의 유산(流産)으로서 과소결정을 특히 강조하는데, 이 또한 목적론이라는 노동자운동의 '자생적 이데올로기'를 비판하기 위한 것이다.

과잉결정과 과소결정이 강조되면서 구조와 정세, 재생산과 이행의 문제 역시 다시 사고된다. 구조인과성이 상대화되면서 구조는 정세의 연속으로 인식되고, 역으로 정세는 구조의 특정한 배치로 인식된다. 또한 초기의 알튀세르가 이행을 구조의 안정적 재생산 외부에서 삽입되는 것으로 이해하고, 재생산과 이행을 상호 모순되는 관점으로 인식한다면, 이 시기 그는 이행을 인식하기 위해 구조의 재생산 자체에 계급투쟁의 문제를 개입시키면서 이데올로기적 계급투쟁의 문제를 강조한다(Balibar, 1996b).

이론적 인간주의 비판

알튀세르의 자기비판은 이론적 인간주의에 대한 비판을 더욱 심화시키는 방향으로 진전된다. 그는 존 루이스와의 논쟁을 통해 마르크스주의가 인간주의가 아니라는 점을 재확인할 뿐만 아니라, 이론에서의 계급투쟁이라는 관점에서 당대의 이론적 인간주의의 구조를 해명한다. 영국공산당원인 존 루이스는 성숙기 마르크스의 저작에 인간학적 개념이 잔존한다는 사실을 근거로 하여 마르크스가 인간주의와 절단했다는 알튀세르의 주장을 반박한다. 이에 대해 알튀세르는 성숙기 마르크스의 저작에 인간학적 개념이 잔존한다는 사실을 인정하면서도 1845년의 '인식론적 절단'은 비가역적인 사건이라고 주장한다. '소외', '부정의 부정' 같은 개념들이 완전히 사라지는 것은 아니지만, 과학적 개념들이 이들을 대체하는 경향을 부정할 수는 없기 때문이다.

알튀세르에 따르면, 이론적 인간주의는 본래부터 부르주아 이데올로기다. 그것은 봉건제와 교회의 억압에 맞선 투쟁에서 혁명적 의의를 지니지만, 이미 부르주아 사회가 도래한 이후에는 혁명적 성격을 상실한 채 부르주아 이익을 일방적으로 대변할 뿐이다. 만년의 마르크스는 부르주아 계급이 인간의 노동을 모든 부와 문화의 원천으로 간주하면서 "착취를 가능케 하는 물질적·정치적 조건을 은폐한다"(『고타강령 비판』)는 사실을 강조한다. 이를 비판하기 위해 그는 "사회는 개인들로 구성된 것이 아니다"(『경제학 비판 개요』), "나의 분석방법은 인간이 아니라 사회의 이미 주어진 경제적 시기로부터 시작한다"(『바그너에 관한 방주』)라고 주장함으로써 이론적 반인간주의를 채택한다(Althusser, 1975).

반면 인간주의자들은 이론적 반인간주의가 인간의 '주체성'을 폄하한다고 공격한다. 이에 대해 알튀세르는 인간을 경제적 기능의 '담지자'(Träger)로 환원하는 것은 마르크스의 이론이 아니라 현실의 구조로서 자본주의라고 반박한다. 또한 그는 생산관계와 계급투쟁에 대한 분석이 별개의 영역이 아니라고 주장한다. 왜냐하면 생산관계의 본질이 계급모순이고 계급모순이 곧 계급투쟁이므로 생산관계에 대한 정확한 분석은 계급투쟁을 인식하고 실천하는 데 기여하기 때문이다. 인간은 역사과학의 출발점이 아니라 생산관계, 계급관계, 계급투쟁으로부터 출발하는 과학적 분석의 도달점이다.

그러나 마르크스주의가 이론적 인간주의와 완전히 절단한 것은 아니다. 또한 인간주의는 노동자운동이 위기에 처할 때마다 마르크스주의 내부에서 끊임없이 부활한다. 따라서 역사과학의 과학적·혁명적 성격을 옹호하기 위해서는 인간주의 이데올로기에 대한 비판이 필수적이다. 「답변」에서 알튀세르는 이를 실천한다.[10]

알튀세르는 루이스가 마르크스주의의 본질이라고 주장한 세 개의 테제에 대해 '마르크스-레닌주의적' 테제를 대립시킨다. 우선 "역사를 만드는 것은 인간이다"라는 루이스의 첫 번째 테제에 대해 알튀세르는 "역사를 만드는 것은 대중이다"라는 테제를 제시한다. 알튀세르에 따르면, '인간'이 역사의 모든 난관을 해결하는 능력을 부여받았다고 간주되는 것은 신을 대체하는 관념적 개념으로 인간을 사고한 결과일 뿐이다. 반면 피착취계급으로서 대중은 생산과정에서 착취받는 프롤레타리아와 그 주변에 결집한 인민을 지칭한다.[11]

---

[10] 알튀세르는 존 루이스를 비롯한 당대의 인간주의자들이 사르트르의 실존주의에 기초한다고 주장한다. 따라서 루이스에 대한 비판은 그의 이론적 스승인 사르트르의 인간주의 철학에 대한 비판을 의미한다.

다음으로 "인간은 기존의 역사를 개조함으로써, 즉 '부정의 부정'을 통해 이미 만들어진 역사를 '초월'함으로써 역사를 만든다"라는 루이스의 두 번째 테제에 대해 알튀세르는 "계급투쟁이 역사의 원동력"이라는 『공산주의자 선언』의 테제를 제시한다.12) 첫 번째 테제에서 인간이라는 주체가 대중이라는 주체로 대체된다면, 두 번째 테제에서는 주체가 사라지고 대신 계급투쟁이 강조된다. 착취과정이 이미 계급투쟁이기 때문에, 계급은 계급투쟁의 효과로서만 존재하는 것이다. 이를 통해 '인간'은 물론, 선험적으로 주어진 '역사의 주체'라는 문제설정은 완전히 기각된다. 이제 역사는 '주체 없는 과정'으로 정의되고, '역사의 주체'는 '역사 속의 주체'로 대체된다.13)

마지막으로 "인간은 자신이 행한 것을 알 뿐이다"라는 루이스의 세 번째 테제에 대해 알튀세르는 "존재하는 것을 알 수 있을 뿐이다"라는 테제를 제시한다. 여기서 알튀세르는 '사고에 대한 존재의 우위'라는 유물론의 근본 명제를 옹호한다. 나아가 그는 인간이 자신의 행동과 그것의 결과로서 역사를 투명하게 인식할 수 있다는

---

11) 알튀세르는 대중, 즉 지배계급에 대항하는 운동으로 통일될 역량을 가진 피착취계급과 그 주위에 존재하는 집단이 항상 가장 많이 착취당하고 가장 빈곤한 계급은 아니라는 사실을 강조한다. 왜냐하면 역사의 원동력으로서 계급투쟁에 대한 분석은 착취과정에 대한 과학적 분석을 전제로 하기 때문이다(Althusser, 1972a).

12) 사르트르를 비롯한 인간주의자들은 『루이 보나파르트의 브뤼메르 18일』의 "인간은 자신의 역사를 만든다"라는 구절을 근거로 삼지만, 이것을 인간주의로 해석할 수는 없다. 왜냐하면 마르크스는 같은 글에서 인간이 역사를 만드는 데 필요한 객관적 조건의 필요성을 강조했기 때문이다. 또한 그는 초판 집필 17년 후인 1869년의 「서문」에서 명시적으로 반인간주의를 표명한다. "나는 정말로 다른 무언가, 나폴레옹 3세라는 개인을 쿠데타에 '**책임**이 있는 **원인**'으로 파악하는 위고와 프루동의 이데올로기와는 다른 무언가, 즉 프랑스에서 **계급투쟁**이 어떻게 그렇게 평범하고 기괴한 한 인간(주체)이 영웅의 역할을 하도록 하는 상황을 만들었는지를 보여주려고 한다"(Althusser, 1973; 마르크스의 강조).

13) '주체 없는 과정'이라는 개념은 헤겔로부터 유래한다. 주체(인간)를 중심으로 역사를 해석하는 헤겔 좌파와 달리, 마르크스는 목적론을 기각함으로써 헤겔에게서 '주체 없는 과정'이라는 관념을 복원한다. 그 결과 역사는 '주체도 목적도 없는 과정'으로 인식된다(Althusser, 1973).

관념을 비판한다. 인간의 행위와 관련되는 역사가 자연보다 인식하기 쉽다는 환상은 역사에 대한 과학적 인식을 방해할 뿐이다. 자신이 역사를 인식하고 있다는 환상과 부르주아 지배가 관철되는 계급적 이데올로기에 의해 대중은 언제나 역사로부터 분리되어 있기 때문이다(Althusser, 1972c).

알튀세르는 루이스가 대변하는 인간주의 철학이 마르크스주의적 이론과 정치에 파괴적인 영향을 미친다고 주장한다. 인간과 초월을 강조하는 철학적 입장은 마르크스의 과학적 개념인 생산양식과 계급투쟁에 관한 이론을 발전시키는 데 장애가 될 뿐만 아니라 마르크스주의를 역사철학으로 퇴행시킨다. 또한 인간주의는 역사의 원동력으로서 계급투쟁이 아니라 추상적 인간의 자유의지를 강조함으로써 계급투쟁을 무력화하고 부르주아 계급의 이익에 봉사한다. 알튀세르는 인간주의 비판을 통해 이론에서의 계급투쟁을 실천한다.

스탈린주의 비판과 레닌주의의 복원

경제주의와 인간주의에 대항해서 마르크스주의를 옹호하는 것은 알튀세르의 철학적 개입 전체를 관통하는 문제의식이다. 이러한 기획은 경제주의·인간주의를 이데올로기적 자원으로 하는 스탈린주의와 그것에 대한 우익적 비판을 동시에 비판하려는 시도다. 이는 결국 마르크스주의와 노동자운동의 융합의 역사에서 '스탈린적 편향'을 좌익적 입장에서 정정하기 위한 것이다. 이러한 개입은 주로 이론적 차원에 국한되지만, 1970년대 정세의 변화 속에서 알튀세르는 정치적 차원의 개입도 강화한다.

1968년 5월 이후 알튀세르는 이중적 공격에 직면한다. 프랑스공산당 지도부가 마오의 『실천론』·『모순론』과 문화혁명에 주목한 알튀세르를 마오주의자로 규정한 반면, 청년 마오주의자들은 당에 헌신하는 알튀세르를 스탈린주의자라고 비판한다(Elliott, 1987).

알튀세르는 '가상적 정통'으로서 레닌주의를 재구성하여 당 지도부와 청년 마오주의자들에 대한 대안으로 제시한다. 알튀세르는 대중민주주의를 옹호하는 차원에서 공산당과 사회당의 좌파연합을 찬성하지만, 레닌주의의 개념과 이론을 폐기하는 것에 대해서는 반대한다.14) 그는 경제주의·인간주의로 오염되지 않은 레닌주의를 재구성함으로써 스탈린주의와 개량주의가 초래한 노동자운동의 위기를 타개하고자 한다.

스탈린주의 비판

「'개인숭배 비판'에 관한 노트」(Althusser, 1972b)에서 알튀세르는 자신의 철학적 개입을 강제한 역사적 계기로 소련공산당 20차 당대회를 지목한다. 소련공산당은 스탈린주의의 문제를 '개인숭배'와 '사회주의적 합법성의 침해'로 요약했는데, 알튀세르는 이를 사이비 개념이라고 비판한다.15) '개인숭배'라는 관념은 스탈린주의의 사회적·정치적·이론적 근거들을 탐구하는 대신 '사회주의적 합법성의 침해'만 비판한다는 한계를 갖기 때문이다. 이는 스탈린주의의 문제를 법적 상부구조의 일부 측면에 국한하여 비판할 뿐이다. 알튀세르는 경제주의와 인간주의의 결합으로서 스탈린주의가 사회주의 건설과정의 다양한 모순들에서 비롯되었기 때문에 이를 해명하기 위해서는

---

14) 1960년대 초부터 사회주의를 향한 '평화적' 이행을 명분으로 선거정치를 모색해 온 프랑스공산당은 1965년에 사회당과 선거협약을 체결하고, 1972년에 공동강령에 조인한다. 이와 더불어 공산당 내부에서 레닌주의와 결별하고 개량주의와 타협하는 경향이 강화된다. 이는 1976년 22차 당대회에서 지도부가 프롤레타리아 독재론을 공식적으로 폐기하는 극적인 사건으로 표출된다.

15) 알튀세르는 '스탈린주의'라는 용어가 반공주의자들과 트로츠키주의자들에 의해 악용되어 왔다는 사실을 지적하면서 '스탈린적 편향'이라는 용어를 제안한다. 이는 스탈린 시대의 사회주의 운동의 오류를 스탈린이라는 개인을 통해 설명하는 것이 아니라 국제노동자운동의 객관적·주체적 조건을 통해 설명하려는 시도다(Althusser, 1972b). 그러나 이 글에서는 일반적 용법에 따라 스탈린주의라는 용어를 사용한다.

소련 사회의 생산관계와 계급투쟁에 대한 분석이 필수적이라고 주장한다.

스탈린주의에 대한 좌익적 비판을 위한 알튀세르의 이론적 개입은 '변증법적 유물론'('변유', Diamat)과 '사회주의적 생산양식론'('사회주의 경제학')에 대한 비판이라는 두 가지 차원에서 전개된다.

알튀세르는 '변유'를 마르크스주의 철학의 존재론적 판본으로 규정한다. 스탈린은 엥겔스를 따라 변증법을 모든 운동의 일반적 법칙으로 사고하면서 여기에 유물론을 종속시킨다. 변유가 모든 정치적 결과를 보증한 결과, 소련에서 마르크스주의 철학은 비판적이고 혁명적인 성격을 상실하고 지배이데올로기로 전락한다.

변증법이 자신의 한계를 넘어서 확장된 대표적 사례가 뤼센코주의다.16) 알튀세르는 뤼센코주의에 대한 잘못된 비판이 그것을 초래한 조건을 은폐한다고 주장한다. 뤼센코주의는 단순히 국가개입에 의해 조장된 생물학적 오류로 평가되고, '두 개의 과학론'의 폐기와 국가개입의 금지로 일단락된다. 따라서 국가에 종속된 채 대중을 지배한 지식인의 문제와 이러한 체계 전체를 뒷받침한 소련의 계급관계에 대한 문제는 제기되지 못한다. 뤼센코주의를 보증함으로써 '과학의 과학'을 자임한 변유 역시 불문에 부쳐진다(Althusser, 1976a).

이에 대해 알튀세르는 "변증법적 서술형태는 자신의 한계를 알 때만 타당하다"(『경제학 비판을 위하여 1분책』 원고)는 마르크스의 명제를 대립시킨다(Althusser, 1975). 그는 마르크스주의의 핵심을 한계를 갖지 않는 '철학'이 아니라 유한한 '과학'으로 설정한다. 또 그는 마르크스주의의 대상을 물질 일반이 아니라 현실의 모순, 즉

---

16) 소련의 농학자인 뤼센코(T. D. Lysenko)는 멘델의 유전학과 다윈의 진화론이 부르주아 가치에 입각한 '부르주아 과학'이고 라마르크의 이론이 마르크스주의와 친화력이 있는 '프롤레타리아 과학'이라고 규정한다. 그는 라마르크의 용불용설에 입각해서 식물종을 소련의 혹독한 환경에 적응시킴으로써 식량생산을 혁명화할 수 있을 것이라고 주장한다. 스탈린의 지지를 얻은 그의 학설을 비판하는 과학자들은 이데올로기적인 혐의를 받게 된다. 그 결과 과학자들의 상당수가 지위를 박탈당하거나 숙청되고, 결국 소련의 농업은 재앙을 맞게 된다.

계급투쟁으로 규정한다.

뤼센코주의의 사례에서 알 수 있는 것처럼, 소련에서 체계화된 마르크스주의 철학은 하나의 세계관이자 존재론이 된다. 이처럼 사물의 운동의 일반적 법칙을 설명하는 '변유'는 과학의 우위에 서게 된다. 그리고 인간의 역사를 설명하는 '역사유물론'('사유', Histomat)은 그것의 하위분과로 종속된다. 스탈린은 '사유'를 생산양식 일반을 설명하는 '광의의 경제학'으로 설정하는데, 이에 따라 사회주의가 독자적인 생산양식으로 정의되면서 이를 설명하는 사회주의 경제학이 탄생한다(윤소영, 1988, 1990).

알튀세르는 「'개인숭배 비판'에 관한 노트」에서 스탈린주의의 핵심을 경제주의로 진단한 후, 스탈린주의를 지탱하는 또 다른 축인 사회주의 경제학, 즉 사회주의 생산양식론을 비판한다. 사회주의 생산양식론에 따르면, 독자적 생산양식으로서 사회주의에서는 계급투쟁이 존재하지 않으며, 사회주의 국가는 '전인민의 국가'로 규정된다. 사회주의에서 공산주의로의 이행에 필요한 것은 생산력의 발전일 뿐이다. 이로써 공산주의로의 이행을 위한 계급투쟁의 시기로서 프롤레타리아 독재라는 마르크스와 레닌의 관점은 폐기된다. 이러한 맥락에서 알튀세르는 스탈린주의를 경제주의에 의해 지배된 '제2인터내셔널의 사후(死後) 복수'라고 규정한다.

그러나 스탈린주의는 경제주의적 편향의 부속물로서 인간주의를 동반한다는 점에서 경제주의만으로 환원될 수는 없다. 스탈린은 공산주의로의 이행을 보증하는 생산력의 발전에서 노동력의 활용을 필수적인 것으로 인식한다. 따라서 스탈린주의는 인간의 능력을 찬양함으로써 인간주의를 고양시키는데, 전인민의 국가와 계급투쟁의 종식을 선포하고 "인간, 가장 귀중한 자본"이라고 명시한 1936년 헌법은 스탈린주의의 인간주의적 측면을 적나라하게 보여준다. 스타하노프 운동과 같은 일련의 생산력 증진운동은 헌법에 표현된 인간주의 이념을 통해 정당화된다(Althusser, 1972a).

알튀세르의 스탈린주의 비판은 현실에서 갈등적인 것으로 나타나는 경제주의와 인간주의가 실제로는 서로 보완하는 부르주아 이데올로기의 대립쌍이라는 주장을 그 핵심으로 한다. 부르주아 이데올로기는 근본적으로 경제주의적이다. 자본가들은 상품관계의 관점, 그리고 '특수한 상품'인 노동력을 착취하는 물질적 조건이라는 관점에서 모든 것을 판단한다. 반면 인간주의는 노동력을 판매하고 상품을 처분할 수 있는 '자유로운 권리'라는 법이데올로기에 기초한다는 점에서 경제주의를 보완한다. 또한 양자는 각각 생산력과 인간을 역사의 주체로 상정함으로써 계급투쟁을 주변화한다. 따라서 경제주의와 인간주의의 결합은 구성적이다. 스탈린주의는 이러한 결합의 '사회주의적 판본'일 뿐이다(Althusser, 1972b).

알튀세르는 노동자운동과 마르크스주의의 융합은 선험적으로 보증되지 않는다는 사실을 강조한다. 이러한 결합은 계급투쟁의 정세적 세력관계에 의존하며, 따라서 노동자운동은 언제든지 경제주의·인간주의와 융합할 수 있다. 실제로 경제주의와 인간주의는 노동자운동의 위기 상황에서 교대로 등장한다. 제2 인터내셔널의 경제주의는 헤겔 철학을 인간학적으로 해석하는 루카치에 의해 비판받는다. 그 후 경제주의는 스탈린에 의해 변형된 형태로 재등장하고, 다시 청년 마르크스를 특권화하는 인간주의에 의해 공격받는다. 그러나 경제주의·인간주의는 노동자운동과 결합할 때도 자신의 근본적 속성을 변화시키지 않으며, 계급투쟁의 객관적 조건을 변혁하려는 프롤레타리아의 혁명적 운동을 위험에 빠뜨린다(Althusser, 1972b).

알튀세르는 1930년대 이후 국제공산주의운동이 경제주의와 인간주의로 특징지어진다고 평가하면서도, 스탈린주의에 대한 역사적으로 실존하는 유일한 좌익적 비판으로 중국혁명을 언급한다. 익명으로 발표한 「문화혁명에 관하여」(1966)와 「'개인숭배 비판'에 관한 노트」(Althusser, 1972b)에서 그는 대장정부터 문화혁명까지의 중국혁명이 스탈린주의에 대한 '실천적' 비판이라고 주장한다. 또한 그는 중국의 실험에서 사회주의 혁명이 스스로를 비판하고 정정하는 최초의 사례를 발견한다. 그러나 알튀세르는 그것이 모순적인 비판이라는 단서를 붙이는데, 이는 20차 당대회에 대한 논평에서 중국공산당이 흐루시초프의 우익적 비판에 대항해서 스탈린주의를 강력히 옹호하기 때문이다.

레닌주의의 복원

알튀세르는 스탈린주의를 정정하고 그 대안으로 레닌주의의 복원을 시도한다. 마르크스를 따르는 레닌의 프롤레타리아 독재론은 사회주의를 계급투쟁에 의해 지배되는 공산주의로의 이행기, 즉 프롤레타리아 독재의 시기로 정의한다. 레닌의 이론은 스탈린의 철학과 경제학을 비판할 수 있는 이론적 자원을 제공한다. 알튀세르는 레닌주의의 핵심을 프롤레타리아 독재론으로 설정하고 이에 기초하여 프랑스공산당을 레닌주의로 견인하고자 한다.

「새로운 것」(Althusser, 1974)에서 알튀세르는 공산당·사회당이 주도한 인민연합과 이를 확대·강화하기로 한 21차 당대회의 결정을 1968년 이후의 계급투쟁의 성과로 평가하고 지지한다. '거대한 다수 세력'으로서 인민연합만이 독점자본의 지배와 그 '대중적 토대'에 대항할 수 있는 세력이기 때문이다. 인민연합에 대한 알튀세르의 지지는 프롤레타리아 독재가 다수의 연합에 기초한 진정한 대중민주주의라는 레닌의 입장에 기초한 것이다. 이러한 입장은 독점자본의 지배를 뒷받침하는 대중적 토대와 이를 파괴하기 위한 계급투쟁의 과정을 간과한 프랑스공산당의 국가독점자본주의론을 비판하는 의의를 갖는다.

그러나 알튀세르는 대중민주주의에 대한 지지가 자생주의를 옹호하는 것이 아님을 강조하고, 공산당과 노동자계급의 헤게모니적 역할을 강조한다. 대중의 불만을 조직하고 교조주의·분파주의를 극복하기 위해서는 공산당의 역할이 필수적이다. 그러나 알튀세르가 지지하는 공산당은 간부가 모든 것을 결정하는 것이 아니라 대중적 토대에 기초한 전위당이다. 알튀세르의 이러한 입장은 "대중에 대해한 걸음, 단 한 걸음만 앞서갈" 것을 강조하는 레닌의 실천에 기초한 것이다.

레닌주의에 대한 알튀세르의 호소는 공산당 지도부가 프롤레타리아 독재의 공식적 폐기를 선언한 22차 당대회 이후 더욱 분명해진다. 그는 「22차 당대회에 관하여」(Althusser, 1977a)에서 당대회를 특징짓는 정세를 제국주의의 위기와 동시에 국제공산주의운동의 위기로 규정하고, 국가독점자본주의, 프롤레타리아 독재, 민주집중제를 중심으로 프랑스공산당 22차 당대회의 결정을 비판한다.

우선 알튀세르는 당의 공식이론인 국가독점자본주의론을 비판한다. 분석의 수준을 민족국가로 한정하는 국가독점자본주의론은 초민족적 금융자본에 대한 분석을 결여하고, 따라서 금융적 집중, 금융위기와 스태그플레이션 같은 세계자본주의에 대한 분석을 제시하지 못한다. 또한 국가독점자본주의론은 경제적 문제에만 주목하고 계급투쟁에 대한 분석을 결여함으로써 부르주아 지배의 대중적 토대라는 정치적 문제를 제기하지 못한다. 그 결과 국가독점자본주의론은 독점자본으로 구성된 지배블록만 포위한다면 이행이 가능하다는 환상을 유포하고 결국 프롤레타리아 독재론을 폐기한다.

공산당은 독재라는 용어가 히틀러와 무솔리니의 파시즘을 연상시킨다는 이유로 프롤레타리아 독재를 폐기할 것을 제안하는데, 알튀세르는 이러한 제안을 정면으로 반박한다. 우선 그는 독재자의 목록에 스탈린이 누락되었음을 비판한다. 이러한 침묵이 스탈린 개인뿐만 아니라 스탈린주의의 근본적 원인과 그것이 야기한 국제공산주의운동의 위기에 대한 침묵으로 이어진다는 것이다. 나아가 그는 프롤레타리아 독재를 '동맹 없는 독재', '사회주의로의 폭력적 이행'으로 표상하는 지도부를 비판한다. 그는 프롤레타리아 독재가 국가와 사회주의에 대한 논의에서 우회할 수 없는 과학적 개념이며 정치적 결정의 대상이 될 수 없다는 사실을 강조한다.

마르크스와 레닌에 따르면 프롤레타리아 독재는 다수의 인민의 결집에 기초한 진정한 대중민주주의이고, 프롤레타리아 독재만이 부르주아 독재의 대중적 토대를 대체할 수 있다. 그것은 또한 폭력적 이행만이 아니라 평화적 이행의 가능성도 포함하는데, 이는 선험적으로 결정되는 것이 아니며 계급들 간의 세력관계를 비롯한 다양한 정세적 조건에 의존하는 것이다.

알튀세르는 프롤레타리아 독재에 대한 오해가 사회주의적 생산양식론에서 기인한다고 주장한다. 당은 사회주의를 독자적 생산양식으로 규정하고 선거를 통해 국가권력을 획득함으로써 이행이 가능하다는 입장을 견지한다. 이는 사회주의가 자본주의적 경향과 공산주의적 경향이 모순적으로 투쟁하는 장기적 이행기이고, 사회주의에서도 계급투쟁이 존재하며, 혁명 이후의 국가는 자신의 소멸을 준비해야 한다는 마르크스와 레닌의 입장과 전혀 다른 것이다. 마르크스와 레닌은 부르주아 국가뿐만 아니라 모든 국가의 핵심이 억압장치라는 테제를 제시하고, 프롤레타리아 독재를 거쳐 공산주의로 이행하기 위해서는 억압적 국가장치의 소멸이 필수적임을 강조한다.

마지막으로 알튀세르는 공산당이 인민의 자유에 대해서는 관대하면서도 당 내부의 민주주의에 대해서는 침묵을 지킨다는 사실을 지적한다. 부르주아 계급투쟁에 맞서 이데올로기적·실천적 통일성을 유지하기 위해 고안된 민주집중제는 당내 민주주의가 부재한 상황에서 지도부의 일방적 결정을 추인하는 제도로 전락한다. 알튀세르는 공산당과 인민대중 사이의 통일을 저해하고, 그 결과 노동자계급과 인민대중의 투쟁에 대한 봉사라는 공산당의 근본적 임무를 난관에 빠뜨리는 관료집중제를 극복할 때 비로소 공산당이 새롭게 거듭날 수 있다고 결론짓는다.

알튀세르가 당 노선을 직접적으로 비판한 것은 매우 이례적인 일이다. 그는 당이 계급투쟁을 조직하고 지식인과 인민대중의 결합을 가능케 하는 유일한 매개라고 생각한다. 그는 당이 쇄신될 수 있다는 기대를 저버리지 않고, 레닌주의를 통해 당의 위기를 극복할 수 있다고 기대한다. 하지만 이러한 태도는 1970년대 말 이후 마르크스주의 위기의 선언과 함께 당에 대한 근본적인 비판으로 선회한다.

발리바르의 역사유물론 연구

1970년대 전반에 발리바르 역시 자기비판에 착수한다. 발리바르의 자기비판은 『'자본'을 읽자』에서 제시된 입장을 수정하고 역사유물론을 재구성하려는 시도로 표현된다. 1974년에 출판된 『역사유물론 5연구』(Balibar, 1974)와 곧이어 1976년에 출판된 『프롤레타리아 독재에 관하여』(Balibar, 1976)는 발리바르의 이러한 시도를 대표한다. 이 시기 발리바르는 역사유물론의 기본개념으로 잉여가치와 프롤레타리아 독재를 제시하고, 이를 중심으로 역사유물론을 재구성한다. 그는 잉여가치와 프롤레타리아 독재가 자본주의 사회의 모순적 경향을 분석하는 과학적 개념임을 강조한다.

경제학 비판

발리바르는 '『'자본'을 읽자』에 대한 몇 가지 비판적 소견'이라는 부제가 붙은 「역사변증법에 관하여」(Balibar, 1973)에서 『'자본'을 읽자』의 정식화들을 정정하면서 자기비판의 내용을 개괄한다. 발리바르의 자기비판은 생산양식과 사회구성체, 그리고 재생산과 이행에 관한 일반이론을 확립하고자 했던 시도에 집중된다. 또한 그는 자본주의에서 사회적 관계의 재생산이 직접적 생산과정만으로 환원되지 않는다는 사실을 강조하고, 상부구조와 이데올로기에 대한 과학적 분석의 필요성을 주장한다.

초기 발리바르는 특수한 생산양식에 대한 분석이 생산양식의 일반이론에 의존하고, 사회구성체를 구성하는 심급들이 불변의 본질을 지니는 것으로 가정한다. 이러한 입장은 경제적·정치적·이데올로기적 현상의 단일한 본질이 계급투쟁에 선행하여 존재하는 것으로 부당전제하는 것이다. 또한 그는 재생산을 생산양식의 자율적 메커니즘에 의한 영속적 운동으로 이해함으로써 재생산과정에서 상부구조가 수행하는 역할을 사고하지 못한다.

재생산이론의 부재는 특히 이행이론의 난점으로 표현된다. 발리바르는 이행을 자본주의적 생산양식과는 다른 또 하나의 생산양식으로 정의하는데, 그 결과 이행과정이 새로운 경향적 재생산과정으로 인식되고, 재생산과 이행의 원동력으로서 계급투쟁에 대한 분석이 배제된다. 따라서 이행이론이 생산관계에 대한 분석을 추상하고, 생산력의 발전을 특권화하는 진화주의적 입장으로 귀결될 위험이 나타난다.

발리바르는 알튀세르의 「모순과 과잉결정」을 재독해함으로써 이러한 편향을 정정한다. 그는 계급투쟁이 역사의 원동력이며 역사유물론은 계급투쟁이 발생하고 계급투쟁에 의해 재생산되는 구체적인 정세 속에서의 사회구성체를 대상으로 삼아야 한다고 주장한다. 이에 따라 그는 '생산양식 일반'에 관한 이론은 가능하지 않다고 결론짓는다.

또한 그는 계급투쟁의 경제적 측면만으로는 혁명적 효과가 생산되지 않으며 생산의 물질적 조건에 대한 분석은 재생산에 대한 분석과 결합되어야 한다고 강조한다. 사회구성체는 토대와 상부구조에 속하는 다양한 심급들의 복합적 통일이므로, 불변적인 것으로 가정되는 심급들의 형식적인 비교를 통해 연역해낼 수 없기 때문이다. 생산양식 일반이라는 개념은 구체적 분석을 위한 '최소한의 일반성'으로서만 유지될 뿐이다. 발리바르는 이행에 관해서도 동일한 결론을 도출한다. 각각의 역사적 이행은 현실적·개념적으로 서로 다르기 때문에 그것에 관한 일반이론은 불가능하다. 오히려 이러한 차이를 분석하는 것이 역사유물론의 과제라는 것이다.[17]

---

[17] 발리바르의 이러한 주장은 마르크스와 레닌의 입장에 기초한 것이다. 마르크스는 『자본』에서 산업자본의 본원적 축적, 상업자본 및 금융자본의 기원, 자본주의적 지대의 발생 등에 관한 역사적 설명을 통해 자본주의적 생산관계의 요소들이 형성되는 과정의 상대적 자율성을 규명했다. 레닌 역시 자본주의적 생산관계 일반이 아니라 제국주의 시대의 특수한 생산관계를 분석함으로써 러시아 혁명의 '예외적' 상황을 설명할 수 있었다.

마지막으로 발리바르는 재생산과 계급투쟁을 결합함으로써 '경향' 개념에 내재적인 목적론을 기각한다. 그는 생산양식에서 생산관계의 재생산으로의 경향이 존재한다고 가정하는 것은 목적론적 관념이라고 비판한다. 생산양식의 재생산을 지배하는 것은 구체적 정세 속에서의 계급투쟁이기 때문에, 오히려 중요한 것은 특수한 생산관계가 재생산되는 메커니즘에 대한 분석이다. 이를 위해서는 생산양식과 그 발전이 사회구성체의 역사를 설명하는 것이 아니라, 역으로 사회구성체의 역사가 생산양식의 재생산을 설명할 수 있다는 사실이 강조되어야 한다.

이러한 자기비판에 입각해서 발리바르는 「잉여가치와 사회계급」(Balibar, 1974)에서 잉여가치 개념을 중심으로 하는 경제학 비판을 더욱 진전시키고 역사유물론을 재구성한다. 여기서 그는 역사유물론이 경제학이 아니라 노동자계급의 관점에 입각한 '경제학 비판'이라는 명제를 제시한다.18) 경제학 비판은 노동자계급의 관점에서 부르주아 국가권력의 전복과 착취의 소멸을 목표로 사회적·정치적·이데올로기적 영역에서 수행되는 투쟁과 구성적 관련을 맺는다. 따라서 역사유물론의 목표는 경제학의 곤란을 해결하는 것이 아니라 경제학이 해결할 수 없는 모순을 제기하는 것이다. 그 모순의 핵심을 지시하는 것이 바로 잉여가치 개념이다.

경제학과 경제학 비판의 양립불가능성은 잉여가치 개념에 대한 입장에서 기인한다. 잉여가치에 대한 대부분의 해석은 그것을 회계적으로 파악한다. 즉 잉여가치는 '노동력의 재생산에 필요한 소비수단의 가치 이상으로 사회적 노동이 추가하는 가치의 초과분'이라는 것이다. 그러나 이는 잉여가치 생산의 역사적 조건에 대한 분석을 결여한다는 문제점을 가진다.

반면 마르크스의 '경제학 비판'은 가치형태를 단순한 양으로서가

---

18) 역사유물론을 '경제학 비판'으로 이해하는 발리바르의 입장은 부르주아 경제학의 이론적 개념들을 그대로 반복하는 '객관주의적 경향'과 마르크스주의의 과학성을 부정하고 '반(反)경제학'의 입장을 취하는 '주관주의적 경향' 양자를 비판하는 의의를 가진다(Balibar, 1974).

아니라 자본주의적 생산양식의 적대관계에 의해 지배되는 사회적 과정으로 정의한다. 특히 '노동의 이중성'에 대한 분석은 생산물에 가치형태를 부여하는 사회적 노동의 특수한 형태를 설명한다. 노동의 이중성은 자본주의에 고유한 것인데, 오직 자본주의에서만 자본가가 생산수단을 독점하여 노동의 구체적 유용성을 사상하고 인간노동 그 자체로서 추상적 노동을 흡수하는 수단으로 사용하기 때문이다. 그리고 바로 이 때문에 잉여가치는 순수한 양으로 표현되지 않는다. 따라서 잉여가치를 특징짓는 것은 잉여가치의 존재 그 자체가 아니라 잉여가치가 생산되는 역사적으로 특수한 방식이고, 잉여가치에 대한 분석은 착취, 즉 계급투쟁에 대한 분석이다.

경제학 비판과 역사유물론의 재구성은 이후 「마르크스의 계급정치 사상」(Balibar, 1983)에서 더욱 정교한 형태로 제시된다. 여기서 발리바르는 잉여가치와 잉여노동을 구별하고 착취가 이 두 측면의 통일임을 강조한다. 가치증식과정은 자본의 추상적 운동이고, 잉여가치는 자본의 증가분이다. 반면 노동과정은 노동이 구체적으로 지출되는 과정이고, 잉여노동은 비지불노동이다. 발리바르는 이를 '자본의 추상화'와 '노동의 구체성'으로 개념화한다.[19]

나아가 발리바르는 경제와 정치를 분리하는 경제학적 문제설정을 비판하면서, 임노동관계가 무매개적으로 경제적인 동시에 정치적이라는 사실을 강조한다. 그는 정치적 억압과 결합되지 않은 순수한

---

19) 이러한 비대칭성은 계급의 비대칭성으로 표현된다. 발리바르는 『자본』에서 자본가계급의 인격적 표현인 부르주아지는 빈번하게 등장하는 반면, 그에 대응하는 노동자계급이나 프롤레타리아에 대한 분석은 존재하지 않는다는 점에 주목한다. 현실에서 프롤레타리아는 무차별적인 대중으로 존재하고, 부르주아지처럼 조직된 계급으로 등장하지 않는다. 그러나 대중이 부정적 의미만을 함축하는 것은 아니다. 마르크스와 엥겔스에게 대중은 현존 질서를 변혁하는 잠재력을 갖기 때문이다. 하지만 대중이 혁명적 주체가 되는 상황은 특정한 정세 속에서만 발생하므로 대중은 고전적 의미에서의 '역사의 주체', 즉 선험적으로 혁명적 임무를 부여받은 주체가 아니다. '역사의 주체'라는 문제설정으로 회귀하지 않고, 대중운동을 통한 프롤레타리아의 조직화를 강조하는 이러한 정식화는 재생산과 이데올로기에 대한 분석을 중요한 문제로 제기한다(Balibar, 1983).

착취과정은 존재하지 않으며, 노동력의 판매자와 구매자 사이에 나타나는 자유로운 계약은 법이데올로기일 뿐이라고 주장한다. 자본주의 국가는 역사상 최초로 모든 개인을 대표하는 국가로 나타나지만, 동시에 국가장치의 기능작용은 부르주아지의 계급권력으로서 국가권력을 보장하는 역할을 한다(Balibar, 1974; 1983).

부르주아지의 계급적 통일성은 자신의 경제적 위치에 의해서만 주어지는 것이 아니라 국가를 매개로 달성된다. 국가의 정치제도와 경제정책은 부르주아 계급분파들 사이의 세력관계의 결과이자 부르주아지가 프롤레타리아에 대해 계급권력을 행사하는 수단이다. 이러한 과정은 한편으로는 대부르주아지가 다른 분파를 지도함으로써 공통의 계급이익을 발전시키는 과정이며, 다른 한편으로는 노동자 내부의 분할을 재생산함으로써 착취를 보증하는 과정이다. 따라서 부르주아지는 언제나 국가부르주아지이며, 국가 없이 노동력은 상품으로 재생산되지 않는다(Balibar, 1974; 1976).

프롤레타리아 독재

잉여가치 개념과 함께 발리바르의 역사유물론 연구에서 핵심적인 지위를 차지하는 것은 프롤레타리아 독재 개념이다. 그의 프롤레타리아 독재론은 마르크스와 레닌의 입장에 근거해 프랑스공산당을 비판하려는 정치적 의도에 의해 추동된다.

부르주아지는 국가를 통해 계급적 통일성을 유지하고 프롤레타리아에 대한 착취를 실현한다. 따라서 자본주의에서 국가권력은 항상 부르주아지의 계급권력이다. 그러나 국가는 단지 국가권력으로 환원되지 않는다. 국가권력은 그 자체의 물질적 조건인 국가장치를 전제하기 때문이다. 이는 국가가 지배계급의 의도대로 조작할 수 있는 단순한 '도구'가 아님을 의미한다. 국가장치가 부르주아지의 정치적 행동의 가능성을 결정한다는 점에서 부르주아지도 프롤레타리아처럼 이 장치에 포획되어 있다(Balibar, 1972; 1976).

국가장치는 지배계급을 조직하는 동시에 사회 전체를 조직한다. 착취가 재생산되기 위해서는 필연적으로 대중이 국가에 통합되어야 하기 때문이다. 그렇지 않을 경우 국가장치는 지배계급의 고립을 초래한다. 이러한 국가의 이중적 기능은 자본주의에 이르러 완성된다. 노동자도 자본가와 마찬가지로 자유롭고 평등한 개인으로 자신을 가상하는데, 이는 단순한 허위의식이나 환상이 아니라 이데올로기적 국가장치의 물질적 효과다. 따라서 부르주아 국가는 모든 인민이 국가기능에 참여하는 형태로 완성된다(Balibar, 1972; 1974).

그러나 마르크스가 처음부터 국가권력과 국가장치를 구분했던 것은 아니다. 발리바르는 「'공산주의자 선언'의 정정」(Balibar, 1972)에서 국가에 대한 마르크스의 입장의 변화를 추적한다. 1848년 혁명 전야에 쓰여진 『공산주의자 선언』에서 마르크스는 혁명을 프롤레타리아에 의한 국가권력의 장악으로 묘사한다. 이 시기 마르크스는 국가를 도구로 이해하고, 권력과 구별되는 장치의 개념을 제시하지 않는다. 반면 파리코뮌 직후 『공산주의자 선언』의 1872년판 「서문」에서 마르크스는 "코뮌은 노동자계급이 국가장치를 그대로 장악하여 자신을 위해 사용하는 데 그칠 수 없다는 것을 증명한다"라고 주장하면서 국가장치의 파괴가 필수적이라는 결론을 도출한다.

이와 함께 공산주의와 정치의 관계에 대한 입장도 변화한다. 『공산주의자 선언』은 공산주의를 '정치의 종언'으로 제시한다. 이 시기 마르크스는 계급의 적대관계가 소멸하면 공권력이 정치적 성격을 상실한다고 주장한다. 경제에 대한 관리와 지도를 비정치적인 것으로 파악하는 이러한 관점은 생시몽에게서 유래하여 스탈린에 의해 계승되는 것이다. 반면 파리코뮌을 경험한 이후 마르크스는 공산주의를 '정치의 확장'으로 이해한다. 노동자의 대중적 실천은 기존의 국가장치를 파괴하는 반면, 생산을 정치의 영역으로 만듦으로서 정치를 변형하고 확장하는 것이다.

마르크스는 코뮌과 같은 대중적 정치조직의 강화를 통한 국가장치의 파괴를 프롤레타리아 독재로 개념화한다. 프롤레타리아 독재는 새로운 유형의 정치조직의 건설과 생산의 영역으로의 정치적 실천의 침투에 의해 가능해진다. 새로운 유형의 정치조직은 노동자가 주도하는 대중적 정치조직으로서 기존의 국가장치를 통제하고 결국 소멸시킨다. 이러한 의미에서 프롤레타리아 독재는 진정한 대중민주주의다. 프롤레타리아 대중민주주의의 발전은 정치의 종언이 아니라 '새로운 정치적 실천'에 기초한다. 이는 프롤레타리아의 대중적 정치조직의 존재, 정치와 경제의 절대적 분리의 종식이라는 두 가지 조건을 필요로 한다.

 이러한 정정의 중요성에 주목하고 역사를 통해 이를 입증한 사람은 바로 레닌이다. 『프롤레타리아 독재에 관하여』(Balibar, 1976)에서 발리바르는 프롤레타리아 독재에 관한 레닌의 테제를 재구성함으로써 1976년 22차 당대회의 결정을 이론적으로 비판한다. 특히 발리바르는 '사회주의적 생산양식론'을 스탈린주의의 핵심으로 규정하고, 프롤레타리아 독재론의 재구성을 통해 알튀세르의 스탈린주의 비판을 구체화한다. 그는 사회주의에서 임노동관계가 잔존하기 때문에 착취관계가 항상 부활할 수 있음을 강조한다. 또한 사회주의에서의 국가적 소유는 소유의 법적 형태만을 변화시킬 뿐 그 본질적 속성을 변화시키지 못한다.

 발리바르는 공산당 내에서 프롤레타리아 독재의 폐기를 찬성하는 측과 반대하는 측이 모두 세 가지 관념을 공유한다고 주장한다. 첫째, 프롤레타리아 독재와 소련의 역사적 경험이 동일시된다. 둘째, 프롤레타리아 독재는 특정한 '통치형태'로 정의된다. 즉, 사회주의로의 이행은 자본주의의 발전 정도에 따라 '독재적' 형태와 '민주적' 형태 중에서 선택하는 문제이고, 프롤레타리아 독재는 전자에 해당된다. 셋째, 프롤레타리아 독재는 사회주의 그 자체가 아니라 '사회주의로의 이행'의 수단이다.

 그러나 이러한 관념은 역사적 사실에 대한 잘못된 해석과 프롤레타리아 독재 개념에 대한 근본적 오해에서 비롯된 것이다. 첫째, 프롤레타리아 독재는 소련의 역사적 경험과 동일시될 수 없다. 1936년에 스탈린이 소련에서 계급투쟁의 종식을 선언하고 '사회주의의 완전한 승리'와 '전인민의 국가'를 주장함으로써 프롤레타리아 독재를 공식적으로 폐기하기 때문이다.[20]

둘째, 마르크스와 레닌이 역설한 바와 같이 프롤레타리아 독재는 또 다른 국가를 건설하는 것이 아니라 기존의 국가장치를 파괴하는 것이다. 반면 스탈린은 부르주아 국가를 프롤레타리아 국가로 대체한다. 제국주의의 위협으로부터 사회주의를 보호하는 '계급투쟁의 도구'로서 국가가 필요하다는 것이 그 명분으로 제시되는데, 그 결과 프롤레타리아 독재는 프롤레타리아에 대한 독재로 변질된다.[21]

이행의 경로를 폭력적·독재적 형태와 평화적·민주적 형태라는 이분법으로 제시하고, 전자를 후진적인 러시아가 불가피하게 선택할 수밖에 없었던 프롤레타리아 독재로 이해하는 것 역시 오류이다. 레닌은 폭력적 수단만 강조하는 극좌주의를 '반(反) 의회주의적 백치병'이라고 비판하고 의회를 '말만 하는 기관에서 일하는 기관으로 변혁해야' 한다고 주장한다. 또한 그는 소수에 의한 혁명이 부르주아 국가의 대중적 토대를 해체하는 데 성공할 수 없음을 강조한다. 러시아혁명의 역사적 경험은 프롤레타리아 독재가 노동자와 농민,

---

[20] 반면 발리바르는 마오가 중국혁명의 과정에서 레닌의 프롤레타리아 독재론을 복원한다고 평가한다. 마오는 프롤레타리아 독재를 새로운 모순과 새로운 계급투쟁에 의해 지배되는 계속적인 인민혁명의 과정으로 이해한다. 발리바르는 1966년 이후 마오가 지도하는 문화혁명이 바로 이러한 관점에서 추동되는 것으로 해석한다. 그러나 발리바르는 공산당을 관통하는 계급투쟁을 승인하는 문화혁명에서 계급투쟁이 공산당으로 집적되고 공산당 내부에서 해결되어야 한다는 관념, 즉 공산당의 일괴암적 통일성이 포기되지 않는다는 사실을 지적한다(Balibar, 1982b).

[21] 발리바르는『마르크스주의 고증사전』에 기고한「프롤레타리아 독재」에서 마르크스와 레닌 이후 프롤레타리아 독재 개념의 변화를 검토하면서, 스탈린주의 비판을 더욱 구체화한다. 스탈린은 프롤레타리아 독재를 통치체계 또는 제도로 정의하고, 공산당을 그 체계의 핵심으로 간주한다. 공산당은 '프롤레타리아의 계급조직의 최고형태'로서 국가와 동일시되고, 노동조합은 공산당과 대중을 연결하는 '전도벨트'로 전락한다. 따라서 스탈린에게 프롤레타리아 독재는 국가의 소멸이나 국가장치의 파괴가 아니라 국가의 강화에 불과하다(Balibar, 1982b).

그리고 프티-부르주아지의 광범위한 계급동맹에 기초한 진정한 의미의 대중민주주의라는 사실을 입증한다.

셋째, 마르크스와 레닌이 주장하는 프롤레타리아 독재는 사회주의로의 이행기가 아니라 공산주의로의 이행기다. 사회주의는 그 자체가 이행기로서 자본주의적 경향과 공산주의적 경향이 공존하는 계급투쟁의 시기다. 사회주의는 국가자본주의와 프롤레타리아 독재의 결합으로 특징지어진다. 국가자본주의에서 지속되는 상품·화폐 관계는 노동력을 상품화함으로써 자본주의적 착취를 부활시킬 가능성을 내포하기 때문에, 프롤레타리아 독재는 이를 통제하고 궁극적으로 폐지하는 것을 목적으로 한다. 또한 프롤레타리아 독재는 국가와 공산당이 아니라 코뮌이나 소비에트 같은 평의회의 주도하에 실천되어야 한다.

이러한 분석을 통해 발리바르는 프랑스공산당이 프롤레타리아 독재를 폐기함으로써 스탈린주의의 오류를 반복할 뿐이라는 사실을 논증한다. 현실에서 대립하는 두 경향, 즉 스탈린주의와 개량주의는 사실상 계급투쟁을 부차화한다는 점에서 동일한 편향에 의해 지배된다. 발리비르는 레닌주의에 입각하여 프롤레타리아 독재론을 사고함으로써 비로소 이러한 편향을 정정할 수 있다고 결론짓는다.

평가

『자기비판을 위한 에세이』는 알튀세르의 자기비판을 결산하는 의미를 가진다. 1970년대 전반의 알튀세르는 초기의 이론주의적 편향의 주요한 원인으로 스피노자에 대한 과도한 의존을 지목한다. 이와 함께 『레닌과 철학』에서 '새로운 철학적 실천'의 전범으로 재발견된 레닌의 영향력을 더욱 확대한다. 한편으로는 공산당의 우경화 및 프롤레타리아 독재의 폐기라는 정세, 다른 한편으로는 당 지도부와 탈당한 마오주의자 양자로부터의 공격에 직면하여 알튀세르는 레닌주의라는 새로운 정통을 확립함으로써 자기비판을 더욱 진전시키는 동시에 국제공산주의운동의 위기를 극복하고자 시도한다.

발리바르의 작업은 알튀세르의 자기비판의 결론을 역사유물론 연구로 확장한다. 발리바르는 생산관계의 우위하에서 생산관계와 생산력의 통일을 사고함으로써 생산력을 자연적 발전의 결과로 이해하는 스탈린주의를 비판한다. 이러한 논의는 프롤레타리아 계급투쟁의 필연적 귀결로서 프롤레타리아 독재를 체계화함으로써 레닌주의의 복원으로 이어진다.

엘리어트(Elliott, 1987)는 이 시기의 알튀세르가 이론주의를 자기비판하기 위해 정치주의로 퇴행한다고 규정한다. 엘리어트에 따르면, 알튀세르는 구조주의 및 스피노자와의 동맹을 '마오주의와의 불장난'으로 대체하고, 그 결과 『마르크스를 위하여』, 『'자본'을 읽자』로 대표되는 이론적 독창성을 상실한다는 것이다.

그러나 발리바르(Balibar, 1993a)는 전혀 다른 입장을 취한다. 그는 알튀세르의 인식론적 관심이 폐기된다기보다는 오히려 정정된다는 사실을 강조한다. 실제로 알튀세르에게서 가상과 인식 사이의 절단의 발본성은 조금도 경감되지 않고 불귀점(*point de 'non retour'*)의 중요성도 유지된다. 이 시기 알튀세르의 작업은 레닌주의를 통해 마르크스주의의 쇄신을 모색한다는 점에서 초기 문제의식의 연장선 위에서 이론적 독창성을 더욱 심화해 가는 과정으로 평가할 수 있다는 것이다.[22]

또한 과잉결정·과소결정 개념 역시 이론적 진전으로 평가될 수 있다. 과잉결정과 과소결정에 대한 강조는 모순의 고유한 불균등성과 정세의 우연성을 포착함으로써 인과성을 '우연의 필연'의 영역으로 확대하며, 노동자운동에 침투한 목적론과 의지주의에 대항하는

---

[22] 이 시기 알튀세르의 입장을 '마오주의'로 규정하는 것 역시 한계가 있다. 왜냐하면 알튀세르가 복원하고자 했던 것은 마오주의가 아니라 레닌주의이기 때문이다. 오히려 알튀세르가 레닌의 프롤레타리아 독재론의 계승자로서 마오 또 그것의 현재적 사례로서 문화혁명에 주목했다고 보는 것이 타당하다.

실천적 효과를 발휘한다. 하지만 여기에도 긴장이 있다. 알튀세르는 여전히 '최종심에서의 결정'이라는 문제설정에서 과잉결정·과소결정을 사고하기 때문이다. 따라서 경제와 마찬가지로 물질적·현실적인 성격을 갖는 이데올로기는 '최종심에서는 부차적'인 것으로 암시된다.[23]

그러나 가장 논쟁적인 지점은 스탈린주의·개량주의가 초래한 노동자운동의 위기를 레닌주의를 통해 돌파할 수 있다는 알튀세르의 신념이다. 알튀세르의 기대와 달리 공산당은 쇄신되지 않는다. 당원은 대거 이탈하고, 당은 대중으로부터 더욱 고립된다. 이에 따라 알튀세르는 결국 스탈린주의·개량주의의 위기가 아니라 레닌주의의 위기, 뿐만 아니라 마르크스 자신으로 소급되는 마르크스주의 자체의 위기를 선언하게 된다.

---

[23] 발리바르는 알튀세르의 이러한 난점을 해결하기 위해 알튀세르의 이데올로기론을 '주체화양식'이라는 개념으로 재구성하고, 이 시기 알튀세르에 의해 주변화된 스피노자를 통한 우회를 다시 시도한다. 그러나 초기 알튀세르의 우회가 스피노자의 존재론과 인식론을 통한 것이었다면, 발리바르의 우회는 스피노자의 인간학을 복권시킨다는 차이가 있다. 스피노자의 인간학은 주체화양식의 이론적 기초를 제공함으로써 마르크스의 생산양식론을 보완한다. 이처럼 생산양식과 주체화양식을 평행적으로 이론화함으로써 발리바르는 진정한 의미에서 과잉결정을 사고할 수 있게 된다. 생산양식과 주체화양식은 더 이상 토대와 상부구조가 아니며 '두 개의 토대'로서 양자의 해후를 통해 역사가 결정된다. 이제 혁명은 '착취의 모순과 이데올로기적 반역의 해후'로 정의된다(Balibar, 1991). 더 자세한 설명은 윤소영(1996, 2006)을 참조하시오.

'위기의 저작들'

박상현

해제

1970년대 후반에 이르러 현실 사회주의의 한계가 대중적으로 인식되고 유로공산주의가 '프롤레타리아 독재'의 폐기로 귀결되면서 마르크스주의의 역사에 내재하는 모순이 가시화된다. 당시의 긴박한 상황을 반성하면서 알튀세르는 1976년에서 1978년 사이에 강연과 토론, 그리고 기고의 형식으로 자신의 이론적·정치적 입장을 발표하는데, 이를 '위기의 저작들'이라고 부를 수 있다.

이 저작들에서 알튀세르는 현실사회주의라는 준거를 포기하고 '마르크스주의의 위기'를 선언한다. 이제 문제는 스탈린주의라는 편향을 정정하는 것이 아니라 마르크스주의 자체의 모순과 한계를 사고하는 것이고, 따라서 마르크스주의 내부의 논쟁은 모든 의미를 상실한다. 그는 자신이 확립한 레닌주의라는 '가상적 정통'을 포기하고, 더 이상 '자기비판'도 수행하지 않는다. 오히려 그는 자신의 작업에 대해 거리를 두면서 마르크스주의의 역사를 결산한다.

위기의 저작들은 세 가지 주제로 구분된다. 첫 번째 주제는 유물론 철학의 성격과 지위에 관한 것으로서 「철학의 변형」(Althusser, 1976b)에서 명시적으로 표현된다. 이 글은 1976년 3월과 4월에 스페인의 그라나다와 마드리드에서 행한 강연문으로서 1994년에 출판된 유고집 『철학에 관하여』에 수록된다.

이 시기 알튀세르의 철학적 사고를 집약적으로 보여주는 이 글은 유물론을 독자적인 철학적 체계가 아니라 '새로운 철학적 실천'으로 정의한다. 여기서 알튀세르는 토픽이라는 개념을 통해 마르크스의 유물론적 실천을 재해석하려고 시도하는데, 이는 마르크스주의의 위기에서 철학의 곤란을 해결하기 위한 단초가 된다.

두 번째 주제는 마르크스주의의 이론적 위기다. 1998년에 출판된 저작집 『마키아벨리의 고독』에 실린 「마침내 마르크스주의의 위기가 폭발했다!」(Althusser, 1977b), 뒤메닐(G. Duménil)의 『'자본'의 경제법칙』의 「서문」(Althusser, 1977c), 「'유한한' 이론으로서 마르크스주의」(Althusser, 1978a), 「오늘의 마르크스주의」(Althusser, 1978c) 등은 마르크스주의의 위기의 성격을 규정하고 이를 직접적인 검토 대상으로 삼는다.

「마침내 마르크스주의의 위기가 폭발했다!」는 1977년 11월에 이탈리아 좌파 일간지 『선언』(Il Manifesto)이 베네치아에서 조직한 콜로키움에서의 발표문이다. 이 콜로키움은 현실사회주의에 대한 비판적 입장에서 기존 공산당 지도부와 거리를 두고, 그 대신 서유럽의 좌파와 동유럽의 좌익반대파가 대화를 진행한다는 기획에 따라 개최된 것이다.1) 알튀세르는 여기서 마르크스주의의 위기를 선언함으로써 충격과 논쟁을 야기한다.

마르크스주의의 위기라는 선언과 특히 마르크스주의에서 국가론의 부재라는 알튀세르의 진단은 보비오(N. Bobbio)의 문제제기로 촉발된 국가론 논쟁이 한창 진행 중이던 이탈리아의 좌파에게 큰

---

1) 이 콜로키움의 발표문들은 1978년에 『혁명 이후 사회에서의 권력과 재야』라는 제목으로 출판된다. 콜로키움을 통해 자본주의를 비판하는 동시에 현실사회주의에 대한 좌익적 비판을 수행하는 하나의 전망이 형성된다.

충격을 준다. 알튀세르는 자신의 입장을 둘러싼 논쟁이 전개되기 시작한 1978년 4월에 『선언』의 편집자인 로산다(R. Rossanda)의 질문에 대한 답변의 형식으로 「'유한한' 이론으로서 마르크스주의」라는 글을 『선언』에 발표한다.2)

뒤메닐의 『'자본'의 경제법칙』에 대한 「서문」은 알튀세르가 편집하는 '이론 총서'의 한 권으로 1977년에 출판된 뒤메닐의 저서에 대한 서문이다. 여기서 알튀세르는 『자본』에서 가치와 잉여가치의 이론화의 곤란을 중심으로 마르크스주의의 위기를 진단한다.

「오늘의 마르크스주의」는 1978년에 이탈리아의 가르잔티 출판사가 출판한 『유럽백과사전』의 마르크스주의 항목에 실린 글이다. 여기서 알튀세르는 마르크스주의의 위기를 스탈린주의로 제한되지 않는 마르크스 자신의 모순과 한계로 소급하면서 150년에 걸친 마르크스주의의 역사를 결산한다.

세 번째 주제는 마르크스주의의 정치적 위기에 관한 것이다. 「22차 당대회」(Althusser, 1977a)와 「공산당 내에서 더 이상 지속될 수 없는 것」(Althusser, 1978b)은 알튀세르가 기존의 이론적 개입에서 벗어나 마르크스주의의 정치적 위기에 대해 발언한 예외적인 글들이다. 그러나 공산당의 노선뿐만 아니라 당지도부와 당장치에 대한 비판을 포함하는 이 글들은 공산당 기관지에 실리지 못한다.

먼저 「22차 당대회」는 1976년에 공산주의학생동맹의 소르본대학 철학서클이 주최한 강연회에서 발표한 것이다. 프롤레타리아 독재의 폐기에 대한 반대를 표명하는 이 글은 1977년에 수정된 판본으로 출판된다. 좌파연합 노선이 파산한 직후에 집필한 「공산당 내에서 더 이상 지속될 수 없는 것」은 1978년 4월 24일부터 27일까지 4회에 걸쳐 중도좌파적 일간지 『르몽드』에 발표되고 얼마간 수정되어 단행본으로 출판된다. 「22차 당대회」와 「공산당 내에서 더 이상

---

2) 「마침내 마르크스주의의 위기가 폭발했다!」와 「'유한한' 이론으로서 마르크스주의」를 둘러싼 논쟁은 1978년에 『국가를 토론한다: 루이 알튀세르의 테제에 대한 논쟁』이라는 제목으로 출판된다. 발리바르와 브뤼노프의 논평도 여기에 포함된다.

지속될 수 없는 것」은 발표 직후에 영역되어 『신좌파평론』(*New Left Review*)에 실림으로써 국제적인 토론의 대상이 된다.

마지막으로 「마르크스의 한계」(Althusser, 1978d)는 「공산당 내에서 더 이상 지속될 수 없는 것」이 발표된 직후인 1978년 여름에 집필된다. 여기서 알튀세르는 마르크스주의의 위기와 공산당의 위기, 그리고 프롤레타리아 독재를 둘러싼 논쟁으로 이어지는 일련의 글들을 종합하면서 마르크스주의 이론의 역사적 성과에 대한 대차대조표를 작성한다. 이 글은 미발표로 남아 있다가 1994년에 출판된 유고집 『철학-정치논문집 1권』에 수록된다.

마르크스주의의 위기의 성격과 전망

'위기의 저작들'은 마르크스주의의 위기가 폭발했다는 문제의식에 의해 지배된다. 마르크스주의의 위기는 단순히 마르크스주의라는 이론의 위기가 아니다. 마르크스주의는 노동자운동 속에서 생산되고 노동자운동의 일부를 이루며 계급투쟁의 역사에 따라 지속적으로 변화한다. 마르크스주의의 위기는 노동자운동의 역사적 형태와 분리될 수 없는 '역사적 마르크스주의'의 위기다. 위기의 폭발은 곧 마르크스주의의 역사적 순환에서 그 위기가 더 이상 은폐될 수 없는 상태로 가시화된다는 것을 의미한다.

알튀세르는 「마침내 마르크스주의의 위기가 폭발했다!」(Altusser, 1977b)에서 마르크스주의의 위기를 역사적·세계적 수준에서 마르크스주의적 전통에 기초한 혁명적 조직들이 처한 곤란과 딜레마를 포함하는 현상으로 규정한다. 위기는 1930년대에 확립된 국제노동자운동의 통일성이 해체되고, 그 조직형태가 파괴되며, 급기야 전통적인 전략 및 실천과 함께 운동의 역사 자체가 문제시되는 것으로 나타난다.

이러한 위기의 직접적이고 가시적인 결과는 마르크스주의의 역사적 전통을 통합해 온 단일한 사회주의적 전망의 해체로 나타난다. 마르크스주의자들은 더 이상 혁명적 전통의 역사에 비추어 현재를 인식할 수 없다. 그들은 더 이상 사회주의에 대한 살아 있는 준거를 갖지 못한다.3) 게다가 스스로 마르크스주의에 근거한다고 주장하는 계급투쟁의 조직들은 그 자신들의 이름으로 진행된 역사를 마르크스주의적인 방식으로 설명하지 않으며 사실상 설명하지도 못한다.

마르크스주의의 위기는 정치적 위기인 동시에 이론적 위기다. 프롤레타리아 독재의 폐기에서 드러난 것처럼 제2 인터내셔널과 제3 인터내셔널로부터 물려받은 당의 '무오류성'이라는 정치적 원리가 의문시되고, 그 결과 현재의 투쟁에 대한 정치적 전망은 더욱 불투명해지고 있다. 이러한 위기는 이론의 외부에서 발생한 우연한 사건이나 단순한 정치적 오류에서 기인하는 것이 아니다. 마르크스주의의 정치적 원리는 언제나 마르크스주의 이론에 의해 뒷받침되기 때문에 정치적 위기는 이론적 위기로 소급된다.

알튀세르는 위기에 대한 세 가지 대응방식을 구별한다. 첫째, 몇몇 공산당의 공식적 대응처럼 마르크스주의의 위기가 존재하지 않는다는 입장이 존재한다. 현실에 대한 부정과 은폐에 불과한 이러한 입장은 마르크스주의의 위기를 오히려 심화시킨다. 둘째, 몇몇 기층활동가의 태도처럼 마르크스주의의 위기에 대해 침묵하면서 노동자운동의 역량에서 희망의 근거를 발견하자는 입장이 존재한다. 그러나 마르크스주의라는 역사적 현상에 대한 최소한의 이론적 반성 없이는 노동자운동 내부에서의 활동도 불가능하기 때문에 이러한 입장도 더 이상 유지될 수는 없다. 셋째, 마르크스주의의 위기

---

3) 알튀세르는 당시 공산당의 일반적 대응, 즉 사회주의의 단일한 모델이 존재하지 않는다는 선언, 나아가 사회주의의 모델이라는 관념을 기각한다는 선언이 결코 이 문제를 해결할 수 없다고 주장한다. 왜냐하면 그러한 선언은 사회주의의 다양한 유형들이 결국 현실사회주의와 유사한 형태로 귀결되는 것을 어떻게 방지할 수 있는가라는 문제를 회피할 수 없기 때문이다(Althusser, 1977b).

가 폭발했다는 사실을 인식하고 그 위기의 성격, 의미, 효과를 발견함으로써 마르크스주의를 쇄신하려는 시도가 존재할 수 있다. 바로 이것이 알튀세르가 제시하는 대안이다.

이에 따라 알튀세르는 「마침내 마르크스주의의 위기가 폭발했다!」(Altusser, 1977b)와 「오늘의 마르크스주의」(Althusser, 1978c)에서 세계사적 지평에서 마르크스주의의 역사를 반성한다. 마르크스주의의 위기는 최근의 현상이 아니다. 그 원인은 마르크스 자신의 이론적 곤란과 공백으로 소급된다. '관념의 전능'이라는 환상을 품지 않은 마르크스는 '현실의 모순'을 과학적으로 분석하려고 시도한다. 그러나 헤겔이나 포이어바흐 같은 당대의 관념론적 이데올로기로부터의 절단은 불완전했고, 그것은 경제학 비판 및 변증법에서의 곤란과 국가, 정당, 이데올로기, 나아가 정치 그 자체에 관한 이론의 공백으로 귀결된다. 이러한 곤란과 공백, 그리고 그것들에 대한 부적합한 이론적·실천적 대응이 바로 마르크스주의의 역사에서 위기가 전개되는 원인이다. 그 단적인 사례는 과거 제2 인터내셔널의 파산으로 귀결된 마르크스주의의 위기다.

그러나 1930년대에 이르러 마르크스주의의 위기는 이전과는 다른 특수한 형태를 띤다. 스탈린주의는 마르크스주의의 내재적 모순을 억압하고 위기가 폭발하는 것을 예방하는 허구적 해답을 강제한다. 그것은 은폐된 형태로 위기를 심화시킨다. 그 결과 마르크스주의는 마르크스의 수준에 머물거나 오히려 그것보다 못한 상태로 반복·왜곡·경직화되어 사실상 도그마로 변질된다. 이제 마르크스주의는 부단한 자기비판을 통해 발전하는 과학이 아니라 일종의 '절대지식'으로서 '변유'(Diamat)와 '사유'(Histomat)라는 철학이 된다. 변유의 철학적 규정을 인간 사회에 적용함으로써 사유가 구성되고, 또 사유의 철학적 규정을 사회주의에 적용함으로써 '과학적 사회주의'가 구성된다. 공산당과 그 지도부가 이 같은 절대지식을 보유한다고 부당전제되고, 관념의 전능이라는 부르주아 이데올로기가 국가-정당-이데올로기라는 기괴한 통일체 속에서 승리한다. 이제 대중이 자기 자신의 해방을 위해 공산당과 국가에 복종해야 한다는 역설이 발생한다. 해방의 이론으로서 마르크스주의는 예속을 정당화하는 이론으로 전락한다.

알튀세르는 장기간에 걸친 비극적 역사의 종결과 함께 이러한 위기가 마침내 폭발했다고 주장한다. 그러나 위기의 폭발은 붕괴 또는 사망을 의미하는 것이 아니라 오히려 새로운 출발의 가능성을 의미한다. 위기의 폭발과 함께 1930년대 이후 마르크스주의의 발전에 대한 장애가 되어 온 위기에 대한 허구적 해법의 한계가 폭로된다. 이제 마르크스주의가 자신의 이론적 곤란과 공백을 객관적으로 인식할 수 있는 새로운 가능성이 개방된다. 알튀세르는 마르크스주의가 마침내 자신을 있는 그대로 인식하기 시작한다면 변화할 수 있을 것이라고 예상한다.

역설적이기는 하지만, 마르크스주의가 곤란과 공백을 가지고 있다는 사실은 곧 마르크스주의가 과학이라는 사실을 입증하는 것이기도 하다. 진리의 이름으로 모든 것을 설명하는 철학적·종교적 도그마는 어떤 곤란도 어떤 공백도 갖지 않는다. 오직 과학만이 곤란과 공백을 갖는다. 알튀세르는 「'유한한' 이론으로서 마르크스주의」(Althusser, 1978a)에서 마르크스주의 이론이 사회와 역사 일반이 아니라 자본주의적 생산양식과 그 내재적 모순을 분석하는 유한한 이론이라고 주장한다. 이러한 유한성은 '폐쇄성'을 전적으로 배격한다. 마르크스주의는 자본주의적 생산양식이라는 대상을 분석함으로써 이데올로기 같은 또 다른 대상을 설명할 수 있는 조건을 제공한다. 마르크스는 단지 마르크스주의 이론의 초석을 제공했을 뿐이고, 그 이론의 유한성은 오히려 '개방성'의 지표다. 이 때문에 마르크스주의의 위기는 다른 과학들의 위기와 마찬가지로 '성장의 위기'라고 할 수 있다.

물론 마르크스주의의 이론적 곤란과 공백이 해결된다고 해서 역사적 마르크스주의의 위기가 모두 해결되는 것은 아니다. 마르크스주의는 언제나 노동자운동의 역사적 형태 속에서 재생산되고 그 유효성을 획득한다. 마르크스주의의 이론적 곤란과 공백뿐만 아니라 그 새로운 발견도 계급투쟁의 역사적 형태와 결합하는 것이다. 여기서 알튀세르는 당시에 새롭게 진출한 대중운동에 주목한다.4) 대중운동은 마르크스주의의 위기를 가시화시킨 원동력이자 마르크스주의를 쇄신할 수 있는 토대가 된다. 마르크스주의는 대중운동과 새로운 이론적·정치적 관계를 형성함으로써 부활을 시도할 수 있다. 이는 또한 대중운동을 토대로 해서 공산주의를 재건하려는 시도의 일부가 될 것이다.

마르크스주의의 이론적 위기

경제학 비판의 곤란

알튀세르는 『마르크스를 위하여』, 『'자본'을 읽자』에서 마르크스의 작업을 경제학 비판을 통해 역사라는 새로운 대륙을 발견하는 과학으로 규정한다. 자기비판 이후 그는 과학 일반이 아니라 역사과학의 특수한 방법이라는 문제를 탐구한다. 그러나 '위기의 저작들'에서 그는 이 문제의 곤란을 부각시킨다. 「마침내 마르크스주의의 위기가 폭발했다!」(Althusser, 1977b)는 역사과학의 대상으로서 잉여가치를 이론화하는 것의 곤란과 『자본』의 서술순서와 관련되는 방법으로서 변증법의 곤란을 지적한다. 이 두 가지 곤란은 서로 밀접하게 결합된다. 알튀세르는 뒤메닐의 『'자본'의 경제법칙』의 「서문」(Althusser, 1977c)과 「마르크스의 한계」(Althusser, 1978d)에서 잉여가치의 이론화에서의 곤란을 『자본』의 변증법적 서술순서의 부정

---

4) 1970년대 후반에 이르러 중심부에서의 대중운동과 주변부에서의 혁명운동의 누적적 효과로 인해 반제국주의적 투쟁의 고양을 위한 가능성이 출현한다. 베트남에서 민족해방운동의 승리, 그리스·스페인·포르투갈에서 독재정권의 위기 등은 그 분명한 사례들이다(Elliott, 1987).

적 효과로 파악하고 '논리'로서의 변증법에 대한 '역사'로서의 변증법의 우위를 제안한다.5)

마르크스는 『자본』 재판의 「후기」에서 연구순서와 서술순서를 구별해야 한다고 주장한다. 연구는 소재를 영유하고, 그 다양한 발전형태들을 분석하며, 그 내재적 관계를 발견하는 작업이다. 서술은 개념의 운동 속에서 현실의 운동을 재생산하기 위해 연구에 후속할 뿐이다. 따라서 서술순서는 연구순서를 전제로 한다. 그러나 『자본』에서 마르크스는 연구순서에 대해 별도로 설명하지 않는데, 이러한 침묵은 개념의 운동 또는 변증법적 서술순서의 과시와 대조를 이룬다. 연구순서가 서술순서를 지배하지만, 그것은 결코 설명되지 않는다는 역설이 발생한다.

여기에는 충분한 이유가 있다. 마르크스는 헤겔 철학을 경유하여 자연과학에 대한 관념을 획득하고, 이 때문에 과학 일반에 대한 헤겔적 이상, 즉 모든 사고과정이 진리적이기 위해 따라야만 하는 불변의 형식적 조건이라는 관념에 사로잡히게 된다. 그는 자신의 변증법과 헤겔의 변증법을 대립시키면서 자신이 헤겔의 변증법을 전도했다고 주장하지만, 전도라는 관념은 여전히 '절대적 방법'이라는 전통적 관념을 벗어나지 못한다. 여기서 절대적 방법은 현실 및 사고의 운동법칙을 진술하는 보편적 과학으로서 변증법을 의미한다.

이로 인해 마르크스는 『자본』의 서술순서에 '허구적 통일성'을 부여한다. 『자본』은 가장 단순하고 추상적인 개념으로서 상품과 가치에서 시작한다. 여러 차례 수정한 『자본』 1권 1편에서 마르크스는 사회적으로 필요한 노동시간의 등가성에 의해 지배되는 동질적

---

5) 여기서 알튀세르는 과학적 인식의 방법으로서 변증법을 개조하려던 초기의 시도를 포기한다. 일반성 I(예를 들어 상품 일반), 일반성 II(특수한 상품으로서 화폐와 노동력), 일반성 III(자본)의 구별에 기초하는 개념의 변증법적 체계는 사실상 관념론적인 것으로 기각된다. 이는 철학을 통해 과학의 과학성을 보증하려는 인식론적 기획의 포기에 상응하는 것이다. 왜냐하면 현실모순에 대한 분석은 역사과학의 임무이고, 여기서 철학은 어떤 기여도 하지 않기 때문이다.

인 공간으로서 추상화된 가치의 이론적 공간을 구축한다. 여기서 그 이후의 서술순서가 예비된다. 그 결과 상품에서 화폐와 자본으로, 나아가 『자본』 3권의 구체적 개념들로 상승하는 변증법적 서술순서가 존재하게 된다.

서술순서에 대한 마르크스의 철학적 인식은 『자본』의 대상에 관한 설명에 부정적 효과를 끼친다. 그 중 가장 대표적인 것이 바로 잉여가치에 대한 회계적 표상이다. 『자본』 1권에서 잉여가치는 가치와 마찬가지로 계산가능하고, 노동력에 의해 생산된 가치와 그 노동력의 재생산에 필요한 상품들의 가치의 양적 차이로 정의된다. 잉여가치의 회계적 표상 속에서 노동력은 다른 상품과 동질적인 상품으로 나타난다. 따라서 단순하게 계산가능한 양으로서 잉여가치의 표상은 잉여가치를 생산하는 조건들, 즉 노동과정과 노동력의 재생산과정을 상대화한다. 만약 잉여가치의 회계적 표상을 완전한 착취이론으로 간주한다면, 착취의 역사적 조건과 형태를 이해하지 못하는 이론적·정치적 장애가 발생한다.6)

그러나 외견상의 허구적 통일성에도 불구하고 『자본』의 서술순서는 결코 헤겔적인 의미에서 개념의 자기운동을 따르지 않는다. 상품, 가치, 자본, 잉여가치 같은 핵심개념들을 중심으로 조직되는 이론적 장(章)들은 사실상 불연속적이다. 예를 들어 상품 개념에서 자본 개념을 연역하는 것은 불가능하고, 가치 개념에서 잉여가치 개념을 연역하는 것도 불가능하다. 왜냐하면 상품 개념에서 자본 개념으로, 그리고 가치 개념에서 잉여가치 개념으로 이행하기 위해서는 화폐와 노동력이라는 특수한 상품과 그 상품의 출현에 대한

---

6) 여기서 알튀세르는 잉여가치와 잉여노동을 구분하지 않는다. 노동의 추상화에 상응하는 가치와 잉여가치는 화폐 단위로 측정될 수 있는 반면, 노동의 구체성에 상응하는 잉여노동은 화폐 단위로 측정될 수 없다. 알튀세르처럼 양자를 구별하지 않을 경우, 잉여가치의 수량화 자체를 반대할 위험이 존재한다. 발리바르는 「마르크스의 계급정치 사상」(Balibar, 1983)에서 착취의 메커니즘이 잉여가치와 잉여노동이라는 두 측면을 가진 하나의 과정이라고 지적하면서 양자의 통일적 인식을 시도한다. 더 자세한 설명은 윤소영(2001)을 참조하시오.

역사적 분석이 필수적이기 때문이다.7)

따라서 『자본』에는 외견상 통일된 서술순서와 동시에 그것과 교차하는 또 다른 서술순서가 존재한다. 마르크스는 노동일에 대한 분석, 매뉴팩처에서 기계제로의 이행에 대한 분석, 본원적 축적에 대한 분석 등에서, 즉 '역사적' 장들이라고 불리는 단속적인 장들에서 착취의 역사적 조건과 형태를 분석한다. 여기서 착취는 잉여가치의 생산으로 환원되지 않으며, 노동과정과 노동력의 재생산과정에서의 억압과 지배를 포함한다. 따라서 이러한 분석들은 비록 주요한 서술순서와의 통일성이라는 점에서 문제가 된다고 할지라도 단순한 역사적 예증이 아니라 경제학 비판이라는 기획에 필수 불가결한 이론적 가치를 갖는다.

이러한 분석은 '논리적인 것'에 대한 '역사적인 것'의 우위라는 관점에서 『자본』의 서술을 새롭게 이해할 것을 제안한다. 이는 마르크스주의의 또 다른 이론적 곤란으로서 철학, 특히 헤겔의 변증법과 구별되는 마르크스의 변증법이라는 문제를 해결하는 단서를 제공한다. 마르크스의 변증법은 논리적인 장이 아니라 역사적인 장에 위치하며, 현실의 모순에서 기인하는 계급투쟁의 역사적 경향을 지시할 뿐이다. 현실의 모순은 철학의 대상이 아니라 역사과학의 대상이기 때문에 마르크스의 변증법은 결코 철학의 형태로 존재할 수 없다. 이제 전통적인 철학의 외부에서 비철학의 형태로 존재하는 마르크스의 철학이 새롭게 주목받는다.

---

7) 알튀세르(Althusser, 1977c)는 뒤메닐이 개념의 자기운동이 아니라 '조정'(措定, positing)을 중심으로 『자본』을 독해함으로써 이러한 불연속성을 분명하게 드러내는 데 성공했다고 평가한다. 마르크스의 사고는 사전에 획립된 논리적 철학적 전제 없이 개념을 위치시키는 방식으로 진행되고, 각각의 위치에서 개념은 새롭게 개방되는 이론적 공간을 생산한다. 따라서 마르크스에게서 개념은 한정된 이론적 장소에서만 작동하며, 다른 이론적 장소로 변증법적으로 전개되지 않는다. 더 자세한 설명은 윤소영(2001)을 참조하시오.

철학의 변형과 토픽의 유물론

알튀세르는 위기의 저작들에서 변증법을 중심으로 마르크스주의 철학의 곤란이라는 문제를 제기하고, 그 해답으로 철학 외부의 현실모순에 주목한다. 현실모순은 철학의 영역에서 이론화될 수 없기 때문에, 알튀세르가 애초에 구상했던 과학적 인식의 방법으로서 변증법의 개조라는 주제는 더 이상 유지될 수 없다. 이제 마르크스가 변증법에 대한 독자적인 철학적 저작을 남기지 않았다는 사실이 오히려 긍정적으로 해석된다. 그리고 '마르크스주의적 철학'이라는 알튀세르의 기획은 '마르크스주의를 위한 철학'이라는 기획으로 대체된다.

알튀세르는 「철학의 변형」(Althusser, 1976a)에서 『철학과 과학자들의 자생적 철학』과 『레닌과 철학』 이후에 진행된 철학에 관한 일련의 자기비판을 종합한다. 그는 유물론적 철학의 독자성이 과학의 방법론을 제공하고 그 과학성을 보증하는 '이론적 기능'이 아니라 오히려 철학의 변형이라는 '실천적 기능'에 있음을 강조한다. 철학에서 중요한 것은 그 이론적 내용이 아니라 존재형태와 기능작용이다. 그리고 투쟁의 장소 또는 전장(*Kampfplatz*)으로서 철학의 역사에서 관념론적 경향과 유물론적 경향은 결코 대칭적 형태를 취하지 않으며 그 실천적 기능도 결코 동일하지 않다.[8]

전통적인 철학은 과학에 대한 과학, 그리고 정치·도덕·종교·예술에 대한 과학을 자임한다. 철학은 과학적 실천에서 정치적 실천에 이르는 다양한 사회적 실천과 거기서 생산되는 관념을 자신의 내부로 가져와서 그 실천의 특수한 본성을 삭제하고 자신의 철학적 형태에 적합하게 가공한다. 그 다음에 철학은 자신이 사회적 실천과 관념에 대한 진리를 소유하고 있다고 주장한다. 결국 철학은 그 외

---

[8] 이렇게 실천적 기능을 중심으로 철학을 재해석하려는 시도는 새로운 것이 아니다. 그것은 철학이 '최종심에서 이론에서의 계급투쟁'이라는 명제, 특히 '철학에서 이론적 기능에 대한 실천적 기능의 우위'(Althusser, 1972c)라는 명제를 더욱 발전시킨 것이다.

부에 존재하는 다양한 사회적 실천들을 영유하여 진리 일반(Truth)의 이름으로 통일시킨다.

이를 통해 철학은 지배이데올로기의 구성에 기여하고 계급투쟁에 작용한다. 철학은 모순적 이데올로기들을 하나의 지배이데올로기 속에서 통일하고, 이 지배이데올로기가 진리임을 보증하는 데 기여한다. 철학은 이데올로기적 국가장치 내부에서 작동하면서 국가권력을 장악하고 있는 지배계급의 이데올로기에 봉사한다. 나아가 철학은 심지어 그것이 비판적인 형태를 취하는 경우에도 언제나 국가를 이상화한다.

그렇다면 철학의 전장에서 유물론적 경향은 어떤 형태를 취할 수 있는가? 알튀세르는 마르크스가 전통적인 의미에서의 철학을 생산하기를 거부하고 과학적·정치적 작업 속에서 철학을 실천했다고 주장한다. 마르크스의 철학은 철학적 담론이라는 형태가 아니라 계급투쟁으로서 정치에 대한 과학적 분석을 수행하는 『자본』 같은 텍스트 속에 비철학적 형태로 존재한다. 이와 같은 '비철학으로서의 철학' 또는 '소멸하는 철학'은 철학의 외부에 존재하지만, 그러나 동시에 철학을 변형하는 심대한 철학적 효과를 생산한다.

또한 마르크스의 새로운 철학적 실천은 지배이데올로기의 통일성을 비판하면서 사회적 실천들의 해방과 자유로운 발전을 위한 이데올로기적 조건들을 창출한다. 게다가 이러한 철학적 실천은 더 이상 국가를 이상화하지 않는다. '소멸하는 철학' 또는 '비철학으로서의 철학'은 사회적 변혁의 과정에서의 '소멸하는 국가' 또는 '비국가로서의 국가'에 조응하는 것이다.9)

알튀세르는 「오늘의 마르크스주의」(Althusser, 1978c)와 「마르크스의 한계」(Althusser, 1978d)에서 마르크스의 저작들에서 새로운 철학적 실천의 지표를 검출한다. 그는 마르크스의 철학적 실천에서

---

9) 알튀세르(Althusser, 1976a)에 따르면, 스탈린이 마르크스주의 철학으로서 변유와 사유를 완성함과 동시에 지배를 위한 장치로서 국가를 완성했다는 사실은 이러한 관점의 타당성을 역설적인 형태로 증명한다.

발견되는 유물론의 지표는 역사에 관한 이론적 내용이 아니고, 그 내용에 대한 서술의 논리도 아니며, 토픽이라는 고유한 설명의 형식이라고 주장한다.

알튀세르에 따르면, 마르크스는 자기 자신의 관념을 포함하여 '관념의 전능'에 대한 어떤 환상도 가지지 않는다는 점에서 모든 관념론적 철학자와 구별된다. 또한 마르크스는 관념과 현실을 단순히 대립시키는 것이 아니라 관념을 전체로서 현실의 특정한 부분으로 위치시키면서 '관념의 유효성'의 조건과 한계를 사고한다. 이 때문에 마르크스는 『공산주의자 선언』(1848)과 『정치경제학 비판을 위하여』 1분책의 「서문」(1859)에서 토픽의 형태로 자신의 이론적 관념들을 이중적으로 제시한다.

마르크스는 우선 자신의 이론을 그의 대상으로서 현실 전체에 대한 분석의 원리로 제시한다. 여기서 마르크스의 이론은 계급투쟁에 관한 과학적 설명이 된다. 그러나 마르크스는 동일한 이론적 관념을 다시 한번 제시하는데, 이제 그의 관념은 현실 전체가 아니라 현실에 의해 결정되고 제한되는 특정한 장소에 위치한다. 여기서 마르크스는 전체에 대한 설명의 원리가 아니라 그 전체를 구성하는 이데올로기적·정치적 계급투쟁의 한 요소로서 자신의 관념을 배치한다. 마르크스의 이론은 그것이 위치하는 장소의 변화에 따라 과학적 형태에서 이데올로기적 형태로 이행한다는 것이다.

관념은 비록 그것이 진리로 증명되었다고 할지라도 순수한 이론적 형태로는 능동적일 수 없다. 그것은 오직 이데올로기적 형태 속에서 그리고 그 형태를 통해서만 능동적일 수 있다. 이 때문에 마르크스는 자신의 관념을 토픽 속에 이중적으로 기입하는 것이다. 따라서 그 대상 전체를 포괄하는 관념의 진리와 그 대상의 부분으로 위치한 관념의 유효성 사이에는 거리가 있다는 인식과 이론적 관념이 능동화되는 조건·형태·한계에 대한 인식이 바로 마르크스의 유물론의 지표가 된다(Balibar, 1993a).

이제 경제학 비판의 의미가 분명하게 드러난다. 마르크스는 『자본』이 경제학 비판이라고 선언함으로써 역사과학이라는 새로운 이론적 지반으로 이동할 뿐만 아니라 비판 개념의 전통적 의미를 변형시킨다. 합리주의적 전통에서 비판은 오류로부터 진리를 해방시키는 것 또는 진리의 이름으로 오류를 기각하는 것 같은 기능을 갖는다. 반면 『자본』에서 비판은 이상적 관념이 불완전한 현실에 대해 선고하는 판결 같은 것이 아니다. 비판은 현실의 모순에 의한 현실 그 자체에 대한 비판이다. 따라서 비판은 더 이상 철학의 영역에 머물지 않고 '현재의 상태를 지양하는 현실의 운동'으로서 공산주의 속에 위치하게 된다.

여기서 알튀세르의 철학적 주제는 절단에 대한 토픽의 우위로 변화한다. 토픽의 유물론은 마르크스주의의 역사에서 관념의 유효성의 조건·형태·한계를 사고할 수 있는 수단을 제공한다. 마르크스주의 이론은 언제나 물질적·이데올로기적 조건들 속에서 생산된다. 이 과정에서 지배이데올로기와의 절단은 하나의 투쟁이고, 그것도 결코 종결될 수 없는 투쟁이다. 나아가 지배이데올로기로부터 절단한 마르크스주의 이론이 역사 속에서 유효성을 획득하는 과정도 마찬가지다. 그러나 그러한 투쟁에서 승리가 보증되는 것은 아닌데, 마르크스주의의 위기가 이를 반증한다(Balibar, 1993a).[10]

이데올로기 비판의 공백

알튀세르는 「마침내 마르크스주의의 위기가 폭발했다!」(Althusser, 1977b)와 「오늘의 마르크스주의」(Althusser, 1978c)에서 국가에 관한 이론, 정당 같은 계급투쟁의 조직에 관한 이론이 마르크스주의

---

[10] 마르크스주의 과학의 형성에서 절단은 비가역적이지만, 그 결과물이 유효성을 획득하지 못할 수도 있다. 발리바르는 이러한 인식이 알튀세르 철학의 진전을 보여준다고 주장한다. 여기서 절단이라는 개념은 더 이상 언급되지 않지만 결코 무효화되지 않는다. 과거에 절단으로 명명되던 문제가 이제 토픽이라는 테마에 종속된 형태로 지속되기 때문이다(Balibar, 1993a).

의 공백으로 남아 있다고 주장한다. 또 그는 「마르크스의 한계」(Althusser, 1978d)에서 이러한 공백이 사실상 이데올로기 이론의 '절대적 한계'와 밀접하게 관련된다고 주장한다.

마르크스는 『독일 이데올로기』(1845)에서 이데올로기를 현실에 대한 표상들의 체계로 사고한다. 또한 그는 이데올로기가 사회적이며 계급투쟁에서 특정한 기능을 수행한다는 명제를 옹호한다. 그는 『철학의 빈곤』(1847)에서 '즉자적 계급'과 '대자적 계급'을 구분하고, 단순한 주관적 의식이 아니라 착취와 투쟁의 객관적 조건에 대한 객관적 의식으로서 정치적 의식에 중요성을 부여한다. 나아가 그는 『경제학 비판을 위하여』 1분책의 「서문」(1959)에서 이데올로기를 개인들이 갈등을 의식하고 '투쟁으로써 해결하는'(*ausfechten*) 집합적인 '정신적 현실'로 간주한다(Althusser, 1978d).

그러나 마르크스는 이러한 정신적 현실로서 이데올로기의 메커니즘에 대해서는 더 이상 사고하지 않는다. 왜냐하면 마르크스는 언제나 이데올로기를 의식형태와 관련된 것으로 이해할 뿐만 아니라 의식을 전통적인 방식으로, 즉 인식·반성·판단을 수행할 수 있는 주체의 능력으로 이해하기 때문이다. 그 결과 마르크스는 특정한 이데올로기를 이해하기 위해서는 의식과 관념, 그리고 그것들과 대립되는 현실이라는 세 가지 준거로 충분하다고 생각한다. 여기서 그는 어떤 개인, 계급, 사회, 역사적 시대도 그것의 '자기의식'을 통해 판단하지 말아야 하고, 주체의 의식 및 관념과 주체의 현실적 조건을 대조해야 한다고 제안한다. 이는 의식에 대한 현실의 우위, 사회적 의식에 대한 사회적 존재의 우위를 함의한다. 그러나 동시에 이는 의식이 존재와 구별될 수 있다는 사실을 함의하고, 따라서 단순한 왜곡 또는 전도로서 이데올로기적 왜곡이라는 특정한 사고를 전제로 한다.

의식의 왜곡과 전도는 사실상 포이어바흐적인 소외의 관념을 크게 벗어나는 것이 아니다. 마르크스는 『자본』이라는 성숙기 저작에서도 이러한 관념을 결코 포기하지 않는다. 『자본』에서 제시되는 물신숭배에 대한 설명, 즉 직접적이고 투명한 인간 개인들의 관계가 상품이라는 사물들의 관계로 전도된다는 설명도 동일한 소외의 관념에 의해 지배된다. 그러나 마르크스는 물신숭배론을 통해 자신에게 부과된 과제, 즉 집합적인 정신적 현실을 설명하는 과제를 완수했다고 믿는다.

소외로서의 이데올로기라는 관념은 개인들 사이의 직접적이고 투명한 관계를 그 대립물로 설정한다. 이에 따라 공산주의라는 투명한 사회에서는 소외의 모든 형태들, 곧 시장과 이데올로기가 소멸할 것이라고 예상된다. 이러한 관점에서 마르크스는 자본주의에서 공산주의로의 이행을 '필연의 왕국'에서 '자유의 왕국'으로의 이행으로 묘사한다. 여기서 모든 사회적 관계들을 대체하는 개인들의 공동체라는 신화가 다시 등장한다.

결국 마르크스에게 이데올로기는 비록 현실의 일부를 구성할지라도 관념적 형태에 불과하다. 또한 의식의 투명성에 상응하는 관념의 투명성이 가정된다. 『루이 보나파르트의 브뤼메르 18일』(1852) 같은 구체적 정세에 대한 구체적 분석에서의 난점에도 불구하고, 마르크스는 자신이 관념과 의식을 도출하는 철학적 영역을 떠날 필요를 느끼지 않는다. 마르크스는 이데올로기가 투명하다는 통념의 절대적 한계를 결코 넘어서지 않는다. 그 결과 그는 계급투쟁의 물질성 내부에서 이데올로기의 물질성을 인식하지 못한다. 바로 이것이 이데올로기 이론의 '절대적 공백'을 야기하는 것이다.11)

알튀세르는 「오늘의 마르크스주의」(Althusser, 1978c)에서 이러한 절대적 공백의 연장선에서 국가와 정당에 관한 이론의 공백을 설명한다. 또 「마침내 마르크스주의의 위기가 폭발했다!」(Althusser, 1977b)에서는 마르크스주의의 역사적 텍스트들에는 국가와 정당에

---

11) 그람시도 이 문제의 해결에 큰 기여를 하지는 못한다. 그는 이데올로기가 '통합적 시멘트'로 기능한다고 지적하는 것에 만족한다. 헤게모니는 '헤게모니적 장치'의 효과로 정의되지만, 그 장치의 기능작용은 탐구되지 않는다. 또 그람시는 '헤게모니적 장치'를 시민사회 내부에 위치시키면서 국가와 시민사회라는 (자유주의적) 구별을 수용한다(Althusser, 1978d).

관한 정치적 논의들만 무성할 뿐 그 실질적 기능작용을 파악하게 해주는 이론이 존재하지 않는다고 주장한다. 이 두 가지 공백은 상호작용하면서 국가장치와 정당조직의 왜곡된 관계로 나타나는 마르크스주의의 정치적 위기를 산출한다.12)

마르크스와 레닌은 국가의 문제를 정치사상의 핵심에 위치시키면서도 어떤 체계적인 이론도 제시하지 않는다. 마르크스는 법과 국가가 '생산력과 생산관계의 조응'이라는 토대 위에서 출현한다고 주장하면서 상부구조가 토대를 지양하는 것도 토대로 환원되는 것도 아니라고 지적하지만, 더 이상 분석을 진척시키지는 않는다. 레닌은 1919년 스베르들로프대학에서의 강연 「국가에 관하여」에서 국가를 '특별한 기계'라고 규정하면서도 '특별한'이라는 용어가 의미하는 것에 대해서는 아무런 설명도 하지 않는다.13)

마찬가지로 마르크스주의적 유산에서는 정당에 관한 어떤 이론도 발견되지 않는다. 특히 마르크스는 이데올로기 이론의 공백 속에서 조직활동의 고유한 이론적 문제를 제기하지 못한다. 모든 문제는 자유롭고 평등한 성원들로 구성되는 자발적·의식적 공동체의 투명성 속에서 해결되는 것으로 상정된다. 이에 따라 그는 사상과 행동의 통일을 위해 모든 조직은 장치를 가져야 한다는 관념, 그리고 그 장치는 필연적으로 특수한 이데올로기를 생산한다는 관념에 결코 도달하지 못한다.

알튀세르는 이데올로기, 국가, 정당에 대한 마르크스주의적 이론

---

12) 알튀세르는 국가론의 공백, 정당론의 공백, 이데올로기론의 공백 사이의 관계를 엄격하게 분석하지 않는다. 그러나 발리바르는 「국가, 당, 이데올로기: 문제의 개요」(Balibar, 1979)에서 마르크스주의에서 국가론과 정당론의 부재가 바로 이데올로기론의 부재에서 비롯되는 것이라는 설명을 제시한다.
13) 그람시의 경우도 사정은 마찬가지다. 그람시의 헤게모니론은 국가론이라기보다는 국가권력의 장악을 목표로 하는 정치노선에 관한 논의일 뿐이다. 게다가 국가와 정당에 대한 그람시의 관념은 지적·도덕적 권위를 통해 인류의 보편적 자기교양(self-cultivation)의 이상을 실현하는 교육자로서 국가라는 헤겔주의적 관념을 벗어나지 않는다(Althusser, 1978d).

의 공백이 결국 정치를 사고하지 못하게 만든다고 주장한다. 경제학 비판과 관련된 곤란이 자본주의적 생산양식에 관한 유한한 이론으로서 마르크스주의의 곤란과 관련된다면, 이데올로기, 국가, 정당에 관한 이론적 공백은 과학으로서 마르크스주의가 유효성을 획득하기 위한 조건으로서 마르크스주의적 정치 그 자체의 위기와 직접적으로 관련된다.

마르크스주의의 정치적 위기

1970년대 후반에 이르러 서유럽에서 공산당의 위기가 가시화되면서 알튀세르는 부르주아 이데올로기가 공산당의 이론과 실천에 끼치는 왜곡된 효과를 비판한다. 「22차 당대회」(Althusser, 1977a)는 공산당의 우경적 노선 전환을 비판하면서 프롤레타리아 독재를 옹호한다. 「공산당 내에서 더 이상 지속될 수 없는 것」(Althusser, 1978b)은 한 걸음 더 나아가 정당이라는 조직형태 자체를 비판적으로 분석한다. 이제 알튀세르는 정당조직에 기초한 정치를 상대화하면서 대중운동의 우위 아래 공산주의 정치를 재건하자고 제안한다.

자본주의적 국가와 프롤레타리아 독재의 필연성

마르크스주의의 이론적 공백은 20세기 후반 자본주의 사회에서의 국가의 성격과 변혁적 대안으로서 프롤레타리아 독재라는 문제와 직접 관련된다. 이는 단순한 이론적 문제가 아니라 유로공산주의로 표현되는 공산당의 정치노선을 둘러싼 문제이기도 하다. 자본주의 국가가 부르주아적일 뿐만 아니라 '사회적'이기도 하다는 공산당의 진단은 프롤레타리아 독재의 폐기를 정당화할 뿐만 아니라 일상적인 선거와 (민간부문뿐만 아니라) 국가부문에서 노동조합의 조직화를 통한 '국가의 민주화'라는 정치적 전망을 승인한다(Goshgarian,

2006). 이에 대응하여 알튀세르는 자본주의 국가의 핵심으로서 억압장치는 세력관계의 일시적 변화에 결코 영향을 받지 않기 때문에 프롤레타리아 독재를 통해 파괴되어야 한다고 주장한다. 그리고 그는 프롤레타리아 독재를 실현하기 위해 대중운동을 중심으로 프롤레타리아 정치의 고유성을 사고하고 실천하자고 제안한다.

알튀세르는 「마르크스의 한계」(Althusser, 1978d)에서 국가론의 공백을 인정하는 동시에 '특별한 기계'로서 국가라는 레닌의 테제를 원용하여 국가에 대한 사고에 필요한 '최소한의 일반성'을 추출하려고 시도한다. 여기서 기계는 다양한 기능을 갖는 장치들의 조합으로서 하나의 에너지를 다른 에너지로 변환시키는 활동에 의해 정의된다. 이러한 관점에서 볼 때, 국가라는 기계는 생산과 재생산의 과정에서 다양한 기능을 갖는 장치들의 조합으로 정의된다.14) 억압적 장치, 정치·이데올로기적 장치, 경제적 장치 등은 자본주의적 생산양식의 재생산에서 각자 고유한 기능을 수행한다. 동시에 이 장치들은 기계로 조합되어 '계급투쟁의 폭력'이라는 에너지를 '합법적 권력'이라는 에너지로 변환한다. 국가기계는 계급투쟁에서 지배계급이 행사하는 폭력의 최악의 형태를 권리, 법, 규범의 형태로 변환함으로써 폭력을 구조화하는 것이다(Althusser, 1978d).15)

국가라는 기계가 '특별한' 이유는 그 핵심에 무장력이 존재하기

---

14) 생산과 재생산에서의 기능을 중심으로 국가장치를 정의하는 것은 기능주의적 설명과는 무관하다. 여기서 기능은 생물학에서 일반적으로 사용되는 의미, 즉 생명을 구조와 기능이 결합되는 체계로 정의하는 것과 일맥상통한다. 만약 국가장치가 생산과 재생산에서 어떤 기능도 하지 않는다면, 그 장치는 퇴화하여 소멸될 것이다. 국가권력도 이런 관점에서 더 분명하게 이해될 수 있다. 국가장치의 기능 덕택으로 자본주의적 생산과 재생산이 정상적으로 이루어지는 것이 바로 지배계급의 국가권력이 재생산되는 것이다.
15) 국가가 합법적 권력을 생산한다고 말할 때 법이 어떤 도덕적 특권을 갖는 것은 아니다. 오히려 그것은 하나의 사실, 예를 들어 히틀러의 유대인 학살도 법의 선포를 통해 실행된다는 사실, 즉 어떤 광신적·전제적 권력도 폭력을 독점적으로 행사하기 위해서는 항상 자신을 법에 기초하려는 경향을 갖는다는 사실을 지적할 뿐이다(Althusser, 1978d).

때문이다. 국가의 이름으로 작동하는 모든 것은 군대와 경찰이 행사하는 무장력에 의해 은밀하게 지지된다. 이는 국가기계를 구성하는 장치들, 즉 억압적 장치, 정치·이데올로기적 장치, 경제적 장치 등에서 무엇이 본질적인 것인가를 분명하게 보여준다. 억압적 장치가 국가의 핵심을 형성하고, 그밖의 다른 장치들에서도 그 상층은 모두 억압적 장치와 동일한 방식으로 조직된다. 예를 들어 억압적 장치의 위계적 구조는 행정부에서의 관료적 분업의 토대가 된다.16) 바로 이 때문에 국가부문의 핵심에서는 노동조합이 결성될 수 없고, 그 위계제의 하층에서 노동조합이 건설되더라도 국가기계의 성격은 변화하지 않는다. 또 일시적인 세력관계의 변화가 국가장치의 기계적 물질성을 변화시키지는 않고, 현존하는 국가장치 내부의 개혁도 제한된다.

국가에 관한 이러한 논의는 프롤레타리아 독재의 문제와 직결된다. 알튀세르는 「마르크스의 한계」(Althusser, 1978d)에서 국가기계에 관해 체계적으로 설명함으로써 「22차 당대회」(Althusser, 1977a)에서 제시한 프롤레타리아 독재에 관한 입장을 더욱 명료화한다. 먼저 그는 프롤레타리아 독재에 결부된 두 가지 관념, 즉 통치형태 또는 정치체제의 형태로서 '독재'라는 관념과 계급지배로서 '계급독재'라는 관념을 구별할 것을 제안한다.

첫 번째 의미의 독재는 폭력적이고 자의적인 의지를 강제하면서 '법 위에' 서고 '법의 한계 외부에서' 작동하는 통치형태를 의미한다. 이는 계급독재와 무관하고, 특히 프롤레타리아 독재와는 아무

---

16) 여기서 알튀세르는 이데올로기적 국가장치를 거의 언급하지 않으면서 억압적 국가장치만을 강조한다. 그러나 국가기계에서 억압적 국가장치가 핵심적인 역할을 하는 것은 사실이지만, 이데올로기적 국가장치의 고유한 기능이 억압적 국가장치로 환원될 수는 없다. 발리바르(Balibar, 1990b)는 이데올로기에 관한 연구를 진전시키면서 국가장치의 불균등성에 주목한다. 그는 이데올로기가 소멸될 수 없는 것처럼 그 제도적 토대로서 이데올로기적 국가장치도 소멸될 수 없으며, 따라서 이데올로기적 국가장치가 억압적 국가장치와 동일한 방식으로 파괴될 수 없다는 입장을 제시한다. 더 자세한 설명은 윤소영(2004)을 참조하시오.

런 관련도 없다. 두 번째 의미의 독재, 즉 계급독재는 곧 계급지배를 의미한다. 부르주아지의 계급지배는 결코 통치형태로 환원되지 않고, 지배의 경제적·정치적·이데올로기적 형태들, 즉 계급적 착취와 억압의 모든 형태들을 포괄한다. 여기서 국가는 계급지배와 그것의 영속화를 위한 수단으로 기능하는 기계가 된다.

이제 프롤레타리아 독재는 프롤레타리아 계급지배로 이해되면서 그 온전한 의미를 획득한다. 그것은 프롤레타리아가 착취계급에 대해 강제하는 경제적·정치적·이데올로기적 지배형태를 지칭한다. 이는 다수에 대한 소수의 독재를 특징으로 하는 이전까지의 어떤 지배형태와도 구별된다. 프롤레타리아의 지배형태는 생산형태에서 노동자통제와 결합된 국유화, 통치형태에서 공장·지역평의회의 대표자로 구성된 전국평의회(소비에트), 그리고 이데올로기형태에서 레닌이 '문화혁명'이라고 부른 지속적 투쟁 등을 통해서만 존재할 수 있다.17)

이 같은 새로운 계급지배는 부르주아 계급지배와 결합된 국가기계와 결코 양립할 수 없기 때문에 국가기계를 파괴해야 한다. 여기서 파괴가 국가기계의 '폐지'를 의미하는 것은 아니다. 오히려 그것은 특수한 종류의 파괴, 즉 국가기계의 핵심으로서 억압적 국가장치의 파괴와 모든 국가장치들 내부에서 지배와 종속의 형태들의 파괴를 의미한다. 그것은 다양한 장치들 사이의 분업의 형태의 파괴, 예를 들어 행정부와 입법부의 분리, 노동과 교육의 분리, 정치와 문화의 분리, 육체노동과 지식노동의 분리 등의 소멸을 의미한다. 그리고 국가의 파괴는 국가의 '소멸', 즉 대중적 정치조직에 의한 국

---

17) 사회주의는 이러한 과도기로서 프롤레타리아 독재의 시기를 의미할 뿐이다. 알튀세르는 프랑스공산당이 '민주적 사회주의'라는 용어를 통해 과거 사회주의의 오류에 대한 이론적 반성을 회피하면서 사회주의를 모순적 이행기가 아니라 하나의 목적지이자 종착지로 제시한다고 주장한다. 즉, 사회주의가 계급투쟁이 '변형된 형태' 속에서 계속되는 본질적으로 불안정한 시기라는 사실을 인식하지 않음으로써 결국 프롤레타리아 독재의 폐기를 제안하게 된다는 것이다(Althusser, 1977a). 더 자세한 설명은 윤소영(2004)을 참조하시오.

가장치의 대체를 예비하는 것이다. 따라서 그것은 대중의 창의력에 조응하는 새로운 프롤레타리아 이데올로기의 기초 위에서 '비국가로서의 국가'와 대중의 관계를 새롭게 확립하는 것이다.

이러한 과정에서 폭력의 문제는 언제나 부차적·일시적 장소를 차지할 뿐이다. 마르크스와 레닌은 국가권력의 장악을 위한 행동의 절대적이고 필연적인 형태를 제시한 적이 없다. 또한 그들은 선거를 통한 사회주의로의 평화적·합법적 이행의 가능성을 결코 배제하지 않는다. 그것은 단지 세력관계의 문제, 따라서 정세의 문제일 뿐이다.

오히려 더 중요한 것은 노동자계급이 자신에게 유리한 세력관계를 형성하기 위해 부르주아 계급독재의 '대중적 토대'를 침식할 수 있는 광범위한 동맹세력을 결집해야 한다는 점이다. 따라서 이행을 위한 투쟁은 노동자, 농민, 프티-부르주아지, 심지어 부르주아지의 일부까지도 견인하는 가능한 광범위한 계급동맹을 형성할 수 있는 민주적 통치형태를 창조해야 한다. 소수의 독재로서 부르주아 독재와 대립되는 다수의 독재로서 프롤레타리아 독재는 넓은 의미에서의 인민민주주의의 형태를 취해야 한다.[18]

정당형태의 위기

1972년부터 1977년까지 지속된 프랑스공산당과 사회당의 좌파연합은 1978년 3월에 이르러 사실상 파산으로 종결된다.[19] 그러나 당

[18) 여기서 알튀세르는 인민민주주의(people's democracy)라는 용어 대신 대중민주주의(mass democracy)라는 용어를 사용한다. 이 때 대중은 무차별적인 군중을 지칭하는 것이 아니라 인민 또는 계급동맹을 지칭한다. 물론 이런 맥락에서의 인민민주주의는 2차 세계전쟁 이후 동유럽에서 시도되는 인민민주주의와 구별된다. 당시 동유럽에서 인민민주주의는 계급독재로서 프롤레타리아 독재를 구체화한 것이 아니라 통치형태로서 프롤레타리아 독재(일당독재)가 실행될 수 없는 상황에서 정당연합적 통치형태를 지칭할 뿐이다.

지도부는 자신의 정치적 무능력과 비일관성에 대해 어떤 자기비판도 제시하지 않은 채 모든 책임을 사회당에게 전가함으로써 기층당원들의 불만을 진정시키고 사태를 무마하려고 시도한다. 1978년 4월에 알튀세르는 중도좌파적 일간지 『르몽드』에 「공산당 내에서 더 이상 지속될 수 없는 것」(Althusser, 1978b)을 기고하여 정당형태의 모순과 위기라는 관점에서 마르크스주의의 정치적 위기에 대해 발본적인 문제제기를 시도한다.

알튀세르에 따르면, 좌파연합의 실패는 당 지도부의 정치적 오류를 보여줄 뿐만 아니라 더 중요한 문제, 즉 오류를 처리하는 방식에서의 오류를 보여준다. 당 지도부는 당이 항상 옳다는 '무오류성의 원칙'을 반복함으로써 자신들의 오류를 은폐하는데, 이는 오류를 발생시키는 구조적 원인을 인식할 수 없게 만든다. 오류가 출현하는 원인이 분석되고 제거되지 않는다면, 오류는 언제나 지속될 것이다. 알튀세르는 "오류를 범하는 것보다 오류에 대해 눈을 감는 것이 더 나쁘다"라는 레닌의 명제를 상기시키면서 당의 정치적 실천의 구조적 모순을 인식할 것을 주장한다.

그러나 여기에는 역설이 존재한다. 왜냐하면 마르크스주의에는 정당 같은 계급투쟁의 조직들을 분석할 수 있는 이론이 없고, 이러한 이론적 공백은 공산당이 현재의 형태를 취하게 된 원인들 중 하나이기 때문이다. 따라서 공산당의 변질의 뿌리는 이론적 공백에 대한 마르크스주의 내부에서의 최초의 대응, 즉 '외부로부터의 수입'이라는 관념에 기초한 정당론으로 소급된다.

제2 인터내셔널의 이론적 지도자인 카우츠키는 부르주아 지식인에 의해 생산된 과학이 노동자운동으로 수입된다는 이론을 통해 마르크스주의와 정당형태의 결합을 옹호한다.[20] 이후 러시아혁명의

---

19) 1977년 9월에 사회당과의 좌파연합을 파기한 프랑스공산당은 1978년 3월 총선 직전까지 줄곧 사회당을 일방적으로 비난한다. 그러다가 두 당 모두 1차 투표에서 패배한 그 다음 날에 프랑스공산당은 사회당과의 선거연합을 급조한다. 그렇지만 2차 투표도 역시 패배로 끝난다(Elliott, 1987).

과정에서 레닌은 경제주의적 '자생성'에 대항하는 투쟁을 이론적으로 뒷받침하기 위해 이러한 카우츠키의 명제를 수용함으로써 '외부로부터의 수입'은 마르크스주의의 역사에서 공식적인 교의로 정착된다(Althusser, 1978d).

그러나 이 명제는 이론과 정치의 관계, 공산당과 대중운동의 관계, 그리고 지도부와 기층당원의 관계에 대한 관념론적·의지주의적 표상을 산출한다. 지도부는 자신의 정치적 결정을 정당화할 목적으로 이론을 활용하면서 이 이론이 노동자계급의 객관적 이익을 표현하는 '의식성'의 최고형태라고 주장한다. 공산당은 그것을 외부로부터 수입함으로써 노동자계급의 객관적 이익을 실현할 수 있다고 주장하면서 은연중에 의식이 세계를 변화시킨다는 '관념의 전능성'을 표방하게 된다. 정당에 대한 이러한 표상은 결국 지식을 생산·소유하는 집단이 권력을 소유·실행하게 되는 부르주아 지식형태를 재생산한다. 그것은 지식의 수호자로서 지도부와 무지한 대중의 분리에 의해 지배된다. 그 결과 지도부는 지도부만이 진리를 안다는 권위주의적 태도와 이론에 대한 경멸이라는 실용주의적 태도를 동시에 보여준다.

문제는 여기서 그치지 않는다. 공산당은 부르주아 지식형태에 의해 지배될 뿐만 아니라 실질적인 구조와 운영방식에서 또 다른 부르주아 모델, 즉 부르주아 국가장치로서 의회정당과 군대의 모델을 수용한다. 한편으로 공산당은 의회정당을 모델로 함으로써 대중운동에 대한 정당의 우위를 확립하고 선거를 중심으로 정당을 운영한다. 다른 한편으로 공산당은 군사적 서열조직을 모델로 수직적 분할을 확립하여 기층당원들 사이의 수평적 관계를 '분파주의적' 행동으로 간주하고 이를 규제한다.

마르크스주의의 역사에서 이미 '증명된' 것으로 간주되어온 '외부

---

20) 알튀세르는 카우츠키의 주장과 반대로 마르크스의 사상은 노동자운동 내부에서 또 그 토대 위에서 비판적이고 혁명적인 형태로 형성·발전·확산되었다는 사실을 강조한다(Althusser, 1978d). 이러한 논의는 사실상 알튀세르 자신의 초기 입장의 역전을 의미한다(Balibar, 1988).

로부터의 수입'이라는 관념과 의회정당 및 군대의 모델이 결합되면서 공산당은 부르주아적 형태로 지도부와 그 정치적 지배를 재생산한다. 그 결과 공산당은 권위주의와 관료주의가 만연하는 '지배를 위한 장치'로 변질된다. 공산당 내에서 모든 것은 위로부터 결정되며 노선의 변화는 설명되지 않은 채 기층당원에게 일방적으로 전달된다. 기층당원은 '당의 통일성'이라는 이름으로 지도부의 노선을 수동적으로 승인한다. 의견 차이의 가능성은 인정되지 않으며 자유로운 토론과 논쟁은 억압된다. 이에 따라 마르크스주의 이론은 화석화되고 계급투쟁의 구체적 정세에 대한 구체적 분석도 소멸한다. 예를 들어, 프랑스공산당 지도부는 선거에서의 승리를 위해 국가독점자본주의론을 '주문제작'하고 계급투쟁의 구체적 정세에 대한 구체적 분석을 그러한 기성 이론의 적용으로 대체한다.

공산당의 변질의 최종적 결과는 대중운동과의 괴리다. 자신의 이론이나 장치에 의해 통제되지 않는 대중운동에 대한 공포를 갖는 지도부는 그것과의 결합을 사실상 거부한다. 공산당은 노동자운동 내부에서 자신을 대중과 분리시킴으로써 광범위한 계급동맹을 포기하고 대신 대중을 분할·지배하는 부르주아적인 정치적 실천을 사실상 재생산한다.

이제 알튀세르는 정당이 '계급투쟁의 잠정적 조직형태'라고 주장하면서 정당형태를 상대화한다. 정당과 그것의 통일성은 그 자체로 목적이 될 수 없다. 정당의 존재이유는 그 외부에서 발생하는 계급투쟁에 봉사하는 것이고, 그 통일성도 오직 행동을 위해서만 요구될 뿐이다. 또한 민주집중제 같은 규약은 법적·절차적 문제가 아니라 정치적·이론적 문제, 나아가 대중적 실천의 경험을 수렴하는 전통을 둘러싼 역사적 문제다.

다른 계급들로 하여금 그 지배를 보장하도록 만들어내는 부르주아적인 정치적 실천과 대조적으로 마르크스주의적 전통은 프롤레타리아가 자기 자신을 해방시켜야 한다는 명제를 항상 옹호한다. 이를 위해 이제 마르크스주의자들은 대중으로부터 고립된 '요새'로서의 공산당을 포기하고 대중운동과 결합함으로써 공산주의의 재건을 위한 새로운 조건들을 만들어내야 한다. 그들은 투쟁을 통해 영향력을 확대하고 그러한 대중지향적 투쟁 속에서 공산당을 변화시킬 수 있는 실질적 근거들을 발견해야 한다.

알튀세르는 「공산당 내에서 더 이상 지속될 수 없는 것」의 결론에서 변화를 위한 네 가지 조건을 제시한다. 첫째는 구체적 분석의 실천과 대중적 투쟁의 실천에 의한 마르크스주의 이론의 부활이고, 둘째는 기층당원이 제기하는 논쟁을 통한 공산당의 내부조직 및 운영방식의 철저한 비판과 개혁이고, 셋째는 프랑스의 계급투쟁의 구체적 정세에 대한 구체적 분석이며, 넷째는 대중의 동원과 그 창의력의 발전을 가능케 하는 인민연합노선이다.[21] 이러한 조건들이 충족된다면, 공산당은 과거로부터 물려받은 모든 제약을 극복하고 자신을 변화시킬 수 있을 것이다.

평가

'위기의 저작들'은 이론과 정치에서 마르크스주의의 객관적인 위기를 반영한다. 알튀세르는 마르크스주의 내부에서 다양한 편향들을 정정하는 것이 더 이상 문제가 아니라 마르크스주의 그 자체를 쇄신할 필요가 있다고 주장한다. 그는 마르크스주의의 두 가지 곤란과 두 가지 공백을 지적한다. 두 가지 곤란은 자본주의 생산양식에 대한 이론으로서 역사과학과 그 방법으로서 변증법 또는 철학의

---

21) 불어판에서 결론의 제목은 '인민연합 노선'이다. 알튀세르는 계급동맹이라는 관점에서 인민연합을 지도부의 좌파연합과 대비시킨다. 그는 노동자계급의 조직된 부분이 영향력을 확대하기 위해 전개하는 투쟁으로서 동맹이라는 관념과 정치조직간의 계약으로서 동맹이라는 관념을 구별한다. 또 그는 지도부가 좌파연합을 통해 첫 번째 의미에서의 동맹을 두 번째 의미에서의 동맹으로 대체했다고 주장하면서 대중의 자율성을 확대하는 대중적 투쟁으로서 진정한 인민연합을 옹호한다.

곤란이다. 두 가지 공백은 이데올로기 이론의 '절대적 한계'를 배경으로 하는 국가론과 정당론의 공백이다. 이론적 곤란이 과학으로서 마르크스주의의 성장과 관련된다면, 이론적 공백은 또 다른 과학의 확립이라기보다는 오히려 마르크스주의와 대중운동의 결합에 기초한 공산주의 정치의 재건과 관련된다.

알튀세르 이후의 마르크스주의는 그의 선언과 제안을 진지하게 받아들인 사람들에 의해 쇄신된다. 마르크스주의가 과학적인 동시에 혁명적이고자 한다면, 그가 지적한 곤란과 공백을 은폐할 수도 우회할 수도 없을 것이다. 알튀세르는 마르크스주의의 곤란과 공백의 개요를 제시함으로써 그 해결의 단서를 제공한다.[22]

우선 변증법 또는 철학의 곤란은 알튀세르 자신에 의해 해결의 단서가 확보된다. 알튀세르는 인식으로서 변증법을 역사로서의 변증법에 종속시킬 것을 제안한다. 계급투쟁이라는 역사의 변증법은 철학이 아니라 역사과학이라는 비철학에 의해 분석된다. 이와 함께 인식론적 절단이라는 철학적 테마는 토픽이라는 테마의 우위 속에서 재배치된다. 철학은 더 이상 과학을 보증하는 것이 아니고, 따라서 유물론적 철학은 인식론 같은 전통적 형태의 철학이 아니라 '새로운 철학적 실천'으로 재정의된다. 결국 마르크스주의를 위한 철학은 역사과학의 발전을 가로막는 관념론적 철학과의 투쟁을 통해 역사과학에 봉사할 뿐만 아니라, 그 과학이 현실에서 유효한 효과를 발휘할 수 있도록 부르주아 정치이데올로기와 투쟁함으로써 정치에도 봉사해야 한다.

다음으로 잉여가치의 이론화에서의 곤란은 발리바르와 브뤼노프의 연구에 의해 일차적으로 해결된다. 발리바르(Balibar, 1974, 1983)는 '자본에 의한 노동의 포섭' 또는 '자본의 추상화와 노동의 구체성'이라는 관점에서 착취의 역사적 조건과 형태를 사고할 것을 제안한다. 브뤼노프(Brunhoff, 1976)는 이러한 제안을 더욱 발전시켜 화폐와 노동력이라는 특수한 상품을 중심으로 『자본』을 재해석하

---

22) 더 자세한 설명은 윤소영(2004; 2006)을 참조하시오.

고, 또한 경제적 국가장치에 의한 화폐와 노동력의 관리를 분석함으로써 고전경제학 비판을 현대경제학 비판으로 확장한다.

이후 뒤메닐과 레비(Duménil and Lévy, 1993)는 가치론과 잉여가치론에 대한 새로운 해석을 제시하고, 이른바 '전형 문제'를 해결한다. 이들은 또한 이윤율 하락의 법칙을 증명하고, 자본주의의 역사를 설명할 수 있는 역사동역학을 제시한다. 또한 아리기(Arrighi, 1994)의 역사적 자본주의 분석은 이윤율 하락에 대한 반작용 요인으로서 법인자본주의와 케인즈주의에 주목함으로써 뒤메닐과 레비의 역사동역학을 보완한다.

마르크스주의의 '절대적 한계'로 지적된 이데올로기론은 발리바르의 지속적인 연구대상이 된다. 발리바르(Balibar, 1991)는 알튀세르가 해결하지 못한 이데올로기적 반역의 메커니즘에 주목한다. 나아가 그는 프랑스혁명에서 유래하는 '인권의 정치'를 분석하면서 현대적 정치이데올로기의 형성을 설명한다(Balibar, 1989b). 또한 그는 공산주의의 역사적 형태들을 분석함으로써 세계사적 지평에서 공산주의의 재건을 사고할 것을 제안한다(Balibar, 2000). 이러한 직업은 알튀세르가 시도하지 못한 역사적으로 특수한 이데올로기에 대한 분석이다.

발리바르(Balibar, 1993b; 1995b)는 이데올로기 일반의 메커니즘을 주체화양식으로 명명하고 생산양식과 주체화양식의 해후라는 관점에서 과잉결정 개념을 재해석한다. 그 결과 구조인과성과 최종심의 결정은 생산양식과 주체화양식이라는 이중적 인과성으로 발전한다. 계급투쟁은 그 객관적 조건으로서 생산양식뿐만 아니라 그 주체적 조건으로서 주체화양식에 의해 결정된다. '착취의 모순과 이데올로기적 반역의 해후'가 바로 혁명인 것이다(Balibar, 1991).

이러한 이론적 진전은 국가론의 부재에 대한 해답을 제시하는 것이기도 하다. 마르크스주의에 국가론이 부재한 것은 약점일 수도 있지만 강점일 수도 있다. 국가는 '분리된' 구조로서, 즉 역사의 원인으로서 존재하지 않고, 따라서 마르크스주의적 국가론은 대상을 갖지 않기 때문이다. 오히려 국가의 다양한 '제도들'은 생산양식과 이데올로기의 이중적 인과성의 교차된 효과들로서 생산 및 재생산에서의 '기능들'에 의해 규정될 뿐이다. 마찬가지로 국가의 소멸도 객관적 조건과 주체적 조건의 이중적 변혁과정에 종속된다. 그것은 곧 억압장치의 파괴와 이데올로기장치의 변형이라는 불균등한 과정이다(Balibar, 1990b).[23]

마지막으로 마르크스주의의 정치적 위기에 관한 알튀세르의 입장은 '정당적 마르크스주의'의 쇠퇴 이후 대안세계화운동과 함께 출현하는 '사회운동적 마르크스주의'로 계승된다. 사회운동적 마르크스주의는 『공산주의자 선언』의 정신으로 되돌아가 정당이라는 전통적 조직형태를 상대화하고 마르크스주의와 대중운동의 새로운 결합을 시도한다. 그러나 이러한 시도가 정당이라는 조직형태를 배제하는 것은 아닌데, 특히 대안세계화운동 속에서 공산주의를 재건하려는 이탈리아의 공산주의재건당(PRC)은 사회운동을 위해 '투쟁'하고 '봉사'하는 '사회운동정당'으로의 변모를 대표한다. 이처럼 사회운동 속에서 마르크스주의적 정치의 역사적 형태를 변화시킴으로써 공산주의의 재건을 시도할 수 있을 것이다.

---

23) 발리바르(Balibar, 1990b)는 자신의 이론적 궤도가 '이행'의 문제를 중심으로 생산양식에서 국가로, 결국에는 이데올로기로 이동했다고 말한다. 생산양식의 이행은 구조의 변화를, 국가의 이행은 권력의 변화를 의미한다면, 이데올로기의 이행은 집단적 사고양식의 변화를 의미한다. 이런 맥락에서 그는 어떤 사회운동도 이데올로기 외부에, 이데올로기적 국가장치 외부에, 따라서 국가 외부에 존재할 수 없다고 주장한다.

참고문헌

알튀세르의 저작

약어 목록

EPP-I: *Ecrits philosophiques et politiqes, Tome I*, Stock/IMEC, 1994.

EPP-II: *Ecrits philosophiques et politiqes, Tome II*, Stock/ IMEC, 1995.

ESC: *Essays in Self-Criticism*, New Left Books, 1976.

FM: *For Marx*, New Left Books, 1969.

HCOW: *The Humanist Controversy and Other Writings*, Verso, 2003.

LP: *Lenin and Philosophy and Other Essays*, New Left Books, 1971.

PE: *Philosophy of the Encounter: Later Writings, 1978-87*, Verso, 2006.

PH: *Politics and History: Montesquieu, Rousseau, Hegel, and Marx*, New Left Books, 1972.

PSPS: *Philosophy and the Spontaneous Philosophy of the Scientists and Other Essays*, Verso, 1990.
RC: *Reading Capital*, New Left Books, 1970.
SM: *Solitude de Machiavel*, PUF, 1998.
SP: *Sur la philosophie*, Gallimard, 1994.
SR: *Sur la reproduction*, PUF, 1995.

Althusser, Louis (1960a), "Feuerbach's 'Philosophical Manifestoes'", in *FM*.
―― (1960b), "'On the Young Marx': Theoretical Questions", in *FM*.
―― (1962a), "Contradiction and Overdetermination: Notes for an Investigation", in *FM*.
―― (1962b), "The 'Piccolo Teatro'―Bertolazzi and Brecht: Notes on a Materialist Theatre", in *FM*.
―― (1963a), "The '1844 Manuscripts' of Karl Marx: Political Economy and Philosophy", in *FM*.
―― (1963b) "On the Materialist Dialectic: On the Unevenness of Origins", in *FM*.
―― (1963c), "Marxism and Humanism", in *FM*.
―― (1964), "Freud and Lacan", in *LP*.
―― (1965a), "Introduction: Today", in *FM*.
―― (1965b), "From *Capital* to Marx's Philosophy", in *RC*.
―― (1965c), "The Object of *Capital*", in *RC*.
―― (1965d), "Theory, Theoretical Practice and Theoretical Formation: Ideology and Ideological Struggle", in *PSPS*.
―― (1966a), "The Philosophical Conjuncture and Marxist Theoretical Research", in *HCOW*.
―― (1966b), "On Lévi-Strauss", in *HCOW*.

──── (1967a), "To My English Readers", in *FM*.
──── (1967b), "The Historical Task of Marxist Philosophy", in *HCOW*.
──── (1967c), "The Humanist Controversy", in *HCOW*.
──── (1967d), "On Theoretical Work: Difficulties and Resources", in *PSPS*.
──── (1967e), *Philosophy and the Spontaneous Philosophy of the Scientists (1967)*, in *PSPS*.
──── (1967f), "Du côté de la philosophie (cinquième Cours de la philosophie pour scientifiques) (1967)", in *EPP-II*.
──── (1967g), "Notes sur la philosophie (1967-1968)", in *EPP-II*.
──── (1968a), "Philosophy as a Revolutionary Weapon", in *LP*.
──── (1968b), "Lenin and Philosophy", in *LP*.
──── (1968c), "Marx's Relation to Hegel", in *PH*.
──── (1969a), "Ideology and Ideological State Apparatuses: Notes towards an Investigation", in *LP*.
──── (1969b), "Preface to *Capital* Volume One", in *LP*.
──── (1969c), "Lenin before Hegel", in *LP*.
──── (1970a), "Foreword", in *LP*.
──── (1970b), "On the Evolution of the Young Marx", in *ESC*.
──── (1972a), "Reply to John Lewis (Self-Criticism)", in *ESC*.
──── (1972b), "Note on 'The Critique of the Personality Cult'", in *ESC*.
──── (1972c), "Elements of Self-Criticism", in *ESC*.
──── (1973), "Remark on the Category: 'Process without a Subject or Goal(s)'", in *ESC*.
──── (1974), "Something New", in *ESC*.
──── (1975), "Is It Simple to Be a Marxist in Philosophy ?", in *ESC*.

──── (1976a), "Unfinished History", in D. Lecourt, *Proletarian Science? The Case of Lysenko*, New Left Books, 1977.
──── (1976b), "The Transformation of Philosophy", in *PSPS* (국역: 『역사적 맑스주의』, 새길, 1993에 실림).
──── (1976c), "Note sur les AIE", in *SR* (국역: 『역사적 맑스주의』, 새길, 1993에 실림).
──── (1976d), "Sur Marx et Freud", in *Ecrits sur la psychanalyse: Freud et Lacan*, Stock/IMEC, 1993 (국역: 『알튀세르와 라캉』, 공감, 1996에 실림).
──── (1976e), "La découverte du docteur Freud", *Revue de Médenine Psychosomatique et de Psychologie Médicale*, 1983, No. 2 (국역: 『알튀세르와 라캉』, 공감, 1996에 실림).
──── (1977a), "On the 22nd Congress of the French Communist Party", *New Left Review*, No. 104.
──── (1977b), "The Crisis of Marxism", in *Il Manifesto, Power and Opposition in Post-Revolutionary Societies*, Ink Links.
──── (1977c), "Avant-propos", in Gérard Duménil, *Le Concept de loi économique dans 'Le Capital'*, Maspero, 1978 (국역: 『역사적 맑스주의』, 새길, 1993에 실림).
──── (1978a), "Le marxisme comme théorie 'finie'", in *SM*.
──── (1978b), "What Must Change in the Party", *New Left Review*, No. 109.
──── (1978c), "Marxism Today", in *PSPS* (국역: 『역사적 맑스주의』, 새길, 1993에 실림).
──── (1978d), "Marx in His Limits", in *PE*.
──── (1982), "The Underground Current of the Materialism of the Encounter", in *PE*.
──── (1985), "L'unique tradition matérialiste", *Lignes*, No. 18, 1993.
──── (1988), "Philosophy and Marxism", in *PE*.

발리바르의 저작

Balibar, Etienne (1965), "On the Basic Concepts of Historical Materialism", in *RC*.

──── (1972), "La rectification du *Manifeste communiste*", in *Cinq études du matérialisme historique,* Maspero, 1974 (국역: 『역사유물론 연구』, 푸른산, 1989에 실림).

──── (1973), "Sur la dialectique historique", in *Cinq études du matérialisme historique,* Maspero, 1974 (국역: 『역사유물론 연구』, 푸른산, 1989에 실림).

──── (1974), "Plus-value et classes sociales", in *Cinq études du matérialism historique,* Maspero, 1974 (국역: 『역사유물론 연구』, 푸른산, 1989에 실림).

──── (1976), *Sur la dictature du prolétariat*, Maspero (국역: 『민주주의와 독재』, 연구사, 1988).

──── (1978), "From Bachelard to Althusser: The Concept of 'Epistemological Break'", *Economy and Society*, Vol. 7, No. 3 (국역: 『이론』, 1995년 겨울에 실림).

──── (1979), "Etat, parti, idéologie: Esquisse d'un problème", in *Marx et sa critique de la politique*, Maspero (국역: 『역사유물론의 전화』, 민맥, 1993에 실림).

──── (1982a), "Economie politique (critique de l')", in Georges Labica, dir., *Dictionnaire ciritique du marxisme*, PUF (국역: 『알튀세르와 마르크스주의의 전화』, 이론, 1993에 실림).

──── (1982b), "Dictature du prolétariat", in Georges Labica, dir., *Dictionnaire ciritique du marxisme*, PUF (국역: 『맑스주의의 역사』, 민맥, 1991에 실림).

──── (1983), "L'idée d'une politique de classe chez Marx", *Les Temps Moderne*, février 1984 (국역: 『역사유물론의 전화』, 민맥, 1993에 실림).

──── (1988), "Tais-toi encore, Althusser!", *Les Temps Modernes*, No. 509 (국역: 『루이 알튀세르, 1918-1990』, 민맥, 1991에 실림).

──── (1989a), "Citizen Subject," in Eduardo Cadava, Peter Connor, Jean-Luc Nancy, eds., *Who Comes after the Subject?*, Routledge, 1991.

──── (1989b), "'Droits de l'homme' et 'droits du citoyen: La dialetique moderne de l'égalité et de la liberté", *Actuel Marx*, No. 8, 1990 (국역: 『'인권의 정치'와 성적 차이』, 공감, 2003에 실림).

──── (1989c), "Spinoza, politique et communication", *Cahiers Philosophiques* (Centre National de Documentation Pédagogique), juin 1989 (국역: 『알튀세르의 현재성』, 공감, 1996에 실림).

──── (1990a), "Grabrede für Louis Althusser", *Das Argument*, Nr. 184 (국역: 『루이 알튀세르, 1918-1990』, 민맥, 1991에 실림).

──── (1990b), "Les apories de la 'transition' et les contradictions de Marx", *Sociologie et Sociétés*, Vol. 22, No. 1 (국역: 『맑스주의의 역사』, 민맥, 1991에 실림).

──── (1991), "Le non-contemporain", *Ecritis pour Althusser*, La Découverte (국역: 『알튀세르와 마르크스주의의 전화』, 이론, 1993에 실림).

──── (1993a), "L'object d'Althusser", manuscrit (국역: 『알튀세르와 마르크스주의의 전화』, 이론, 1993에 실림).

──── (1993b), *La philosophie de Marx*, La Découverte (국역: 『마르크스의 철학, 마르크스의 정치』, 문화과학사, 1995에 실림).

──── (1995a), "La violence des intellectuels", *Lignes*, mai (국역: 『마르크스의 철학, 마르크스의 정치』, 문화과학사, 1995에 실림).

―――― (1995b), "The Infinite Contradiction", in Jacques Lezara, ed., *Yale French Studies 88 (Depositions: Altusser, Balibar, Macherey, and the Labor of Reading)*, Yale University Press.

―――― (1996a), "Avant-propos pour la réédition de 1996", in Louis Althusser, *Pour Marx*, La Deouverte.

―――― (1996b), "Structural Causality, Overdetermination, and Antagonism", in Antonio Callari and David Ruccio, eds., *Postmodern Materialism and the Future of Marxist Theory: Essays in the Althusserian Tradition*, Wesleyan University Press.

―――― (2000), "Quel communisme après le communisme?", in *Marx 2000*, PUF (국역:『마르크스의 '경제학 비판'과 소련 사회주의』, 공감, 2002에 실림).

기타 저작

윤소영 (1988),「알튀세르를 어떻게 읽을 것인가?」,『문학과 사회』, 겨울.

―――― (1990),「짜골로프 교과서의 이론(사)적 의의: 사회주의(개혁)를 보는 우리의 관점과 관련하여」, N. A. 짜골로프 외,『경제학 교과서 I-1』, 새길.

―――― (1996),『알튀세르를 위하여』, 공감 (개정판: 2008 예정).

―――― (2001),『마르크스의 '경제학 비판'』, 공감 (개정판: 2005).

―――― (2004),『역사적 마르크스주의: 이념과 운동』, 공감.

―――― (2006),『일반화된 마르크스주의 개론』, 공감 (개정판: 2008).

Arrighi, Giovanni (1994), *The Long Twentieth Century: Money, Power, and the Origins of Our Times*, Verso.

Bhaskar, Roy (1989), *Reclaiming Reality: A Critical Introduction to Comtemporary Philosophy*, Verso.

Brunhoff, Suzanne de (1976), *Etat et Capital: Recherches sur la politique économique*, François Maspero.

Bunge, Mario (1979), *Causality and Modern Science* (1959), 3rd ed., Dover.

Callinicos, Allex (1993), "What Is Living and What Is Dead in the Philosophy of Althusser", in E. Ann Kaplan and Michael Sprinker, eds., *The Althusserian Legacy*, Verso (국역: 『현대 프랑스 철학의 성격 논쟁』, 갈무리, 1995에 실림).

Collier, Andrew (1994), *Critical Realism: An Introduction to Roy Bhaskar's Philosophy*, Verso.

Derrida, Jacques (1993), "Politics and Friendship: An Interview with Jacques Derrida", in E. Ann Kaplan and Michael Sprinker, eds., *The Althusserian Legacy*, Verso (국역: 『이론』, 1993년 봄에 실림).

Duménil, Gérard and Dominique Lévy (1993), *The Economics of the Profit Rate: Competition, Crises, and Historical Tendencies in Capitalism*, Eward Elgar.

Elliott, Gregory (1987), *Althusser: The Detour of Theory*, Verso (국역: 새길, 1992).

───── (1998), "Ghostlier Demarcations: On the Posthumous Edition of Althusser's Writings", *Radical Philosophy*, No. 92.

───── (2006), "Postscript: The Necessity of Contingency", in *Althusser: The Detour of Theory*, 2nd ed., Leiden.

Goshgarian, G. M. (2006), "Translator's Introduction", in *PE*.

Grossman, Henryk (1929), *The Law of Accumulation and Breakdown of the Capitalist System*, Pluto, 1992.

Hessen, Johannes (1964), *Erkenntnistheorie*, Ernst Reinhardt Verlag (국역: 서광사, 1986).

Lahtinen, Mikko (2005), "Conjunctures: Althusser's Aleatory Interpretation of Machiavelli", Towards a Cosmopolitan Marxism, Conference called by *Historical Materialism*, Birkbeck College and SOAS, London.

Lecourt, Dominique (1975), *Marxism and Epistemology*, NLB.

────── (2001), *La Philosophie des Sciences*, PUF.

Morfino, Vittorio (2000), "An Althusserian Lexicon", in V. Morfino and L. Pinzolo, eds., *Sul materialismo aleatorio*, Unicopoli.

────── (2005), "Primacy of Encounter over Form", Towards a Cosmopolitan Marxism, Conference called by *Historical Materialism*, Birkbeck College and SOAS, London.

Negri, Antonio (1996), "Notes on the Evolution of the Thought of the Later Althusser", in Antonio Callari and David Ruccio, eds., *Postmodern Materialism and the Future of Marxist Theory: Essays in the Althusserian Tradition*, Wesleyan University Press.

Pêcheux, Michel (1982), *Language, Semantics and Ideology*, St. Martin's Press.

Resch, Robert (1993), "Review: Philosophy and the Spontaneous Philosophy of the Scientists and Other Essays", *Theory and Society*, Vol. 22, No. 3.

Sprinker, Michael (1992), "The Royal Road: Marxism and the Philosophy of Science", *New Left Review*, No. 191.

Sotiris, Panagiotis (2006), "The Difficult Encounter with Materialism", *Historical Materialism*, Vol. 14, No. 3.

Suchting, Wal (2004), "Althusser's Late Thinking about Materialism", *Historical Materialism*, Vol. 12, No. 1.

Tosel, André (2000), "Les aléas du matérialisme aléatoire dans la dernière philosophie de Louis Althusser", *Cahiers Philosophieques*, No. 84.

'과천연구실 세미나' 개관

I. 일반화된 마르크스주의와 성적 차이의 페미니즘

윤소영, 『마르크스주의의 전화와 '인권의 정치': 알튀세르를 위하여』, 과천연구실 세미나 1, 문화과학사, 1995; 『마르크스의 '경제학 비판'』, 과천연구실 세미나 15, 공감, 2001; 『마르크스의 '경제학 비판'과 소련 사회주의』, 과천연구실 세미나 16, 공감, 2002; 『마르크스의 '경제학 비판'과 평의회 마르크스주의』, 과천연구실 세미나 18, 공감, 2003; 『마르크스의 '경제학 비판'과 대안세계화 운동』, 과천연구실 세미나 20, 공감, 2003.

윤소영, 『알튀세르를 위한 강의: '마르크스주의의 일반화'를 위하여』, 과천연구실 세미나 3, 공감, 1996; 『일반화된 마르크스주의 개론』, 과천연구실 세미나 28, 공감, 2006; 『역사적 마르크스주의: 이념과 운동』, 과천연구실 세미나 22, 공감, 2004; 권현정, 『마르크스주의 페미니즘의 현재성』, 과천연구실 세미나 17, 공감, 2002; 권현정 외, 『페미니즘 역사의 재구성: 가족과 성욕을 둘러싼 쟁점들』, 과천연구실 세미나 19, 공감, 2003.

에티엔 발리바르, 『마르크스의 철학, 마르크스의 정치』, 과천연구실 세미나 2, 문화과학사, 1995; 에티엔 발리바르·피에르 마슈레, 『스피노자의 철학, 스피노자의 정치』(윤소영, 『알튀세르의 현재성: 마르크스, 프로이트, 스피노자』, 과천연구실 세미나 5, 공감, 1996에 실림), 에티엔 발리바르 외, 『'인권의 정치'와 성적 차이』, 과천연구실 세미나 21, 공감, 2003; 뤼스 이리가레 외, 『성적 차이와 페미니즘』, 과천연구실 세미나 8, 공감, 1997.

II. 포스트구조주의 비판

윤소영, 「발리바르의『마르크스의 철학』에 관하여」 (윤소영,『알튀세르를 위한 강의: '마르크스주의의 일반화'를 위하여』, 과천연구실 세미나 3, 공감, 1996에 실림);「알튀세르와 라캉: 마르크스주의 전화를 위한 쟁점들」 (루이 알튀세르 외,『알튀세르와 라캉: '프로이트-마르크스주의'를 넘어서』, 과천연구실 세미나 4, 공감, 1996에 실림);「뤼스 이리가레의 '성적 차이의 윤리'」 (윤소영,『마르크스주의의 전화와 '인권의 정치': 알튀세르를 위하여』, 과천연구실 세미나 1, 문화과학사, 1995에 실림);「데리다의『마르크스의 유령들』에 관한 단상들」 (윤소영,『알튀세르를 위한 강의: '마르크스주의의 일반화'를 위하여』, 과천연구실 세미나 3, 공감, 1996에 실림);「스피노자-마르크스주의와 포스트구조주의 비판」 (메이너드 솔로몬 외,『베토벤: '윤리적 미' 또는 '승화된 에로스'』, 공감, 1997에 실림).
윤소영,『알튀세르의 현재성: 마르크스, 프로이트, 스피노자』, 과천연구실 세미나 5, 공감, 1996.
에티엔 발리바르,『마르크스의 철학, 마르크스의 정치』, 과천연구실 세미나 2, 문화과학사, 1995; 에티엔 발리바르·피에르 마슈레,『스피노자의 철학, 스피노자의 정치』(윤소영,『알튀세르의 현재성: 마르크스, 프로이트, 스피노자』, 과천연구실 세미나 5, 공감, 1996에 실림); 메이너드 솔로몬 외,『베토벤: '윤리적 미' 또는 '승화된 에로스'』, 공감, 1997; 루이 알튀세르 외,『알튀세르와 라캉: '프로이트-마르크스주의'를 넘어서』, 과천연구실 세미나 4, 공감, 1996; 뤼스 이리가레 외,『성적 차이와 페미니즘』, 과천연구실 세미나 8, 공감, 1997; 에티엔 발리바르 외,『'인권의 정치'와 성적 차이』, 과천연구실 세미나 21, 공감, 2003.

III. 신자유주의 비판

윤소영, 「쉬잔 드 브뤼노프의 신자유주의 비판」 및 「뤼스 이리가레의 '성적 차이의 윤리'」 (윤소영, 『마르크스주의의 전화와 '인권의 정치': 알튀세르를 위하여』, 과천연구실 세미나 1, 문화과학사, 1995에 실림); 『일반화된 마르크스주의와 역사적 자본주의 분석』, 과천연구실 세미나 6, 공감, 1998; 『이윤율의 경제학: 헨릭 그로스만(1881-1950)을 위하여』(『이윤율의 경제학과 신자유주의 비판』, 과천연구실 세미나 13, 공감, 2001에 실림); 『마르크스의 '경제학 비판'』, 과천연구실 세미나 15, 공감, 2001.
윤소영, 「브뤼노프의 신자유주의 비판」 및 「이리가레의 '성적 차이의 윤리'」 (윤소영, 『알튀세르를 위한 강의: '마르크스주의의 일반화'를 위하여』, 과천연구실 세미나 3, 공감, 1996에 실림); 『신자유주의적 '금융 세계화'와 '워싱턴 콘센서스': 마르크스적 비판의 쟁점들』, 과천연구실 세미나 11, 공감, 1999; 『신자유주의 비판』(『이윤율의 경제학과 신자유주의 비판』, 과천연구실 세미나 13, 공감, 2001에 실림); 『일반화된 마르크스주의 개론』, 과천연구실 세미나 28, 공감, 2006; 김석진 외, 『자본주의의 위기와 역사적 마르크스주의』, 과천연구실 세미나 14, 공감, 2001; 이미경, 『신자유주의적 '반격' 하에서 핵가족과 '가족의 위기': 페미니즘적 비판의 쟁점들』, 과천연구실 세미나 12, 공감, 1999.
장 로블랭 외, 『세계화와 신자유주의 비판을 위하여』, 과천연구실 세미나 7, 공감, 1997; 조반니 아리기 외, 『발전주의 비판에서 신자유주의 비판으로: 세계체계론의 시각』, 과천연구실 세미나 9, 공감, 1998; 다이앤 엘슨 외, 『발전주의 비판에서 신자유주의 비판으로: 페미니즘의 시각』, 과천연구실 세미나 10, 공감, 1998; 에티엔 발리바르 외, 『'인권의 정치'와 성적 차이』, 과천연구실 세미나 21, 공감, 2003.